沧海桑田，方显人物本色

沧海一粟，犹见历史一斑

沧海文丛

生正逢时忆国殇

吴祖光自述

吴祖光 著

吴祖光(摄于 1956 年)

新凤霞(摄于1952年)

吴祖光与新凤霞(摄于1957年)

吴祖光的父母吴瀛与周琴漪

少年吴祖光在家中

吴祖光与曹禺(左)张骏祥(中)在香港(摄于1948年)

吴祖光与丁聪(左)张光宇(右)

吴祖光一家全家福(摄于 1960 年)

1955 年的吴祖光

1964 年的新凤霞

1955 年吴祖光给梅兰芳先生说戏

吴祖光(前左二)1956 年拍摄程砚秋的《荒山泪》

周恩来总理与吴祖光

吴祖光、新凤霞夫妇和夏衍(摄于20世纪50年代)

吴祖光与范钧宏、刘长瑜(摄于20世纪60年代)

吴祖光与谢添(摄于20世纪80年代)

吴祖光与吴祖强在政协会上(摄于20世纪80年代)

吴祖光赴美国爱荷华州参加聂华玲组织的写作笔会(摄于 1983 年)

吴祖光与新凤霞在北戴河(摄于1980年)

吴祖光、新凤霞与女儿吴霜(摄于20世纪80年代中期)

吴祖光在医院探望曹禺(摄于20世纪90年代)

吴祖光与黄苗子、谢添、邵燕祥、王蒙、丁聪、叶浅予、郁风、杨宪益、沈峻等(摄于20世纪90年代)

序一

吴祖光：中国文人的一个奇迹

杜 高

2003 年 4 月 9 日晚，北京落着小雨。我接到苗子、郁风夫妇打来的电话，告诉我祖光于午间辞世。他俩的语调低沉而平静，我也不太感到突然。因为一个真正的祖光，一个谈笑风生、睿智灵敏的祖光，早在五年前那个令人伤心的江南春雨的四月，已经跟随他深爱着的凤霞远远地离去了。

这五年的岁月，他独自默默地坐着，不再说一句话。朋友们去看望他，心里都很难过，只能拉着他的手，默默地相望着，用心灵和他对话，也不知他感受到了没有。

4 月 5 日清明节那天，香港“凤凰卫视”刚刚播放了一部纪念新凤霞逝世五周年的专题片《永远的霞光》。多美的一个标题，那是凤霞和祖光两个名字的组合。吴祖光和新凤霞的婚姻，人们通常只把它看成一个大文化人和一个民间艺人的奇妙相遇或一个新文艺工作者和一个旧艺人的美好结合。如果从人性的纯美和心灵的相通来看他俩的爱情，简直要认为这个美丽的婚姻真是上帝的一篇杰作。电视片最后一个镜头是默默坐着的祖光，他仿佛在预想着什么。几天后，他果真在凤霞五周年忌日（4 月 12 日）前赶到了她的身边。两个生命在天国永恒地融合在一起了。

我和吴祖光的交往已经五十年。他的名字对我有一种特殊的意义，和我整个青春年代的政治命运紧紧连在一起,我们是在"以吴祖光为首的'二流堂''小家族'右派集团"的罪名下,熬过了苦难而屈辱的二十二年的。

在我的心里,吴祖光是当代中国文化人当中一个最具独特价值,甚至可以说是一个奇迹般的人物。我这里指的不是大家公认的他在戏剧创作上的杰出成就,也不是他的学养和文采。我指的是他作为一个人,一个文化人,一个在中国这样特殊的历史环境里生活过来,在连续不断地遭受着打击和忍受着屈辱的政治境遇中,居然能以生命的顽强保持着属于他自身的一个文化人的性格、尊严、价值和自由的心灵,这确实是个奇迹。

我认识吴祖光是1952年从朝鲜前线回国以后,他那时住在东单栖凤楼,离我住的青年艺术剧院宿舍很近,他那个院子里还住着音乐家盛家伦,美术家黄苗子、郁风夫妇和电影家戴浩、虞静子夫妇。那是一个洋溢着浓郁的文化气氛的小院子,对我们这些年轻人极富吸引力。吴祖光是一位有很高艺术成就的剧作家,我幼年在剧团里做小演员时,他已是戏剧界著名的"神童作家"了。他的剧作《风雪夜归人》《嫦娥奔月》《捉鬼传》等,都是我喜爱的作品。除了他的学识、成就和智慧以外,他为人仁爱宽厚,同情别人的疾苦,而他的谈吐又那么活泼风趣,所以在他家做客特别愉快而不感到拘束。他的美丽而又善良的夫人新凤霞对我们也很有吸引力,他们那时结婚不久,凤霞每天晚上都要登台演出,白天在家里练功练唱,她的琴师每天都来家,和她一起琢磨推敲新的唱段。她虽然忙,还是那么热情地款待我们这些没有成家的年轻朋友,给我们包鸡肉馅的饺子吃。我们遵照中国人的方式亲切而恭敬地叫她"大嫂"。我们喜欢去他们家,喜欢听祖光谈戏剧,听凤霞唱戏,也喜欢在他们家吃饭。

吴祖光是一个极富魅力的人,在他的身上可以看到中国文化人的许多优美的品德,他既是我尊敬的前辈作家,又是我喜爱的一位亲切的老大哥。他逝世后许多往事涌上我的心头，我觉得他的品格在不断地昭示着我，他的精神生命永远不会离我而去。如果要我用最简略的语言来描述他的性格的最突出的特征，那么我将用这样两个字：率真。他的确是一个真诚而率直的人。

吴祖光是一个自由的文人。他热诚平等地对待所有的人，没有丝毫世俗的等级观念。在大人物面前他从不认为自己是小人物，在小人物面前也从不以大人物自居。这在等级鲜明的中国社会环境里是最为难得的。50 年代初，我和他交往时，还是一个初出茅庐的青年人，而他已是大名鼎鼎的剧作家，他家的座上客大都是文化名人。夏衍那时在上海当部长，每次到北京办公事，下车后必先到祖光家"报到"，吃完饭再去招待所。我多次在祖光家里遇见夏公，喝茶聊天，饮酒吃饭，他招待夏部长和招待我们这些年轻朋友同样热诚和随意，丝毫没有等级上的差别，因而我们在他家做客从不感到拘束和不自在。

有一次我到他家，他大概刚送走一批客人，桌上的茶杯还没有收拾。我随意问了一句刚才来的客人是谁，他也随意地回答我："陈毅。"我吃惊地问："是陈毅副总理吗？"他点点头："大将军。是王昆仑陪他来的，看了看画，谈了谈戏，聊得很轻松。警卫在院子里等着。"他的语气很自然，没有半点受宠若惊的意思，就像接待了一位我这样的客人。

又有一次我到他家，他正忙着拍摄梅兰芳的舞台艺术片，讲起拍摄中一些领导乱干预，对戏曲一窍不通的小笑话，接着说："昨天周总理把我叫去吃饭，还叫了老舍和曹禺，问我们在写什么，他要我们讲讲文艺界的情况。"跟上次讲到陈毅来他家做客一样，他仍然是以那样平常的语气讲起周总理的邀请。

1953 年祖光编了一本散文集《艺术的花朵》准备出版，那里收集了他写的十多篇描述梅兰芳、程砚秋、常香玉、新凤霞等戏曲表演家的极富情趣的散文，每一篇都附有一幅精美的插图，大都出自名画家手笔，如张光宇、丁聪、郁风等，但是祖光特意把写梅兰芳的那一篇留给蔡亮，要他画一幅梅先生《贵妃醉酒》的舞台速写。蔡亮那年才二十岁，还是美院的学生，祖光信任和扶植无名青年，没有半点论资排辈的俗见。《艺术的花朵》出版后，我们都为蔡亮高兴，这是他公开发表的第一篇作品。这件事给我留下了很深的印象，我从吴祖光身上感受到了中国文化人对后进者的爱心。三十多年后，蔡亮已成了一位名画家，他回忆起这件事时深情地对我说："祖光的用心到我当了教授后才真正领略，他是给我一个机会，要我向那几位名家学习，看看自己和他们的差距在哪里，鼓励我上进。我想起他对我的培育，就懂得了我应该怎样爱护自己的学生。"

吴祖光是一个充满人道精神、富于正义感的中国文人，他同情弱小者，勇于直言。

1955 年"反胡风"运动中，因为我和路翎在一个创作室工作，我和几个朋友被打成"胡风反革命集团"外围的"小家族"，被关起来审查批斗。"反胡风"运动本来同吴祖光一点关系也没有，"肃反"也没有触及他。他那时正受周恩来的委派，在拍梅兰芳和程砚秋的戏曲电影。但是他和我们几个年轻人有着纯真的友谊，他很喜欢我们，尤其和田庄亲密无间，无话不谈。他听说"肃反"把我们整得很惨，把我们搞成了一个小集团，把我们当成反革命关起来审查批斗，他认为这样做太不可思议，太过分，太不近人情了。出于一种善良的心意，他在一些公开场合为我们说过公道话。他不知道这可是犯了大忌，凡是懂一点政治世故的人，遇到这种情况躲避都来不及，吴祖光的率真就这样给他自己招来了一场大祸。

1957 年，吴祖光被打成戏剧界头号右派。他的确是被强拉着鼻子上"钩"的"鱼"。他去出席文联座谈会，临出门新凤霞还拉着他，不让他去，凤霞是从社会底层走过来的穷苦艺人，她有一个朴素的人生经验：再了不起的人也爱听奉承话，哪有听了丑话不翻脸的人呢！吴祖光不信她的这个经验，他说："毛泽东的《沁园春·雪》还是我在重庆编《新民报》副刊时头一个发表的，还有什么信不过我的呢！"

他果真上钩了。他的一番善意的发言，发表时被安上了这样一个标题：《党“趁早别领导文艺工作”》，吴祖光的反党罪行也就这样定下来了。

吴祖光和黄苗子、丁聪、唐瑜等文化人被打成“二流堂”右派集团，为了加重吴祖光的右派罪行，“小家族”被定为“二流堂”的第二代。“肃反”时积累下来的那些有关“小家族”的材料，一股脑儿都堆到他头上了。每当我回忆起那数千人参加的“小家族”批斗会，吴祖光被揪上台，听任人们用恶毒的语言谩骂他侮辱他时，我心里极其痛苦。比如有一次田庄、汪明和蔡亮等几个朋友在祖光家看到一本印制精美的《世界名画集》，欣赏着文艺复兴时期的裸体画，到“反右”运动时竟变成在吴祖光家看“春宫图”，作为吴祖光腐蚀青年和“小家族”集团生活糜烂的一条罪状而公之于报刊，真教人愤慨之极！

1979 年春，小集团平反后，我和几个朋友在祖光家重逢，凤霞已经瘫痪，我们抱在一起，是那样淋漓痛快地号哭起来。

1980 年春，我结婚了。我的岳父在他工作单位的食堂办了两桌酒菜招待亲友。凤霞叫儿子吴欢背着她出席婚宴，她说：“别的宴会我都可以不去，杜高的婚礼我就是爬也要爬了去！”她把她自认为画得最好的一幅《春桃》由祖光题诗“开花春灼灼，结实夏双双”赠送给我。食堂的大师傅和服务员们听说新凤霞来了，都来围住她，请她唱几句评戏。她已经很久不唱戏了，但她要用自己编的词唱几句，刚刚唱完“好人遭罪，苦尽甘来”两句，便哽咽着，泪流满面，唱不下去了，只好由女儿吴霜替她唱了一支歌。这情景使在场的人们都深受感动。

新凤霞也是一个奇迹般的杰出女性。一个几乎不识字的民间艺人，身残志坚，靠着自己超人的灵性和刻苦勤奋，靠着对祖光的深情笃爱，在物质和精神的双重压迫下，居然把自己锤炼成一个作家，一个画家，一个多才多艺的艺术家，一个独一无二的典型的中国式的女才人。人们都知道，吴祖光戴着右派帽子被送到北大荒去劳改后，文化部一位副部长找新凤霞谈话，要她立即和吴祖光离婚，划清界限。新凤霞回答：“祖光是好人,我要学王宝钏那样,在寒窑里等他二十年!”只有中国文化才能培育出对爱情这样忠诚而又不向权势低头的坚强女性。

我们平反改正以后,吴祖光担任了四届政协委员。二十年的大苦头,非但没有改变他的文人秉性,反而使他更深切地同情人民疾苦,更勇敢地为冤屈者鸣不平,为弱小者仗义执言。在各种会议上,人们都可以听到他呼吁政治民主、倡导思想自由的充满激情的发言。吴祖光的民主理念,纯然出自一个艺术家的真诚的仁爱胸怀、朴素的人道精神和正义感。最富有人性魅力的是他心中的平等意识,他认为人和人没有贵贱之分,都是平等的,平等是民主的基石。

在日常生活中他平等待人。90年代,年近八旬的老人吴祖光,还挺身而出为一个被国贸商场无理搜身的女孩子打了一场艰苦的官司。在他家工作过的小保姆,得到他和凤霞的爱护,他们培养她们学裱画、学电脑、学文化,使她们以后有好的出路。

记得1995年8月,蔡亮突然逝世的噩耗传来,我很悲痛,跑去告诉祖光时,我哭了起来,我说:“‘小家族’的朋友们一个个都走了,汪明走得最早,好日子都没有看到;田庄呢,刚平反,就没了。罗坚本不该走得这么早的,谁知道他的心情是那么压抑呢;最可惜的是蔡亮,风华正茂,巴黎的蔡亮工作室还在等他回去,怎么忽然就死了呢?我没有好朋友了……”祖光一把拉住我的手,眼眶里闪着泪光,对我说:“还有我呀!……”

又有一次,我去看他,讲到田庄的爱人敏凡身体不好,孤身一人,生活困难。他叹了一口气,默然点点头。我起身走的时候,他把我拉住,带到他的书桌边,从抽屉里拿出一个信封,交给我:“这一千元,是我的稿费,给敏凡送去,就当我给田庄的。”

祖光就是这样一个爱朋友、重道义、不忘旧情的中国文人。

只要回想一下过去了的那些噩梦般的岁月,几乎所有的中国知识分子,无不在极左政治的沉重压力下经受着精神煎熬,无一人不被改造,被扭曲，被异化，不由自主地消失着自我。而唯独吴祖光，始终保持着自己鲜明的个性和纯良的天性，保持着一个知识分子独立的精神人格。他从不趋炎附势，不谨小慎微，不世故虚伪，不看风行事，他始终是他自己。难道这不是一个奇迹吗？难道这不是祖光留给我的最宝贵的昭示吗？

吴祖光的逝世，唤起了千万中国人对失去了一位铮铮风骨的正直的文化人的深切痛惜，人们哀悼他，赞美他，怀念他，更加认识到他体现的人文精神的宝贵价值，也更加懂得了他的文人品格对于我们民族的意义。

4 月 19 日，是一个晴朗的春日，是人们向吴祖光最后告别的日子。他安睡在鲜花丛中，爱戴他崇仰他敬佩他的人们哀伤地肃立在他的身旁，他永远地睡着了，不再醒来。我想起了他的名句："生正逢时"。他是用积极的人生态度，在坎坷和困苦中，创造了奇迹般的辉煌人生的。我深信吴祖光将永生。

吴祖光走了。我的档案所记载的那个与他的名字相联系的年代，以及全部荒唐而痛苦的内容，也永远地终结了。一切都成为历史，永不重复的历史。我不愿猜想未来的人们将会用怎样的目光和怎样的心情来看待我们所经受过的这一切。

2003 年 4 月 19 日夜稿毕

序二

我爸爸和我妈妈

吴　霜

我的妈妈是那种人,做一切事情都只为了一个目的,为了这个目的可以放弃许许多多必须抛弃的东西,哪怕这些东西是非常宝贵非常不舍的,而我说的那个目的就是她要成为一个顶尖艺术家的理想。

而我爸爸是那种人,他很平和很谦让,并不抓尖抢上,他可以容让许多事情,但这却没有影响他是一个大师级的作家,这主要来源于他的头脑,他的睿智的头脑和豁达的本性。

或许从文化档次上说,我爸爸是高于我妈妈的。这一点我妈妈心里最清楚,她自认为永远都比不上自己的丈夫,所以她对爸爸是敬佩的、崇拜的,也是追随的。

但我爸爸不那样想,他从心里欣赏我的妈妈,佩服我的妈妈。他认为我的妈妈是一个最美丽的女子,不单外表还有内里,她是天下第一。

多少年来,有不少和我父母熟悉的人们在心里未必觉得我爸爸和妈妈的婚姻是那么的适合。并且他们可能从一开始就会觉得这段婚姻有可能会半途而终,就像许多同类的婚姻那样。在我爸爸和妈妈来说,恐怕他们两人之间最不够般配的地方就是文化背景。我爸爸家里是几代书香,而我妈妈的父母则是城市贫民。

但是几十年过去了,许多人认为可能会发生的事情没有发生,两个南辕北辙的人殊途同归,在人们的一路祝福声中稳步前行,最终走向生命终点,在天堂汇合,实现永恒。

其实人们的怀疑是有足够原因的。

一般说,像我妈妈这种站在舞台当中的“红角儿”,会有两个极端的特质。一方面,她是独撑一方的人尖子,整个剧团甚至整个剧种没有了她就会垮掉,但是同时,她缺乏文化素质,是个“白丁”。因为她出自寒门,整个家庭背景就缺乏文化素质,从小学艺登台但没有读书上学,所以她说自己是个“瘸腿儿”,其中甘苦,妈妈自己心里最清楚。像这样的妈妈,在她自己最风光最辉煌的时期嫁给了身为大作家的爸爸,许多人认为这是一种有缺憾的婚姻,是否长久不得而知。

这就是父母二人的功力了。我妈妈当初主动地要求嫁给我爸爸,这是个许多人都知道的故事。我妈妈的初衷就是“想嫁个文化人”。我妈妈的妹妹、我的二姨告诉过我:“你妈妈年轻时候就总跟我们说,她不会嫁给演员,她要嫁个导演或者作家。”果然如她所说,她嫁给了作家也嫁给了导演,那就是我爸爸。

要知道那个时候的我妈妈年仅二十几岁,想想如今,有哪个二十几岁的女子会有如此清醒的头脑和认知?嫁人嫁人,非富即贵,嫁个有钱的嫁个有势的,人之常情。但是嫁个有文化的,则极其少见。所以我说我妈妈是个绝顶聪慧的人,她要嫁一个有文化的人,根本的目的就应该是一个了:用丈夫的文化弥补自己的缺乏文化,进而包装自己的舞台艺术,从而由一个天才的艺人演变成一个名载史册的艺术家!一个二十出头的女子,在上个世纪50年代的初期,出身贫寒,没有读过多少书,民间戏曲舞台上初显风头的小小角色,能有如此长远的视角,如此的认知,如此的眼光,我的妈妈,简直空前绝后!

而我的爸爸,并不是那种没有见过漂亮女人的男人,他可不是个书呆子。上世纪40年代,二十几岁的爸爸就已经名满全国了,他是才子、神童的代名词。因为他十九岁就写了抗日题材的话剧《凤凰城》,连演几百场不衰。他二十四岁时写的更加奠定他大师之名的话剧《风雪夜归人》永远都是中国的十大名剧之一。年轻成大名，使他的身后永远都会有一群一群的漂亮女人追随。他和我妈妈的相遇，当然是一种偶然，而除了这种偶然，还有一个必然的因素，那就是时代，时代促成了这种机缘。

没有新中国新政府的成立，我想我爸爸和我妈妈几乎没有相遇相知的可能，因为我爸爸不会从香港回到北京参加新中国的开国大典，他也不会经常光顾当时鱼龙混杂的下等地带天桥去看评剧。而那阶段，正是我妈妈的成名剧《刘巧儿》在天桥等地上演，演得如火如荼。

众所周知，介绍我爸爸和我妈妈认识的人是老舍先生。他是个典型老北京，也是为了新中国的成立从海外回到故乡，他最喜欢逛的是京味风俗浓重的地方，那种地方首当其冲就是天桥。老舍先是在天桥发现了我妈妈，而后他向同是作家的我爸爸介绍了这件事，后来我爸爸也和一干朋友兴致勃勃地去了天桥看戏。当时就对戏台上的我妈妈产生深刻的印象，以至于他要为一本杂志写一下那个红遍京城舞台的评剧女演员新凤霞，对我妈妈进行了平生第一次的采访。

我爸爸一定是发现我妈妈和他过去认识的那类漂亮女人不同。那些女人一般都有些文化，都识字，都有些“小资”。“小资”的意思就是性格独立，就是比较自主，就是喜欢时尚，说些前卫语言，有时会跟男人叫叫板。而我妈妈不是那样的女人，我妈妈在台上是一个独当一面的充满艺术特质的天才，不过到了台下她却是一个十分典型的中国女人，她崇拜文化，崇拜有文化的男人，她自甘示弱，自愧不如，她对我爸爸是绝对的仰视。在我爸爸眼里，这就是我妈妈最动人的地方，她是那么大的演员，当时的北京城里可能再没有一个演员的风头和名气可以望其项背。但是在我爸爸面前，她的那种出自全身心的尊重与信任却是前所未有。她请我爸爸给她的戏提意见的要求绝不是说说而已的表面文章，她对要成为一个真正意义上的艺术家的渴望是最真实最迫切的。

后来的事情大家都知道了，几个月以后，那是 1951 年，我爸爸和我妈妈结婚了。再后来的事情大家也知道，在我爸爸的帮助下，我妈妈真的从一个民间艺人成长为一个艺术大家。将近五十年的婚姻，这期间，他们的生活中有欢乐也有艰辛，有成功也有失意，有顺利也有过灾难。但是他们情感笃定，携手前行，直到生命的尽头。许多人预料他们的分手从来也没有发生过，甚至从来都没有被怀疑过。一是由于他们之间的从一开始就建立起来的崇拜和信任，基础极其牢靠；二是因为我妈妈的典型性，正是因为她的那种来自泥土来自民间的朴实和忠贞意识，让她在我爸爸 1957 年被打成大右派时无论如何也不愿意离婚，成就了我们家庭的圆满，让我们几个孩子从没有失去过爸爸。也正因为如此，我的妈妈在她的荣膺艺术家声誉的同时，还有一个众所周知的名声：一个坚贞不屈的妻子。

我的妈妈甚至因为在各个历史时期坚定不移地站在我爸爸一边而心力交瘁将牺牲了自己的健康。她在五十岁的时候患病以致半身不遂长达二十多年。我爸爸陪在她的身边，鼓励她继续一个艺术家的步履，而我妈妈又一次证明了她的与众不同，她从一个舞台上的演员转换成了一个作家！她出过好几十本书，这和她在舞台上的表现一样，是个奇迹。

我爸爸和我妈妈的故事有很多，而那些故事总是会引起人们的好奇。有关他们的书一本接一本总是在出版。我有时会想，一个才子与一个美女的故事，这个永恒的爱情主题是不是永远都不会令人乏味？

我是爸爸和妈妈的女儿，我知道每一个好故事总是层层剥茧，每一层都出人意料才会好看。其实我爸爸和妈妈的故事还有许多的内容有待发掘，也许关于他们之间的传说和议论，还会不停地继续下去，关于他们的书还会不停地出版下去……

2012 年 11 月 3 日

目　录

甲　编　　家庭身世

怀念父亲 …………………………………… 003

永世难报的恩情

——怀念母亲 …………………………… 009

爱妻新凤霞和她的书

——《新凤霞回忆录》后记 ………………… 022

“回首往事”

——凤霞拟题，对她的永久怀念 ………… 028

“笨儿”吴钢学艺记…………………………… 049

训子篇 ……………………………………… 054

女儿篇

——为香港《文汇报》创刊十四周年而作

…………………………………………… 063

情系杭州 …………………………………… 069

乙 编　往事忆旧

永远抹不去的青春岁月

——回忆孔德学校 …… 075

三百年来旧查楼

——“广和剧场”的故事 …… 081

过去了的春节 …… 088

东安市场怀旧记 …… 092

五次票戏记 …… 105

话说《沁园春·雪》 …… 116

三月说《清明》 …… 120

何以解忧 …… 129

胡同生涯 …… 135

欧陆风情 …… 140

半夜跌跤记 …… 171

撞车记 …… 176

丙 编　影剧生涯

释“一批影片禁止放映”

——致国民党的官僚党棍们 …… 183

为审查制度送终 …… 186

《凤凰城》始末

——二十岁写的头一个剧本 …………………………… 191

记《风雪夜归人》 …………………………………… 200

对开明的依恋 ………………………………………… 210

“悠悠流恨似长淮”

——《吴祖光新剧集》后记 ……………………… 214

电影从业十年 ………………………………………… 223

《夜光杯》五十周年感怀 …………………………… 266

丁 编 师友情谊

怀念老舍先生 ………………………………………… 273

“秦娘美”

——记秦怡 ……………………………………… 282

三十七载因缘

——小记丁聪兄 …………………………………… 287

我不能忘记的一个演员 ……………………………… 294

讨人欢喜

——怀念画家张正宇 ……………………………… 299

我与潘汉年 …………………………………………… 303

苏三的沧桑

——怀念荀慧生先生 ……………………………… 307

"哲人其萎"
——悼聂绀弩 …… 309
永远记在心上的安哥儿 …… 314
六十年交情
——与曹禺病榻谈心 …… 317
我与夏衍 …… 322

附　录　为老百姓说话我永远态度鲜明
——从"惠康事件"谈中国作家的写作权利 …… 328

甲编

家庭身世

怀念父亲[①]

天降王师壶浆迎，
江东父老望旗旌。
渡江五月惊奇略，
横海千军扫逆鲸。
三载鏖兵除暴政，
万民额手颂新生。
秦皇汉武都陈迹，
从此趋风毛泽东。

1949年春，解放战争接近尾声。由于国民党集团暴露了伪装和平的真面目，拒绝在已经约定的国内和平协定上签字，解放大军万帆竞发席卷江南，一举倾覆了祸国殃民的蒋家王朝。

身经满清封建帝制、民国肇兴、北洋军阀和国民党腐朽政权，半世为官做吏、历尽沧桑、心力交瘁的我的父亲——景州先生当时五十八岁，一年前辞去了南京政府的官职，闲居卧病春申江上，以书画为生。却在烽火声中的5月25日走出北四川路余庆坊的家门，去欢迎中国人民解放军的到来，并且满怀激情地写下了上面的这首七言律诗。

① 此文是作者为吴瀛先生所著《故宫二十五年魅影录》写的序言。——编者注

由于老一辈人死亡殆尽，今年八十九岁高龄的母亲身体已经十分衰弱，兼之极度耳聋，我已很难了解父亲青少年时期的情况了。在与父母亲共同生活的我的青年时代又没有想到做一些了解父亲上述情况的工作，因此我对自己父亲的了解也是很不全面的。我只知道父亲生于 1891 年的春天，在他进入社会之前曾就读于当时“湖北方言学堂”，这个由张之洞创办的大学堂大概是中国最早专修外语的高等学校。父亲读的是英文专业，毕业之后被任命到现在辽宁省的辽阳县去做一个中学的英文教师。我最初知道父亲的这个第一个职业是听我的中学国文老师杨晦说的，他是当年辽阳中学我父亲的学生。

杨先生告诉我之后，我才去问过父亲。原来他在辽阳中学任教一年之后，和这个学校的校长发生了一场争论，一怒辞职。当时他的很多学生，包括杨晦在内都曾经极力挽留他，向学校当局提意见，表示要和这个年轻老师同进退。但是父亲坚决离校，一人来到北京。

那时是什么年代我不清楚，倒溯我的年龄，至少是我出生前的三四年，应是 1914 年以后。父亲到北京是来投奔他的舅父庄蕴宽先生。我的这位舅公是一位大人物，科举出身，历任军政要职，以为官严正、不畏权贵著称于时，并以诗文、书法名家。由于庄的援引，父亲进入了当时的北洋政府，开始了他一生的宦海生涯。

父亲的官运并不亨通。据我回忆中的印象，他工作认真，为人耿直，因此不免会触犯一些他不喜欢的人，乃至他的上级主管，因此升迁很慢，他在 20 年代做的最高官是京都市政督办公所的坐办，大概是当时的北京市政府的第三、四号人物，相当于秘书长，后参与创建北京故宫博物院，任接收代表和常委、《故宫周刊》主编，是抗日战争时期文物南迁的总押运官之一，可以说是中国文博界的开创者。这是我儿时的记忆，也可能是不准确的。30 年代后期到 40 年代，父亲曾做过湖北民政方面的官吏，最后担任抗战时期以至日本投降以后的国防最高委员会的参事等职，在旧官场中，始终只是一个幕僚人物。

但父亲本是个不宜做官的人，他热衷的是读书、作诗、写字、绘画、刻印，并都有所成就。此外他最有兴趣的是收购古玩字画碑帖，他一生工资收入大部分都送给了古玩铺。我至今记得每年“三节”——端阳节、中秋节、春节，古玩店伙计来家要账的情景，在门房里坐了一屋子人，尽管还是客客气气，但由于要不到钱赖着不走。甚至有一年我和姐姐、妹妹、弟弟在学年开学时，竟由于父亲买古董把钱花光负债累累，我们的学费都交不出来，只得写信给学校要求缓交，弄得我这小学生都觉得脸上无光。生性温柔善良的母亲对父亲从来百依百顺，但为此亦不止一次由于婉劝不成而生气，而哭闹流泪，弄得全家愁云密布，郁郁寡欢。但一家之主的父亲却依旧是家里的权威，依然大把花钱，从古玩店抱着破烂的古董、字画回家欣赏，毫无悔改之意。

因此，在他一生当中，他感到最有兴趣的莫过于从 1924 年至 1934 年整整十年当中的故宫博物院的职务。这是中国人民在两千多年的封建压迫之下，一举推翻满清帝制，并将封建王朝的宫殿宝库向广大人民群众彻底开放、公之于世的壮举。在故宫博物院里收藏着中国有史以来的奇珍异宝、典章文物、历代书画篆刻、能工巧匠的稀世杰作。这对父亲说来具有无与伦比的迷人的魅力，从接收清宫文物开始他就兴致勃勃地投入工作。开始他只是由内务部的主管来兼顾故宫博物院的创办工作；后来甚至离开了自己的本职，以故宫为主要的职务了。但是他不可能预见到，这个故宫博物院，以它本身具有的特性注定了是一个不祥之地。一贯热情戆直乃至带有几分傻气的父亲由于客观存在的种种难以预计的情况，如他自己所说，“由于帮助地位以至身被罗织，名列法网”，跌进了一个不深不浅、十分恼火而又无可奈何、哭笑不得的陷阱。

父亲的受冤受害，完全是由于他的一个“同患难而观点各异，亲而不信的总角之交”引起的。从天理人情而言，他自幼相交的同窗好友易寅村先生——故宫博物院院长——乃是一个薄情负义的朋友。但是父亲却是一往情深，至死不渝，由于易的受冤含恨，抑郁弃世，父亲在有生之年一刻也没有忘记为我们这位易伯伯申雪冤枉。1949 年上海解放之后，父亲为这件事还给新的人民政府的领导同志写信呼吁。我们尊敬的董老必武同志还亲自登门来拜会过我的父亲。

为了申雪易寅村的冤案，父亲做了大量的工作，可谓念兹在兹，时刻不忘。这本《故宫二十五年魅影录》是他在新中国成立前一年辞去国防最高委员会参事的职务、和腐朽没落濒临溃灭的国民党政权彻底决裂以后写作完成的，对所谓“故宫盗宝”冤案有详尽的记录。

新中国成立之后，父亲被陈毅元帅请去任命为上海文物管理委员会委员。他怀着十分振奋感激的心情为这个本来可以安居休养的名誉职务热情工作和奔走着，却终于在一次因公外出时因脑溢血而病倒。他右肢瘫痪，语言困难，但依然不曾忘记对易案的昭雪。见到无论是生人熟客时，三言两语也要吃力地谈到故宫往事，家人对此拦也拦不住。父亲卧病达八年之久，1955 年，在他病倒五年之后，我接他从上海来北京同住，那时他虽然行动步履十分艰难，却仍用左手写字作画，吟咏诗词，表现了十分顽强的精神毅力。他一生富有同情心，忠于友情。1958 年 10 月，在病榻上见报载他的老友郑振铎先生因飞机失事遇难，痛哭不能遏止，脑血管再度溢血，病情急剧恶化，卧床不起，于次年 5 月 14 日去世。

父亲去世的前一年，我被“反右”之难，远戍北疆，闻听噩耗，申请返京奔丧而不获批准。因此在那年早春一个大雪满天的夜晚，离家北行拜别父亲就是我和他的最后一面。那时他口齿不清，没有说话，但却是满脸笑容，留给我的最后印象是欢喜的、没有悲伤。

父亲的个人爱好——收藏以书画为主的古文物，直迄中风病倒以前一直没有改变。1937 年“七七事变”父亲率领全家仓皇避难入川，万里征途之中他宁肯将衣物箱笼大量弃置，却精选一部分心爱的书画不辞艰险带在身边，尤其是他所谓“镇库之宝”的三幅大画：吴道子《西旅贡契图》、吕纪《福禄图》、黄石斋山水，都是用黄绫包裹的精工装裱，几乎是形影不离地带在身边，当然，经过这一转徙，文物损失惨重。然而到了四川之后，经过轰炸和多次搬迁，稍得安居时，他又开始逛古玩店，把旧字旧画、古玩玉器抱回家来。真是本性难移，顽固至极。待我把他接来北京时，他已经卧床四年，我和父亲商量，鉴于这一批古旧文物今后保管的困难，建议全部捐献给国家。他不假思索，立即同意，并约请当时主管文物的郑振铎和唐兰同志来参观鉴定，将所藏二百余件古文物无偿捐献给故宫博物院。他高兴地说：“交给国家，比我自己保管要安全得多了。”父亲一生历经三代政府，有如长夜行路，历尽坎坷，到他的晚年才找到他最信任的共产党的人民政府。

父亲的一生，在我的记忆里，他每日伏案挥毫，或写或画十分勤奋，尽管这都是他的业余活动。他的著作出版计有：《故宫博物院前后五年经过记》《中国国文法》、话剧《长生殿》以及《蜀西北纪行》等。

他的最后遗作《故宫二十五年魅影录》，实现了他耿耿于怀的、对含冤而死的亡友半生未了的心愿。这本书对当年故宫博物院成立的经过有详尽、具体的描述，对国民党上层人物承袭过去封建官场的黑暗腐败、钩心斗角也有细致的刻画，包含有丰富的历史资料。

父亲一生中还写了相当数量的诗词和题画诗，但是由于“文化大革命”的一场浩劫，至今在我身边只剩下1946年以后的一本诗作了。

写这篇文章，勾起对逝世二十三年的父亲的无限哀思。1937年我初入世途，任职于当时的国立戏剧学校。因抗日战争起，迁校于长沙，父亲从武昌寄了一份东北抗日义勇军烈士苗可秀的文字材料，并写信给我，希望我用这个题材写一个话剧剧本。我以初生之犊的勇气，按照父亲的嘱咐写了我平生的第一个多幕剧《凤凰城》，并从此开始以写作为自己的终身事业。 现在以这篇短文为父亲的遗作注解，也作为对父亲永远的纪念。

1981 年 11 月　北京

永世难报的恩情

——怀念母亲

1982年5月14日晚，我应邀去前门外广和剧场看一场来自东北本溪市京剧团的演出，临近结束的时候，一位后台工作人员在场边低声唤我到后台去接电话。

电话里听见儿子欢欢的声音，说："婆婆去世了。"

我感觉一阵晕眩，伤心，悲痛，但更多的是惶恐和愧悔。娘的一生，历经灾难，苦恼远远多于欢乐。在新中国成立之后，本应是最为幸福的日子里，从50年代"反右派"运动之后三年，以及60年代至70年代的"文革"十年，娘所承担的苦难是常人所难以忍受的。而究其灾难的根源，却完全是由于她的儿子——我。照老的说法，真正是"不孝儿罪孽深重"。

娘姓周，名景姚，嫁到吴家，改名琴绮，生于1894年，即清光绪甲午二十年，今年应是九十六岁了，出身于浙江杭州的官宦人家。留着胡子的清瘦的外祖父曾来过北京我家小住，那时我很小，但留有印象，而且是好印象。为什么是好印象呢？因为听娘说过，那时女孩子都要缠足，但娘的脚却没有缠成祖母那样的"三寸金莲"，而是接近于现代女孩的天足模样。原因是大人给她缠足时，稍一用力她就大声哭叫，而外祖父立即进行干预，才落得现在接近大脚的形状。娘是外公的第四个"最小偏怜"的女儿，于是得到比三个姐姐更多的怜爱。因此我也喜欢我的十分慈祥的外公，虽然只有很短时期的相处。

父亲弟兄三人，伯父行二，叔父行五，父亲行三是当中的一个。三兄弟出自江苏常州的书香世家，都是诗书的行家，尤其父亲是诗、书、画、篆刻的名家，因此交游十分广阔。他从二十几岁便来到北京扎根立业，北京古都著名的文化街琉璃厂书画古玩店的老人们至今还有人记得吴三爷是频频光顾的客户。由于父亲的交游，家里经常高朋满座；客人在家里食饮亦是常事，因此母亲便常常要亲自去指挥厨师置办膳食。而我家还有最受尊崇的祖母是长年素食的佛教徒。祖母的素食则总是由母亲亲自下厨置办，从不假手于厨师。

母亲的更重的负担是令人难以置信的。她是一个多子女的母亲，生过十五个子女，七个男孩、八个女孩。其中一女三男早年亡故，成长起来的七个女儿、四个儿子则至今健在——最大的姐姐已经七十六岁，最大的男孩则是我，今年七十三岁了。

这样一个老少三代、多子女的家庭中，母亲上有婆母，中有交游广阔的丈夫，下有众多子女，可以想见她的负担会有多么繁重。在我的记忆里，家里日常的佣工除门房、厨师和服杂役的女佣、祖母和母亲各从南方带来一名丫鬟之外，经常还有两个到三个奶妈。因为婴儿不断出生，而母亲却不能亲自给孩子喂奶，事实上她即使能够喂奶也不可能喂这么多的儿女的。

娘给我留下的最美的品德是她对所有受雇佣工的友善关系。终其一生，任何人也没有看见过娘对她的佣人有过哪怕是丝毫的疾言厉色。她忙了一天下来，常常和奶妈、佣妇们坐在一起闲谈，是她很大的乐趣。我们家的两个来自南方的丫鬟都是在二十岁左右，她们都是由娘为她俩选定对象，像嫁女儿一样陪送了新制的衣物嫁出去的。年长一些的小珠嫁到南方，后来断了联系；年轻些的小玉嫁给在北海公园船坞的职工小陈，几十年来和我家像亲戚一般来往。两个女孩结婚离开我家时都哭得泪人儿一样不愿离去。对这么多的子女，娘也从来没有发过脾气，更不用说对更多的亲戚朋友了。我们家的亲朋也很多，父母亲有许多表兄弟姐妹，尤其是表妹，也就是我的表姨和表姑们。这些女孩子有时在家里怄了气，常常跑到我家来找“三嫂”诉说委屈，娘就常常留她们住几天，消了气再回家。这个“三嫂子”是个最可亲近的人，在亲朋里是出了名的。

祖母是很有威严的老太太，在孙辈里最喜欢我，每天下学回家，都是祖母督促我做功课；此外还教我读唐诗，并且很多年和我睡在一床。她有三个儿子、三个儿媳，都在北京，本来是规定由三家轮流奉养，但是却和伯母与婶母都难以长期相处，都是接去不多时就又回到我家，最后终于长期在我家住下来终其天年。那是在抗日战争胜利之后，我在上海外滩租下一栋楼房，把父母亲和众弟妹连同祖母一起从南京接来住在一起的。

近百余年来，中国战乱频频，百姓颠沛流离，受尽苦难。从祖母、母亲口里，我从小就听到过她们讲述当年所谓“长毛造反”的悲惨景象；而我们亲历的则是日本帝国主义的侵华战争。在这之前，父亲作为北平故宫博物院的创办人之一经受了后来轰动全国的“故宫盗宝冤案”，由于仗义帮助朋友而受到株连，最后带领全家老小离开北京出走南方。我至今记得母亲在举家迁徙时默默地收拣大量行李家什的辛劳。父亲是一个出手十分阔绰、不会算计的文物收藏家，终年累月除去办公时间，经常去琉璃厂收买字画古董，为此长年负债，每年“三节”时候——即春节、端阳、中秋——债主盈门讨账，最多的是古玩商人，也包括粮店、裁缝，乃至书商、饭庄……门房里经常坐满了要债的，弄得全家气氛紧张。这就联系到我前面所说，母亲从无疾言厉色，但有时痛苦得泪流满面，就是因父亲的大手大脚、漫无节制地收买那些字画文物的时候才会如此。父亲我行我素，是决不听母亲的劝告的，但因此却连粮店都欠了债，母亲苦口婆心也不见效，就只有以泪洗面了。

至今我还记得的是：学期开始，我们兄弟姐妹连学费都交不上，父亲只好写信给学校要求缓交。信都是由大姐吴珊交去的，大姐觉得太丢脸，只是对娘诉苦，噘着嘴。娘也只落得叹气，流眼泪，没有别的办法。

一到搬家，和后来的抗战时期的向西南大后方逃难，这些文物字画就成了更大更沉重的负担。照父亲的主意，什么都可以不带，也不能不带这些东西，尤其是几件所谓“镇库之宝”的字画更是紧紧抱在手里的，看得比孩子还重要。那时候，母亲是多么沉着、多么稳重，反而是一句怨言也没有，紧紧地保护着这些东西和她所有的孩子们——这一切都是她的宝贝。千山万水，千辛万苦，从北京到武汉，从武汉到南京，又从南京到四川，到重庆，到江安，又回到南京，再到上海……老人和孩子都健在，古玩文物保住了最名贵的。只有祖母，最后是由于年老而过世了。

1949 年结束了全国内战，也结束了百年来祖国大地一片呻吟、血肉模糊的离乱生涯；新中国如旭日东升，满目祥和景象。我也怀着无限兴奋喜悦的心情，辞去香港电影编导的职务，应召回到离别十三年的北京，投入新中国的新兴电影文化事业的怀抱，从事“前人所未有的社会主义的建设”大业，并且在 1951 年和新凤霞结婚。1954 年我用从香港带来的一点钱和少量借款，买了位居北京东城最繁华地带的有十八间房屋和满院花木的一座四合院。买屋的重大原因之一是想把年迈的父母亲从上海接来，将北京做两老的终养之所，那时父亲已因高血压中风而卧床两年了。

把父母接来首都北京的头一件事便是劝说父亲把数十年长途颠沛幸得保全的一大批珍贵字画文物捐献给国家。因为这几十年全家大小竭尽心力才得保全的这批文物终于安全抵达从此获得平安、不会再生变乱的人民首都。可以说由于全家的努力，它们终于有了最后的归宿。几十年来父亲辛辛苦苦，不惜负债累累、竭尽心力收买保存下来的这批文物，其目的原不是为了居奇致富，而完全出于对祖国文物的爱好和珍惜。我没有想到，我想父亲也没有想到这批文物会是传给子孙后代的一笔巨大财富。因此我的建议一经提出，父亲立即点头同意，那时父亲说话已不方便，吐字十分吃力，但是头脑仍是十分清楚的。他虽然只能斜倚在病榻上，但仍是热烈地欢迎了我邀来鉴定并欣赏这批文物的当时国家文物局局长、父亲的老朋友郑振铎先生和唐兰教授。两位文物鉴定的权威人士十分兴奋地看完之后同时提出这一批贵重的文物如何计价的问题。我说这是无偿的捐献，不需要任何报偿，这是父亲和我早已决定了的。再过后两天，故宫博物院派人来将全部捐献件清点登记取走，出具收据共计二百四十一件，时间是 1955 年 10 月 26 日。

三十年后的 1985 年 10 月 8 日，全国政协在北京出版的机关报《人民政协报》上刊载了一篇题为“二十万件文物回归记”的文章，列举自新中国成立以来，海内外的文物收藏家、爱国人士、外国友好人士向故宫博物院捐献文物的情况，并发表了重要捐献者三十个人的名单，其中头一个名字“吴景洲”便是我的父亲。文中指出，这些人捐献的都是“一级品文物”。

回想当年捐赠结束之后，全家都有卸下重担的轻松之感。其中感受最强烈的是娘，她在这转徙流离的十余年万里征途中打包装卸、吃苦受累、担惊受怕已经无从计数……而这一回她说:“这才是真正解放了。”

50 年代是中国四亿人民对民族、国家的命运充满无限希望的年代。从百年的积弱转为强大，从举国大乱转为大治，展望前途一片光明。一百年来志士仁人前仆后继，尸横遍野，血流成河换来的人民当家做主的新中国是多么难能可贵，多么幸福啊！

我正是怀着这样的无比兴奋、无法形容的幸福感，把父亲、母亲从上海接来北京，同时亦来迎接这样甜蜜温暖的新生活的。但是绝对不能预料的是这个新兴的国家针对知识分子的批判运动，一个接一个地开始了：《武训传》的批判，《红楼梦》的批判，“胡风事件”的批判……还只是针对一些个人或少数人的批判，发展到1957年的“反右派运动”就扩大为针对全中国知识分子的批判了。当然，“批判”知识分子的也全是知识分子。这里面，我是属于揪出来示众被批判的一个，更为严重的我竟成为全国戏剧界最为重点挨批的一个。开始的时候我完全糊涂了，完全不理解这是怎么一回事。不是伟大的领袖发出庄严的号召，要求全国人民帮助共产党整风吗？要求大家对党提意见，指缺点，提建议吗？再三指出“言者无罪，闻者足戒”“有则改之，无则加勉”吗？但是在种种的“诚挚”而又“谦虚”的动员之下提意见的爱党爱国人士，转眼间被提出了一个“这是为什么”的问题，紧接着便被打成了“反党、反革命的右派分子”。“反右派”成为一个运动，一个席卷全国的运动。

按理说，就我一家而言，“右派”的比例不算太大，我兄弟姐妹十一人，其中长姐远在新中国成立之前便去了台湾，十人中除我被打成“右派”之外，还有我的一个小七妹由于“反右”前在云南接待我的来访，从而传播过我的一些片言只语亦被株连划为“右派”。毕竟十人之中只占了二人。然而我是大哥呀！小弟弟小妹妹脱不了干系，其中一个被保送出国赴苏联留学的小弟竟被命令回国接受审查达数月之久，最后被清洗思想之后才得幸免。

但是最为悲惨的是我还株连了妻子。这个自幼从南方被卖到天津，在贫民窟长大，六岁学戏，十四岁成为主演，以其卓越的天赋，不数年征服了万千观众，名噪海内外的天才演员，在作为丈夫的我被打成“右派”之后，居然有一位中央文化部的副部长（刘芝明）召她去谈话，当面下令，要她与丈夫划清界限，离婚，便可入党，否则要“承担后果”。

然而连我亦感到意外的是：这个生来胆小怕事，照她自己所说的“旧社会怕警察，新社会怕干部”，连树叶掉下来都怕打破头的新凤霞，这一回面对一位来自老区的主管部长、大干部竟自“不买账”，公然抗拒，不愿和“右派”丈夫划清界限。在听到要把她的丈夫远遣边荒之后，竟说：“要等他回来。”“等多久？”“王宝钏等薛平贵十八年，我等他二十八年。”副部长安得不怒？拍桌子，把她逐出办公室。

一路哭出中央文化部楼上长甬道的新凤霞怎么也想不到，第二天去剧院上班时迎头看到的是铺天盖地的大字报，对着大门的是一幅很大的漫画，画一个戏装的相府小姐抱着一个身穿中山装的吴祖光，满面流泪地哭喊：“我等你二十八年呀……”然后全院开大会批斗，宣布新凤霞是“反革命右派分子”，戴上了“右派”帽子。

但是剧院仍要指靠新凤霞演出卖钱。只要是新凤霞主演的剧目登出广告，立即满座。她不参加的演出，则门可罗雀，无人问津；但是后台还要贴上大标语：“右派分子吴祖光的老婆新凤霞不要翘尾巴！”每晚演出结束，场内观众热烈鼓掌，要求演员谢幕时，谁也不知道，他们热爱的新凤霞已经被“革命同志”勒令去打扫厕所或是清理后台、倒痰盂去了。

在那以后，我被遣送到极北边荒的北大荒，没有期限，不知何日归来。妻子为避免不测的伤害——那些同台的演员、包括合作十多年的伙伴，一下子都换了一副敌视的眼光——在丈夫遣走之后立即搬到剧院去过集体生活了。

后果是什么呢？我的重病的父亲，三个年幼的子女，一座十八个房间的四合院，全副重担落在了母亲身上。

三个孩子，最大的吴钢，幼小时由外祖父母照顾较多，现在则由祖母照管了；二子吴欢则是出生不久便被送到上海由祖母代管抚养，正如我小时最受我的祖母宠爱而有几年受祖母教养一样，和婆婆感情最深；小女儿双双也全交给了婆婆；另外，还有一个女孩是我六妹的女儿能能，从小在我家长大的。于是母亲除要照顾病瘫在床的父亲之外，全部接受了四个孙儿孙女和外孙女的沉重负担。

我至今记得1958年初春，天气陡变严寒，大雪漫天，我被勒令远行北大荒。头一天的深夜，娘走进我们房间对我说：“你好好走，家里只管放心。我一定帮着凤霞替你看好家，等你回来。你放心，放心。一点也不要担心。”

娘重复地说着“放心，放心……”我有九个弟妹留在灾难频频的祖国大陆，但谁也没有我的灾难深重，都具备奉养老母的条件，但娘信守诺言，应付种种艰难，一步也不离开我家。

在我离家的三年里，凤霞单身住进无数双敌视眼睛的剧院，只在周末和节假日里回家匆匆探视老人和孩子。这是怎么回事呀？百思而不得其解，实在不知道是犯了什么罪？

当然，很快对此就有了答案。据说号召大家对党提意见，然后把提意见的人打成“反革命右派”原来是一种策略，一条妙计，叫作“引蛇出洞”。然而从此以后，万马齐喑，隐瞒真情，专说假话，再也听不到真话了。成了这样的状态，其前途也就可想而知了。

以后的三年，我被流放，凤霞被迫离家去做那受虐待、受唾弃，但仍要承担主演繁重任务的可悲角色。我家的朱红大门上经常会被邻居涂上大字，什么“大右派”“反革命”之类的侮辱性名词，甚至有人会来欺侮我家年幼的儿女……这一切沉重压力都压在母亲一人的身上。

三年不是一个短暂的时间，孩子们都正在成长期，加上一个病残的老人；母亲不单是负重而且还要忍辱，这真是从何说起？但老人却一步步走过来了。

1960年底临近新年的时候，我闯关万里，居然“幸获”生还——因为有不止一个同时遣送北大荒的同难者就此埋骨荒原、魂归绝域，再也见不到亲人了。相比之下，我竟成了幸运者。

60年代初期那几年，我过了一段比较平安的日子。我于1960年年底从黑龙江虎林县①回到家里，与母亲、妻子、儿子、女儿终于团聚，但永远失去了父亲。三年以前大雪纷飞，走向北大荒万里征途的早晨，我身负行囊去父亲住室向老人告别时，老人根本不知道在我身上发生了什么事情，我向他告别，他只是向我点头笑着。父亲的笑是他留给我的永远的回忆。

母亲已是满头白发了。她亦是用满面笑容迎接我的归来。她说："我现在可以把凤霞、大牛(长子吴钢的小名)、欢欢、双双，还有能能都交给你了。"

接连几天，素来不多言语的母亲，坐下来便讲述三年来含辛茹苦抚养孩子们的往事。譬如这个三年还是近代史上罕见的"灾荒"的三年，国家分配的粮食远远不够吃的，全家经常处在饥饿状态里。每个月发工资时，凤霞要从剧院里送钱回家住一晚再走。这时，当家做主的婆婆便细心地、几乎是数着粮食下锅。吃饭时总是先把凤霞的碗盛满，并告诉孩子们："妈妈演戏非常辛苦，所以先要吃饱些。"然后才依着年岁大小分给每个孩子一份，最后留给婆婆自己的就是最少的一份。有一次小双双的碗没有端好，打翻在地上了，搪瓷碗没有摔破，但是米饭连菜汤全泼掉了，孩子们把地上的饭抓起来往嘴里送，顾不上地下有泥土……这真是一场惨剧，但现在却当作笑话来讲了。

饱经忧患的母亲永远是稳重的、宽厚的。过去的总会过去，没有抱怨，更没有愤怒。提到还没有完全好转的饥荒年月，母亲说："早就听说外地灾荒的悲惨事，河南的一场'荒祸'一个省就饿死了多少万人。比起来我们过的就是神仙日子了。"母亲又永远是容忍的、知足的，是典型的中国安善良民的性格。

正如母亲说的"过去的总会过去"，60年代的前半期确是比较安定下来了，老百姓的生活也在逐渐好转，社会亦好像走上了轨道。就

---

① 现已改为虎林市。——编者注

我家说来，一场滔天大祸之后重获安宁何其可贵可喜！中国的亿万老百姓是最会满足现状的，“平安即是福”，即使是小小的平安亦会教人忘怀过去了的灾难。然而事情却总是向着人们的意愿逆施倒行，在中国这块土地上竟出了一个为祸十年的“四人帮”，把刚刚复苏的中华大地推落到万丈深渊。九百六十万平方公里的祖国大好河山顿时血肉模糊，惨不忍睹。转眼之间，我又成为戴罪之身，人身失去自由，全家被抄得底朝天，屋顶被挖通，墙壁被掏破，地板也撬开，说是要搜出暗藏的电台和武器……年轻的学生变成了暴徒，住在近处的高干子弟几次随便出入我家顺手牵羊把喜爱的小物什拿走……我和妻子再次被拘押，一家重担又落到比“反右”之难时更加年迈的母亲身上。母亲不但要照顾孩子们，连被拘押的儿媳的一日三餐都要送去。幸而孩子长大了，已经十岁的小吴双居然能够从和平里乘无轨电车换公共汽车送饭到妈妈的拘禁处，而且还能以不卑不亢的气概对付那些无理取闹的造反派红卫兵们。

谁也料想不到，这种恶毒专横、荒唐愚蠢、残酷暴虐、颠倒黑白的名为“文化大革命”的政治运动竟会延续了十年之久。

“文革”一开始我和许多同难者一样又失去了自由。除去其中的1969年得到约一年时间的自在逍遥之外，约八年时间被隔离监管，不准与家人亲友联系，更不用说相见团聚了。“四人帮”一伙无法无天，恣意横行以至于此，真不知道要把这个国家糟蹋成什么样子。

不幸中之大幸是妻子比我享有了较有限制的自由。这个为千百万观众热爱的演员在干什么呢？她每天上班是下到地底二十几米深的地方去挖防空洞，冰冷潮湿，挖地不止，竟是一直挖了七年之久。然而毕竟她得到了每日下班后回家的自由，周末亦可在家休息。这样，婆婆每天到了晚上或星期日干家务总算有了帮手，但只是担心她的儿子——我这个长期受审查者的安全。

母亲的十一个子女散处全国各地，在北京的除我之外也还有三个，但母亲由于我的所谓“政治问题”而形成的不尽灾难，坚守诺言不肯离开我家，长年独力支撑危局。在我们夫妻二人想到母亲的恩情和辛苦艰难就要感动落泪的时候，居然发生了一件使我万难料到的事情。

远在南部边疆地区工作的四妹在我家生活上由于所谓的“政治”原因而长年陷入十分艰难困苦的境地时，致书给分布各地的姐妹兄弟，指出很久以来母亲与50年代起就被划为“反革命右派分子”的大哥住在一起，直至如今“伟大的文化大革命”时代依然没有丝毫的政治觉悟！因此发出号召，警告姐妹兄弟们与老母划清界限，再不要有任何的接触往来。

有这样一位阶级立场坚定、革命意志旺盛的同志出现在我们姐妹兄弟之间，应当是我们吴家的光荣吧？然而遗憾的是她的号召似乎没有起到什么作用，大多的同胞手足都和母亲，甚至大哥大嫂保持来往。谁能和大家最亲爱的母亲断绝关系呢？这或许是我那工人阶级出身的四妹夫的主张吧？但他们两口子似乎缺少战斗到底的决心，革命号召没起作用，也就罢了。

手足情战胜了“阶级情”，这亦使人不胜遗憾。接到信的兄弟不但没有响应号召划清界限，而且告诉了大哥这样的“阶级敌人”。他们可能想过：要和老娘划清界限，首先要让娘和大哥划清界限，但娘是绝不会这样做的。于是四妹的革命号召落空了。

“文革”还在继续，迫害也还在继续。1975年由于我所在的静海团泊洼“五七干校”结束，我得以被解除禁闭回到家里，但是妻子新凤霞却由于长年在深达数十米的地下挖防空地道而患高血压病，虽然医院开具休假证明，她的剧院的女书记仍不准她休息，反而说：“我的血压比你还高，不是也不休息，还坚持工作吗？”于是到这年年末的一个早晨，头一天接到任务，要到北京郊外的平谷县①参加劳动，她

① 现已改为平谷区。——编者注

忙着准备过冬的行装，母亲也戴上老花镜帮她缝制棉衣……第二天要出发了，清早起床，她刚把行李整好时，一跤跌倒，急送医院，被诊断为脑溢血，住进了西四羊市大街的人民医院。

当晚我从医院回到家里，从来十分镇定的母亲悲不可抑，流着泪说："凤霞太累了。我没有照顾好她……可是幸亏你回来了。"

此时此刻，娘居然说这样的话！任何时候，娘都具有无比强烈的责任感，这只有增加做儿子的惭愧。那年娘已经八十一岁，这样一来，原来凤霞能够分担的一些家务事又都堆到了娘的身上。

两个月后凤霞病况稳定了，出院回家，但是行动艰难，左肢偏瘫，已不能做任何劳动。这个在舞台上活跃半生、名满天下，加之生命力旺盛、生活能力过人、衣食住行样样不须假手他人的好媳妇如今已经失去了全部能动性，连卧床、起身都要别人帮忙了。

两年之后，经过一次脑血管造影，凤霞的病被确诊为"脑血管不全栓塞"。人民医院的诊断是错误的，但是已经无法挽回，动手术不能保证安全，只得承认这个现实了。但这个病人具有十分顽强的意志，她学习走路，由于右肢完好，又坚持用这只完好的右手学习写作，拣回二十几岁时曾和公公与义父齐白石大师学过一段绘画的技法又开始作画，持之以恒，成为一名出版了十多本书的空前绝后的民间艺人，成了一名从文盲苦学成材的女作家和业余画家。

她的第一幅自己认为画得比较像样的桃子是献给婆婆的。

但是婆婆却显然日渐衰老了。在婆媳两个都卧病在床的时刻，同住在北京的六妹看到我家两代病人的负担，和我商量把母亲接去她家照料。于是母亲离开了我家。

时迁岁改，事情终于逐渐发生了变化。我的"反革命右派分子"的帽子是在1961年宣布摘掉的，但那以后的一长段时间里，叫作"摘帽右派"，显然还是"右派"。"文革"十年又被"审查"了十年，备受凌辱，妻子、儿女，以及老母都受株连。除在台湾的大姐外，其他九个弟妹亦大都受到程度不等的影响和迫害。直到 1979 年，中央主管部门正式发布文件“改正错误”。1980 年再发布文件“彻底平反”。

从 1957 年开始，我被划为“反革命右派分子”至 1980 年“彻底改正平反”止，共为二十三年整。二十三年里我始终不理解我到底错在何处？从心底不能接受加在我身上的罪名。二十三年之后才真正明白，而且证实了：我没有错。

我受了二十三年冤枉，祸延全家，尤其是害苦了母亲。母亲于 1982 年病重逝世。“若可赎兮百其身”，只能留下终世的遗憾。在我这个小家的每一天危难的时刻，母亲寸步不离，受尽苦难。她假如住到其他任何一个子女家里都不会冤枉受这么多苦，但一言既出，历二十三年而不渝。而在她受尽疾病折磨的时刻，在她最终瞑目长辞人世和亲人的时刻，我却在剧场里看戏。闻讯赶到垂杨柳医院，亲爱的母亲永远不再回来了。

至今又是八年过去了。人生的苦难似乎还没有终止。每一想到母亲，便难忍心中的苦痛和愧悔。这种心情是我虽然早在两年前便收到征文信，而自己也早就想写母亲却久久写不出这篇纪念文章的原因，因为我无论如何也写不出母亲的善良、宽厚、坚贞、仁爱和施加于我的永世的恩情。

唐代诗人元稹追思妻子写过三首《遣悲怀》。把他人怀念妻子的诗句移来怀念母亲或许是不敬的，但我对母亲却具有同样的感情：“惟将终夜长开眼，报答平生未展眉。”

愿母亲在天之灵饶恕她负罪的儿子。

1990 年 12 月 25 日　北京

爱妻新凤霞和她的书

——《新凤霞回忆录》①后记

可怜②的凤霞于1975年突患重病，不能转动，送医院抢救。不幸的是，医院当时把她所患的“脑血栓”误诊为“脑溢血”，可能是由于这样的原因，以致形成至今未能痊愈的左肢行动不便的后遗症。在三年之后，一次脑血管造影检查时才得到确诊，而现在患病已进入第五个年头了。

和我相识的某一些女同志那样，凤霞对待生活心胸不够开阔，想不开，爱后悔，常常说：“我不该这样，不该那样……”得病的这四年多以来，更爱说：“假如我没病的话，我……”尤其在看戏的时候，看见同时代的小朋友、老伙伴仍旧活跃在舞台上，就受不了，就难受得要命；若不是我或孩子们在一边打岔、说笑话，扯开或是转移她的注意力，她便会流下泪来，活像个多愁善感的林黛玉——尤其是晚上坐

① 《新凤霞回忆录》，新凤霞著，叶圣陶作序，常君实编辑，1980年8月香港三联书店出版。这是新凤霞的第一部著作。1982年7月香港三联书店还出版了新凤霞的第二部回忆录《艺术生涯》，艾青作序，常君实编辑。

② 在我们的家庭里，避讳“可怜”这两个字。凤霞的自尊心特别强，尤其是在得病之后，她曾对我说：“假如你是在可怜我，你就给我走开！”我对她说：“你别多心。你会好的。我把你看作一个体操运动员，在一场竞赛当中受了伤；只不过伤势重些，需要较长时间才能恢复。痊愈之后你还会登上舞台的。”事实上不止一个医生也是这么说的，并且是信心百倍地为她进行治疗的。

在屋里看电视的时候。

熟悉凤霞的人都能理解她此刻的心情，她从来就是个一刻也不能闲着的人。 在她的回忆录里面，有很多的篇幅是写她幼小时在家里、在师傅家里、在前台后台、在工厂……在种种不同的场合里干各种劳动活的情况。 在劳动上，她是个真正的多面手。 除去她的本职工作演戏是十分繁重的劳动之外，她会做各种面食、炒菜，能为她喜欢的客人亲手烧出整桌的筵席；能裁剪、缝制衣服，从中装的丝绵袄到西装的外衣裤乃至衬衫。 又能织各式各样的毛衣，多少年来我和孩子们以及她自己身上穿的毛衣大都是她一针一线织出来的……

她从七八岁起在戏班里演小孩戏、配角戏，从十三四岁开始演主角戏。 旧社会的小评剧班一年演到头，除掉春节前的几天封箱之外，从来也不休息。 这种情况一直持续到新中国成立后的 1951 年，星期天还要加演日场，甚至在台上吐了血还满不在乎地继续演戏。

难以设想，就是这样一个曾经在黑暗的旧社会受尽苦难的评剧演员新凤霞，从 1966 年开始竟被剥夺了演戏的权利。 不演戏可干什么呢？她在深达十几米的地下挖了六年防空洞……

当然，若从 1957 年算起，她承受的折磨远远不止于此。 即使是挖这六年防空洞的时节，我看她也还是安心和愉快的，没有感觉太大的痛苦。 每天晚上回家，高高兴兴地提着买回来的蔬菜，进厨房做晚饭。 因为这比前几年关在单位里不准回家，和后来自己可以回家了，而丈夫又一连几年不许回家，乃至生了重病进医院动手术也不许通知家里相比，又强多了。

凤霞写的文章将收聚成册，并将出版回忆录了，这在我们家里说来可不是一桩小事。 这使我回想起二十三年以前——时间是 1957 年 6 月 14 日，《人民日报》第八版发表了她的第一篇习作，题目叫作“过年”。 文末有一段《编者附记》，说：

评剧名演员新凤霞，解放后开始学文化，去年已读完了初中课程。最近，她在休息中练习作文，写了一些生活回忆。这里登的就是其中的一篇。

在这以后的第五天，即6月19日，凤霞写的第二篇文章《姑妈》仍在《人民日报》第八版发表。可能那时编辑准备发表的还不仅这两篇……但是谁都记得，这时开始了一个叫作“反右派”的政治运动，我是首当其冲的受到批判者，跟着就株连及于妻子。情况迅速恶化，凤霞的写作虽然只是刚刚开始便被扼杀了。

凤霞从来不让她的手闲着，也表现在她的“写作”上。文章不写了，丈夫去了极北的边荒，这时尊敬的前辈老舍先生对她十分关心地嘱咐着："你给祖光多写点信，写信也是练习文化，像作文一样，多写，祖光看了高兴……”因此，我在北大荒的三年，收到过妻子无数的来信，有时会一天收到好几封信。但是这所有的家信，在后来的又一场十年灾难当中，全部被抄个精光了。

凤霞不怕劳动，劳动从来就是她的本色，她也从来没有被劳动压倒过。既然不准演戏，甚至不许写信，毋宁说，劳动能使自己得到寄托，得到愉快。但是，更大的不幸袭来，一次新的迫害使她病倒，竟致连劳动而不可得了。

但是在不幸之中也有大幸。凤霞病在左肢，左手左脚行动不便，可是右半侧还依然是健康的；头脑十分清楚，口齿也照旧那么伶俐。所以她还能说，还能唱，用这个来教学生。还有一部分时间用于针灸和按摩医生的治疗以及散步，作为恢复肢体的活动锻炼。此外，她还画国画，画梅花、藤萝、南瓜和桃子……然而还有更多的时间怎样安排呢？我对凤霞说："写文章吧。像你当年学文化交作业那样，你想到什么就写什么，想到哪儿就写到哪儿吧。”

凤霞听了我的话，提笔就写，写得这么多，这么快，她的思路就像一股从山顶倒泻下来的湍急的清泉，不停地流啊流……写得最多的一天我约略计算了一下字数，约一万字左右。我从事写作超过了四十年，也从来没有一天写过这么多！

凤霞的文化其实不到中学程度。加上她粗心，不细致，识字也不多，因此每篇文章当中都有大量的错别字、同音或近似音的假借字，甚至有她自己随手创造出来的十分潦草的只有我才能认识的字，也有重复烦琐的、需要猜测才能辨识的字和句子以及用画来代替的字……但是可贵的是她的深挚朴实的感情，对我说来是闻所未闻的传奇式的生活经历和她独具风格的语言，这都是别人代替不了的。

她的写作范围极其广泛。写她的家庭，她的童年，她的学艺和卖艺生涯、演戏经验，她的同台演戏的伙伴，一些渺小的小人物和当代的著名艺人，贪婪的戏园老板、财主、恶霸；写旧社会，也写新社会；写地狱的黑暗，写友谊、良心和反抗；有血和泪，也有衷心的欢笑……但是由于她写的都只限于她个人的经历，每一篇文章都是她个人的亲身感受。所以也可以说，她的写作范围又是极其狭窄的。

值得感谢的是香港《大公报》和《文汇报》以及《海洋文艺》从两年以前便开始连续发表凤霞的文章。那时候虽然万恶的“四人帮”已经被粉碎了，但是还不能设想我们国内的报纸和杂志会发表这样的文章。具有浓郁的生活气息的凤霞的文章是先给香港读者留下印象然后再引起内地杂志和报纸的注意的。近一年来，凤霞的文章在我们自己的报纸杂志上也不断地发表了，这对凤霞是一个巨大的鼓励。对我说来，读了凤霞的大量文章之后才使我知道她的五十年生活经历是这样曲折、这样复杂、这样丰富多彩、这样充满了酸甜苦辣。1978 年末，我写了一个话剧本《闯江湖》，就全是采用凤霞提供的素材。我和许多看过这个剧本的朋友们都感觉到，把旧社会生活在社会最底层的评剧艺人的血泪史用文字记录下来是有意义的。

香港三联书店和天津百花文艺出版社将分别同时出版《新凤霞回

忆录》，这是凤霞写出的回忆文章的一部分。她还将继续写下去，她脑子里留下的素材好像永远也写不完。

我和凤霞共同生活了约近三十年，其间曾被强迫离开约八年。但是，我更多地了解她，却是在读了她所写的这些文章之后，这些文章使我认识了我过去从未接触过的一个新的世界，并且常常使我感动落泪。凤霞是在受侮辱被损害的贫民窟里长大的，但是像荷花一样出淤泥而不染，坚贞，有骨气；在旧社会是这样，在新社会也是这样。同样是我所崇敬的老舍先生，在1961年，我从风雪三年的北大荒回到北京时，和舒师母一起对我说道:“凤霞得到了人们的尊重，她的心是金子做的。”凤霞告诉过我，她小时非常热爱和佩服的一位正直的弹弦子的老艺人瞎大爷，常给她和一群同年龄的孩子们讲古说书，讲忠臣义士、烈夫贞妇，告诉孩子们:“男学关云长，女学王宝钏。”当然，这是过了时的封建道德，可是忠实的凤霞却就是这么做的。凤霞常对我说:“你不要当着孩子的面批评我。常言道：当面教子，背后教妻。”而现在，疾风知劲草，由于经过了严峻的考验，事实昭昭在人耳目，我得以无所顾忌地“当众夸妻”了。

凤霞的一生过来不易，受过贫穷，受过冻饿，受过说不尽的欺侮折磨，但是她都能禁受。在最强大的压力和打击面前没有屈服，没有讨饶，没有流泪。然而她却受不得哀怜和同情，常常在人家安慰和怜惜她的时候便哭起来了。我想，经过了这十年灾难的同志们应都能理解和体验过这样的感情。而现在，噩梦一般的生活终于过去，我们应当高兴，像我们的老朋友画家丁聪告诉我的:“我给凤霞画插图，就是为了让她高兴。”他画的那一幅幅生动有趣、意味深长的插图，又岂止是使我们高兴而已。像诗人艾青对我说的:“给别人写序我实在没有时间，可是给凤霞写序我不能拒绝……”当高瑛夫人把艾青的序文交到我手里的时候，我读着读着，流下感激的眼泪。这样，书店给这个识字不多、文化不高的民间艺人新凤霞出版回忆录，即使本来没有为了使她高兴的原因，但却真是会使她高兴，也使许多关心她的人高兴的。

最后我要提一下“关心她的人”。凤霞从1966年被迫离开舞台，后来又因病不能登台，至今已经十四年之久。但是多情的观众没有忘记他们心爱的演员，从1976年到现在的四年当中，有无以数计的不相识者通过来信、登门来访、寄赠药品和其他礼品、食物等各种不同的方式表示了对病人的深切关怀。尤其是近两年来她的两部影片《刘巧儿》和《花为媒》在全国重新放映，她收到的观众来信就更多了，这使病中的凤霞如同生活在澹荡的春风和温暖的海洋里一样。这么多热情洋溢的来信是难以一一答复的，但对病人来说，这种珍贵的同情和友谊，可是最大的鼓舞。因此，这本《新凤霞回忆录》的出版也应是作为这个病人——一个最知道感恩的病人，对无数的关心者的答谢吧！

1980年1月

“回首往事”

——凤霞拟题，对她的永久怀念

做了八十一年的中国公民，毫不夸张地说，我确实是饱经忧患、苦难备尝；也应说是祸福相依，尤其是和亲爱的妻子凤霞共同生活在一起的四十七年——从 1951 年到 1998 年，将近半个世纪当中，虽然经受了多少年人为的摧残折磨，但终于苦尽甘来，有一段堪称幸福的日子。就在我们准备较为安定地共同在一起走完这最后几年太平岁月的时候，在我的故里江苏常州，凤霞在十分难得离家远行的一刻，却在她深深感觉由衷幸福的春天傍晚，就要从常州大酒店准备晚饭后出门看戏的时候，突发脑溢血，经抢救一周离开了这个世界，在她自己说的“常州媳妇”的家乡，永远离开了我！离开了她热爱的亲人好友和美妙人间。

由于事起仓促，毫无精神准备，像是突然坠落万丈深渊那样，出乎意料，我实在无法接受。

凤霞在常州市立第一人民医院抢救一周之后，永别人间，消息迅速传遍全世界，是我万未料到，亦无从预料到的。我亦无法设想，在召开追悼会的头几天里，家里接到各方来的唁电共计一百八十八份，我至今没有一一看完，只看完最后一份迟到的唁电——是由中国戏剧家协会转来一份江西省李坚女士的电报。由于只有这一份是最后送到我的手里，我就看到了，电文说的是：

> 从《文化报》获悉评剧大师新凤霞不幸谢世，悲痛万分。五十年代，她在昆明成功的演出，轰动西南。但谢幕时不能站到第一排。当时昆明市委赵增益书记亲自上台把她请到前排合影。后来在她的著作中还专门提及此事，并为我们寄来了大作。几次文代会中我们亲切交谈合影，记忆犹新，怎能如此早地离开大家，太遗憾。她平生为艺术做出的贡献将永存丰碑，盼祖光节哀保重。江西李坚。

近两年来我的记忆力严重衰退，很多事情，一过即忘，但是现在还能记得李坚女士就是当年昆明市委书记赵增益的夫人，电文中凤霞所遭受的不平等待遇在当时已持续了很多年。在我的记忆中，50年代中，上海一家大剧场曾邀请凤霞的剧团演出。中国评剧院领导安排了《志愿军未婚妻》这个新剧目，而且从外地调来一个女演员和凤霞共同担任同一个女主角，由两人轮换演出。这样的安排立即受到当时上海市市长陈毅的质问:“你们为什么不演上海观众都期待的《刘巧儿》?”剧院领导无从回答。陈市长责令立即将《刘巧儿》的一应服装、布景、道具运到上海，因广大观众都等待看这个戏。评剧院领导只得照办。而《志愿军未婚妻》上演第一场时即有大量上海观众询问今晚是哪个演员上台。剧场居然不作回答，观众就不买票，等到开演前半个小时，少数观众溜入化妆室看是谁在化装，看见是凤霞化装，立即票房爆满。反之是另一演员化装，便几乎没有人买票。到了这个地步，另一演员在这种压力之下，进退失据，终于只得罢演而回。这种怪事、蠢事，只有这样的“领导”做得出来，而这位女演员却是冤枉无辜讨来一场无趣而已。而凤霞在当时从上海写信给我，以至事后回到家里却以无限遗憾和同情寄予她的这位同她“争角色”的同行。看来任何人要想扮演与新凤霞“争戏、争角色”的任务都会注定以一败涂地而告终。然而这应当怪谁呢?我看这些低能的“领导”首先得检查自己的愚蠢，然而这些蠢货却永远不会这么做。

凤霞在那很长的一段日子里受到这样的待遇可是太多了，尤其到了那个灭绝人性、最残酷、最野蛮的十年“文革”时代。以她的年龄和绝代风华加上自幼苦练成材的表演艺术功力，这段时间本应是她这位在舞台上最辉煌亮丽璀璨绝伦的评剧明星普照人间的时候，但她却早被赶下舞台成为人人可以任意驱使、叱骂、奴役、欺侮的对象。甚至在一次剧院正在演出的时候，她只不过是在担任前后台杂役的任务。而当时她由于高血压发作，难以支持而倚在墙角稍事休息，这时候评剧院的女领导恰好路过，厉声问她：“你不干活，靠在这儿干什么？”凤霞说：“我头晕。”书记问：“生病了？”凤霞说：“血压高。”书记又问：“血压高，量过吗？”凤霞说：“今天在院里医务室量过。高压二百，低压一百。”书记应答如流：“我高压二百二，低压一百二还照常上班呐。”她显得很仁义，说：“记住明天早晨下乡劳动，现在你就回去吧。”

那时我家自己购置东单北帅府胡同马家庙的十八间房的四合院早在“反右”时被造反派强占，我家已在和平里楼房住了多年。凤霞回到家里，尽管身体不适，但在晚饭之后仍然强打精神，缝一条薄棉被，找出一些换洗衣裳，我帮她打了一个小铺盖卷和一个装日用品的小提袋。她告诉我明天一早就要到郊区农村劳动，不知何时回来，匆匆抓紧时间睡了。很快天亮了，她又匆匆起床，掂了掂铺盖卷可能是她背得动的分量，她说感觉头晕不舒服，但时间不多了，只得背起行李，然而就在迈步还没有走出卧室门口时，便一跤跌倒地上。

当时我真吓坏了，匆忙把她扶到床上，找来平时熟悉的出租车送到中国评剧院的关系医院北京人民医院，采取紧急措施，经诊断是“脑溢血”，住了约近一个月。记得是住院后第三天，那个女书记来看她，她根本不问病情，也没有任何问候，只对我说：“新凤霞的病只有住在人民医院是国家负担的公费医疗。假如你为她找院外的任何医生和医院，一切医药费用都由你们自己负担，剧院概不负责。”这几句话表达了组织上的“全部关怀”。

当时医院还检查出凤霞的左肢偏瘫以及左膝盖半月板的骨部外伤。“文革”初起时，北京文艺界在“文庙”大院里将京城文艺界的权威人物所谓“牛鬼蛇神”集中跪了一大圈，造反派手拿棍、棒、皮带头猛打猛抽，作家都被打得血肉模糊，遍身鳞伤。老舍先生就在被打一身伤回家之后，翌日早晨手拿一本毛主席著作离家出走到太平湖投水自尽身亡。可怜他在中华人民共和国成立之后和我一样从“海外”匆匆回国，一腔爱国赤诚，一心报效祖国，写了多少热爱祖国、歌颂共产党、歌颂人民的作品，最终落得这样下场，我不知道他下狠心赴水之前心里想的什么，这难道就是这场大革命的意义和革命成果吗？

而凤霞的左膝半月板的受伤，就是中国评剧院的“革命小将”学习北京文艺界在文庙“打全堂”的后果。凤霞告诉我，当时剧院里也在大院里跪了一圈，一声“令下”，凤霞身上挨了一重打，她本能地回头看了一眼，却是一个姓刘的青年演员，因为条件不好，平时不得重用，凤霞出于好心曾特别找他和自己合演了一出《李三娘挑水》，要他扮演主要角色。刘见她看了自己，便更把她拉出来毒打，因此左膝盖便受了重伤，导致成为永久的左膝至左肢瘫痪，终生无法恢复。

老舍先生故世是中国文艺界的一大悲剧、一大丑剧，对国家造成的损失是永远无法弥补的。我至今记得当年我从香港满腔喜悦回归内地时的热情，认为从此以后，我的祖国将一片光明，旧中国绵延长久的血腥和耻辱都成为历史的陈迹，一个光明璀璨的新中国在东方崛起，一个长年充满血腥和杀戮、迫害人民的旧中国已经一去不复返了。因此在北京，我在新中国的首都与老舍先生重新见面时都有说不尽的喜悦之情。但是在回北京的许多人中我是一个迟到者，这是由于我早已熟识的周恩来先生电报通知我要我速来北京报到的时候，我匆匆结束了还未结清的一部影片的扫尾工作赶到北京时终于迟到了一天。在北京下车，见到来接站的是电影局派来的同志，我问其中缘故，才知道我的工作已经安排：继续从事电影导演的职业。我表示我的志愿还是做原来的编剧，我虽然在香港做了两年导演，并拍了四部影片，但电影导演的任务太过繁琐，早已使我厌倦，我不愿再做了。和我谈话的电影局主管人陈女士断然说："新中国的电影导演是一项光荣庄严的任务，参加新中国工作的人都应该服从组织的安排。"看来是没有自己选择的余地了。我这才开了窍，知道"服从组织安排"是神圣不可侵犯的，没有什么好商量的。当时由于对新中国和共产党的崇敬，我也只得老实听话，一切服从了。

到了电影局，接受头一个的任务是导演一部描写纺织厂女工的故事片《红旗歌》。由于我没有一点纺织厂的生活基础，该片几乎是拍了近一年，结果当然极不理想，是一个十足的失败作品：当时既无拍摄的价值，拍后亦无保留的价值。往事不堪回首，不说它了。此后过了一段时间，我没有接受新的任务，同事之间，工作也都比较清闲。当时北京轰传出了一位年轻的评剧演员新凤霞，以新编的《刘巧儿》一剧轰动京华，剧中"巧儿我自幼儿许配赵家……"的唱段在北京大街上、商店里几乎每天都在播放，过路人、拉洋车的没人不唱。我住在西单舍饭寺电影局宿舍里，一些天天见面的同事由于知道我是从小生长在这里的"老北京"，很多人常要我带着他们逛逛老北京的热闹地方，在这之前我已同大家一起去过久负盛名的天桥，看到过杂技演员"飞飞飞"、说相声的赵蔼如。这时有人提到了来自天桥的评剧演员新凤霞，那时她已从天桥进入南城的中和戏院上演剧目《小女婿》。有人替我了解了一下，她的戏票很难买到，我便打电话找到一个我当年的中学同学盛强，他正在大众戏院当经理，托他为我买了中和戏院当中一排座位，共十几张票，我请了电影局的全部编导同志，包括从上海来北京开会的老朋友夏衍先生。看完戏大家同声说好，我同大家一起回到西单舍饭寺电影局。很久以后凤霞还记得，说等我到后台去看她，但我却怕打搅她休息而没有去。

回想当年，我第一次见到凤霞是在北京市文化局召集的一个会议上，当时去了北京文艺界很多人。那时我常常见到从美国回来的相识已久的老舍先生，他是非常热心促成我俩婚姻的，我至今非常感念他。那次开会谈些什么我现在已记不得了，但由于老舍先生热心介绍撮合则终生不忘。我记得在开会休息时，老舍拉我去另一间屋里看凤霞。她坐在一个沙发里要站起来，我不要她起来，蹲下去和她说话，说了几句，只告诉她我的住址和电话，又要开会了，便匆匆走开，但已感到正如老舍所说她是非常真诚可亲近的。那时我因从香港回来不久，单身一人，寄住在东城栖凤楼一所西式的大院里，同住的有老朋友戴浩，音乐家盛家伦，好友黄苗子、郁风夫妇，另一位音乐家邬析零夫妇，楼下有一组六间的大房间，原来空着，我介绍给好友、原《新民报》总经理陈铭德和夫人邓季惺作《新民报》总管理处了。我就住在其中一间房里，我自己又租下了一排六间西平房，因为有一棵很大的榆树，夏天树荫如盖，所以不受阳光西晒。但由于较长时间都空着，只由邓季惺代我买了一些家具空摆在那里，朋友马彦祥与京剧女演员燕铭结婚后借用去了。

新中国成立初期的 1951 年，北京创办了一个属于文艺性质的杂志《新观察》，主编是两位女将——我的两个大姐郁风和戈扬。刚创办不久，就叫我给她们写一篇采访新凤霞的文章。那是凤霞声名鹊起，北京的广大观众无不为这个青年演员倾倒震慑的时候，也可能她们听说了老舍对我和凤霞的关怀所想出的选题的设计吧。我很高兴地接了任务，但我应当采取什么方式对她进行采访呢？我想到去后台不合适，去她家里也不好。依照我的习惯，我决定请她吃饭，但也不能冒冒失失去请，我就又想到曾经给我买过一整排戏票的老同学、大众剧场经理盛强，地方订在大栅栏附近一个著名的饭馆泰丰楼楼上的单间。凤霞比我迟到，她一来就说她从来没有一个人来过饭馆，是她的包车夫老何送她来的。盛强为我解释了为什么选在这里对她进行采访的原因，她高兴地接受采访，回答了提出的一些问题。现在看来，我写得很拘谨，不敢放开，那是我当时有所顾虑，没有认识到她已达到的成就和超人水平的缘故。写那篇小文的日期是1951年6月，题目是“新凤霞与新评剧”，是我作为记者头一次对凤霞的采访。

由于我新从香港回来，新凤霞又是轰动京城的评戏明星，是非常引人注目的青年演员，我对和她交往是十分谨慎的，虽然老舍先生对我多次介绍我们两人是十分理想的一对，但是我仍是保持应有的礼貌。老舍要我常去看看她，她自己也表示希望我到后台去看她，但我还是没有主动地看完戏到后台。直到她有一次忽然打电话来，急急地说有事求我帮忙，我才骑车首次到她的住所。那时她住在前门外虎坊桥大街一所大房子的外院，是京剧世家迟姓的房产，陪她同住的是她称为二姨的善良中年妇女。看来她起床不久，身上还穿着粉红色的睡衣，但屋里几个花瓶都插满了鲜花。我是骑一辆英国罕波牌自行车去她家的，这辆车是我离开香港前买的，是一辆小跑车，轻便、漂亮，可能是北京城唯一的一辆，因为我在北京街头上常遇同路的骑车人，在我身后跟一阵，然后快骑几步又回头来看一阵，再放慢速度和我并行，问我:“你这车是在哪儿买的？”我回答:“在香港买的。”对方便不作声了。有的则说了一句:“咱们北京没有。”只是在三年以前我感觉体力渐弱，凤霞更加严管我，上街必须叫一位小姑娘跟着我，我也不敢再骑车时，才把这辆被多年为我修车的东大桥有名的王师傅屡次夸奖是至今北京唯一的一辆英国小跑车，像过去说的“宝剑送烈士，红粉送佳人”那样地送给王师傅了。当年我告别香港买这辆车时，这辆漂亮的小跑车是挂在车铺的墙上的，如今它还是挂到墙上了。当然它和人一样，比起当年亦是老了、旧了，失去了昔日光彩。

凤霞让我坐下，二姨倒茶给我喝，就出去了。凤霞对我说，过两天全国青联开会，她被指定在大会上发言，但实在从来没有这样做过，不知从哪里说起，也不知该说什么，想来想去，只有找您帮忙。我坐下来，了解了一些情况，然后对她说，我要回去想一想。这时我发现她不断地往手上、脸上搔痒，问她怎么了，她说因为院子里花多，芍药开了，招来很多蚊子，咬了一夜，后来点了蚊香才好。

我看了看她的里间屋的床位，便告辞要回去了。她送我出门，二姨也一同送我。回到栖凤楼，同院的黄苗子、郁风夫妇赶来向我了解情况，他们对我是非常关心的，并且知道是老舍的热心介绍，一致赞美凤霞的美和聪明善良，预料我会很快结婚的，并且没有和我商量就径自去找马彦祥说:“祖光为了你和云燕铭结婚把房子借给了你住到现在。他自己就要结婚了，你应当把房子还给他了吧？”马彦祥把房子交还给我，我把寄存在陈铭德家早已买下的一批红木家具放到栖凤楼的房子里。

头一次我去她家，凤霞后来对我说还有一个原因，是她二姨急于要看到我的缘故。而我放在心上，一时也不能去怀的是她那脸上、胳膊上被蚊子的叮咬，我就立刻想起我有一顶从香港带回来的珍珠罗蚊帐，不正好给凤霞用吗？我在回去的路上买了一柄小榔头、钉子、铁丝、绳子……回去开箱子，把帐子找了出来，晚饭后又去了凤霞家里，把罗帐给她挂起来了。到凤霞家里去了一趟，我感到她不仅是一个天才的演员，而且善良纯真，但在生活上却缺乏照顾自己的能力，像夜里被蚊虫叮咬成这样就实在难以想象。

文艺界这种讯息流传很快，没有多久便到处有人谈到我和凤霞关系的话，而且显然出现了反对的意见。意见是我是从香港来的，香港来的必然是生活浪漫，惯于花天酒地、玩弄女人、道德败坏、不负责任，看上了新凤霞这个美人，好一阵便会扔掉了。持这种意见的，都是一些来自延安的老干部，而且其中大都是所谓“领导”人物，可以左右甚至主宰新凤霞的命运的。凤霞是北京市的演员，当然一切都得听北京的领导，她的直接领导就是当时的李伯钊同志，是北京文化界的权威人物，凤霞是当时北京最年轻最轰动的女演员，她的终身问题自然成为领导同志首要关心的问题。凤霞后来告诉我，这位大姐经常找她到家里，为她介绍过很多“进城”不久的中青年领导同志，而这些同志都不是她的理想的选，她唯一应付之策便是叫一声“伯伯”“大叔”……拉开距离，远远走开。她告诉我这是在“旧社会”学会的日常应付外界困扰的有效方法。当然假如遇见了真正的麻烦，这种方法远不够用。我至今记得当时有一次我也参加了在中山公园召开的集会，我的朋友画家丁聪——今年八十二岁，大我一岁却仍被人呼为“小丁”至今——在散会之际，走到伯钊大姐面前，冒冒失失地说：“我投吴祖光一票。”遭了伯钊大姐狠狠瞪了一眼，连我都怪他多话。北京市当时的文化局副局长曾有一次约凤霞夜戏散场到他家里谈话，凤霞应命去时，敲开房门，这位局长却是穿着绣花睡衣，拥着红缎子棉被，半坐半卧在床上嬉皮笑脸地和她谈话，凤霞转身便跑出房门。

由于当时凤霞遭受的各种压力和干扰，促使我们对婚礼作了隆重举行的决定，地点定在我幼年时便久已驰名并且设在我家近邻的南河沿欧美同学会的大院和大厅，婚礼以鸡尾酒会的形式举行。这在1951年的当时是北京文艺界的一件盛事。我请来的证婚人是郭沫若。凤霞的主婚人是阳翰笙，我的主婚人是欧阳予倩，介绍人是老舍。茅盾、洪深、梅兰芳、尚小云、程砚秋、荀慧生等京城文艺界的大师老友和我们的多位年轻朋友都来了。周恩来先生打电话说马上就来，但保卫人员出于安全的考虑，又接到电话通知，临时有紧急任务不能来了。过了几天周总理邀请我俩和老舍、曹禺两对夫妇到他家里晚餐，作为补报。那天凤霞剧团的朋友全部出席，而且来了一大伙天桥江湖卖艺的老伙伴，什样杂耍、曲艺、相声、武术、杂技演员，真叫作极一时之盛，我们都开心极了。

这显然是我的意外收获，真叫我满怀喜悦和幸福，和民间艺人的交往是我从小追求的目标之一，他们和我渊源有自，我将会从他们身上吸收到许多从知识分子那里难于得到的生活和知识的营养。

和凤霞的结合我当时认为是我一生幸福的开始，我满怀喜悦之情，认为我将永远这样幸福生活下去。以常识而言，这完全应该是容易做到的正常现象。过去旧中国，外侮连年，刀兵水火无法躲避，如今这一切都成为过去，未来只有平安欢乐，这是肯定无疑的。

1954 年我用在香港做电影编导挣来的钱在北京王府井大街东面买下马家庙胡同的四合院的大房子，主要是为把我患偏瘫的父亲和母亲从上海接到北京来终老天年。此外我也为了让从小受苦的凤霞从此有一个长期安居的理想住所，这当然也是我俩永久的愿望，凤霞当然是非常高兴的，房子所在的地方又是北京当时最热闹繁华的王府井大街附近闹中取静的一条胡同里，在北京著名的协和医院的隔壁。我和凤霞婚后曾去上海探望过父母，两老都十分喜欢这个美丽温顺的儿媳。到了北京之后父亲依然从事书画，但只能倚仗左手活动。父亲当时便发现凤霞也能提笔绘画，原因是她从小唱戏，长大演主角，所有戏衣都需要自己置备，便在家和母亲一起自己剪裁刺绣，自己画花样，竟打下绘画的基本功。这大出父亲所料，非常高兴，尤其由于他自己的十一个儿女中，竟没有一个学画的，想到这，他就越发高兴了。

说到凤霞学画，应当提到在这之前我住在栖凤楼的时候。那时我没有电影拍摄任务，无忧无虑，经常找寻快乐。有一次我在家请了一些客人来我家吃晚饭，如前辈梅兰芳、欧阳予倩、洪深、阳翰笙，我的同行老友于伶、陈白尘和前辈书画家齐白石、于非，以及住在同院的盛家伦、黄苗子、郁风。十多位朋友把我家客厅坐满了，齐白老是由他的看护人武则萱大姐陪同来的。齐老坐定后，我为他介绍在座的各位，他看见凤霞之后便目不转睛地被吸引住了，坐在一张大沙发里看着。武大姐在旁边推了他一下说："不要老看着人家，不好……"齐老生气了，说："她生得好看，我就要看！"凤霞走到面前说："齐老您看吧。我是唱戏的，不怕看。"满屋子人全笑了起来。郁风站起来说:“齐老喜欢凤霞，就收她做干女儿吧。”凤霞立即跪在地下叫“干爹！”齐老非常高兴地收了这个干女儿，并且在一家湖南菜馆请了一次客。

以后我和凤霞多次去看齐老，齐老每见到凤霞都非常开心，有时有他的几个学生同在齐老家，常常要其他人回去，独留下凤霞教她一人，并且常常叫他最信任的裱画工人刘金涛陪凤霞同去，而且不止一次用身上挂着的钥匙打开常年紧锁的大柜，叫新凤霞随意取用他锁在柜里的大捆钞票，要她吃他放在柜里的点心。凤霞看见点心已经发霉生毛仍吃下一些，钞票从来不拿，她告诉干爹:“我有钱，您留着用吧。”齐老还领着凤霞去参拜他已故世的挂在屋角廊檐上方的夫人灵位，叫凤霞拜“干娘”。可惜凤霞演出十分繁重，不能常去跨车胡同齐家。我随凤霞去过几次，在老人的门房、清宫老太监老尹手里买过几幅老人的画，而很少直接去买干爹的画。那时齐老的画“润例”价格十元一尺，我花钱去买，怕老人不收钱，而老尹有些画，是老人平时不给他工资，只是一月给一张画作为工资。只有一次陈毅同志来我家，要我和凤霞陪他同去齐老家，提出要老人画一幅画，齐老当时画了一幅螃蟹给他，那幅画是三尺，我代陈毅付了三十元。我们辞别老人出来时，陈毅说:“还要给钱的啊？”我至今记得他的四川口音。

只是凤霞演出十分繁重，虽然干爹特别喜欢她，但她去得很少。干爹却几次到剧场看她的演出，而且戏散了仍坐在剧场外厅里等她一路送回家。

凤霞只是凭着干爹的几次教导和公公在家时很少的指点，在几年后受迫害致残后成为一个画家的。但是由于她的毛笔字太缺少功夫，所以每幅画要我写字才能成为一幅完整的作品。她始终没有改变这种现象，直到现在还留下一些画，等待我慢慢给她填补题字。她爱说的就是:“干爹说的，我画画，你题字。夫妻画难得:霞光万道，瑞气千条。”

凤霞在天津南市贫民区家庭长大，从小在“堂姐”家里学戏，受尽折磨和辛苦，第一个心愿就是把戏学好，挣钱养家，另一个心愿就是学文化、识字。开始挣点钱了，就只能买小人书看，她多么希望能识字，看印着文字的书。

住在栖凤楼时的另一件大事，是住在我们大院楼上一间大屋的好友盛家伦对凤霞在音乐——包括演唱方法和嗓音生理知识——方面的帮助。家伦学贯中西古今，是国内极为罕见的音乐大师，又是著名的“鲁男子”，平日对女明星及名女人极漠视、不尊重，但对凤霞却十分重视、爱护，经常给凤霞讲课，教她演唱和用嗓的科学方法。凤霞十分认真地向他求教，甚至在夜戏演完还上楼找他长谈。家伦长年过单身汉的生活，一日三餐都是有一顿没一顿的，我建议干脆请他下楼在我们家吃饭，还买了一块小黑板作为凤霞上课之用。凤霞向盛家伦学习的项目之一是识乐谱，但她对此悟性甚差，我发现她始终学不会五线谱，即使最简单的简谱她到老了也没有学会。正像后来在电脑流行时，我很早就买来一台，两位比我年轻的大家——叶楠和陈建功诚意地来教我，而我终于一点也学不会，把电脑出让了；近年才又买了一台，由照顾我和凤霞的两个小姑娘小白和小王用电脑为我两人打印文章。

凤霞认为她的一生中最大的转折就是老舍先生为她安排的婚事，进了一个“满室书香的文化人家”。我在马家庙四合院的北屋靠窗下为她安置新购买的一个雕花嵌石的小书桌，旁边一个红木书架，买了一架书给她阅读。学习的书、古今中外的名著小说排满了一书架，看到她满心喜悦的样子也是我最大的安慰。

凤霞首先致力的是她的演出、创腔、排戏，其余的时间就是阅读，并且开始了写“作文”，作完了拿给我看。她进步之快使我惊讶，在这期间，她曾参加过大约半年官办的“六联学校”——这是六个单位合办的一个旨在为文化不高的来自农村的老干部提高文化的学习班，她也是非常认真、用功学习的。她的头两篇作文《过年》和《姑妈》应该就是学习的“作业”。现在回忆，时间大概是1957年的春天，我查了一下1997年河北人民出版社出版的四卷集《新凤霞回忆文丛》竟没有收进这两篇文章，该是很大的失误，也很难弥补了。当年这两篇短文就放在我的书桌上，正巧《人民日报》记者夏景凡到我家来为该报第八版约稿，看到这两篇短文，十分喜欢，我就给了他。第八版是专发文艺创作的副刊，很受文艺界的喜爱和重视。短文发表之后引起很多人的注意，首先就是大家尊重的长者叶圣陶先生，他并且马上电话通知我，说凤霞两篇小文引起他很大的震动，要我鼓励她多写，而且希望和他见面。为此我和凤霞一起到东四八条叶家去看望过他，叶老十分热情地夸奖凤霞的成绩，告诉我凤霞的作品具有真挚的生活气息，不是一般知识分子能够做到的，希望她坚持写下去，要给她充分的条件。老人对她的关爱和期待之情使我十分感动。假如时势太平，生活安定，这本来是完全可以做到的。但是，1957年，我——抱着赤诚热爱祖国、热爱党的知识分子，抛弃了自己的一切投入祖国的怀抱，把家藏的价值连城的二百四十一件文物全部捐献给国家，接着动员妻子把她全凭自己血汗，甚至有许多亲自手制的戏衣、头面……几个大戏箱也全部捐献——却成为“反党”的“右派”，而妻子对我一腔忠贞、一片赤诚，只因为断然拒绝文化部一位领导要她和我离婚的威胁，她竟然也被打成了“右派”。

“反右”以后，我被送到北大荒受了三年磨难，同去的一批“右派”，有的人甚至被折磨致死。但我应属于不幸中之万幸，原因是要利用我写剧本，所以一年之后便把我从“劳动”中调到农垦局的文工团，从事写作。于是我保得健康身体，三年后平安返家。

我永远不会忘记从北大荒回家的那天，凤霞带着三个孩子把家居的四合院布置得焕然一新的光景，院里贴满“欢迎”字样的剪花、剪字，喜气洋洋。但临去北大荒告别因“中风”而口齿不清的父亲的记忆也涌到心头。又想到自己接得电报“父逝速归”时已过半月,只有悲伤落泪的情景。自然也会联想到三年前告别父亲时不敢说明我被诬为“右派”,只说是因公出差……当时父亲已半身不遂,全家把报纸、杂志对父亲封锁,怕他知道真相导致病重。更想不到,半年之后父亲会和我永别,而以后又出现了更加粗暴野蛮的“文革”,我被关到了所谓“干校”,凤霞也失去了自由,从而我高龄的母亲——孩子们亲爱的“婆婆”,虽然年近九十仍负起一家的重担,最后精疲力竭在医院去世。

凤霞受苦受难的原因完全是由于我被打成“右派”,而我这“右派”又从何而来呢?我现在——事隔近半个世纪之后,才明白,竟是受了一个我的老朋友又是同行的阴谋陷害所致,这个“老朋友”就是备受尊重的前辈剧作家××。当“反右派”运动兴起时,他以与我观点类似的反对“外行领导内行”的意见发表了与我观点相同而措辞比我更为尖锐的言论。在他自己看来大祸临头之时,他便和当时几个上层人物共商挽救之策,决定移祸于我,就派人邀我去参加一个少数人的“提意见”座谈会。至今我还记得,当时凤霞极力拦阻我,而我认为是对党提意见,我非去不可,凤霞甚至拦在门口,我用大力将她推开,几乎将她推倒。我去参加了这个提意见会,有金山,还有一位女同志等四五个人。我提的意见是当时极为普遍的现象:一些没有文化、没有专业知识的低能干部高高在上领导一些专家,领导一些有知识的、高水平的优秀人才。我不知道这是他们设下的圈套,一同出席的几个人简直没有提什么意见,匆匆散会,看来他们都体会出这是一个预先设下的“鸿门宴”,而我完全是自投罗网。而我的意见登在当时“剧协”刊物《戏剧报》上,大标题是××拟的:《党“趁早不要领导文艺工作”》,这不是明显的反对共产党吗?

接着就是整个北京文艺界对我进行严厉的批判,大会小会不下五十次之多。而我的妻子新凤霞接受的便是从她工作的中国评剧院,至北京市领导，再上至部级领导的“劝说”，这些人都劝她和大“右派”的丈夫离婚，但凤霞表示出的是对这样的压力绝不接受，一切威逼、利诱，软的、硬的都置之度外。发展到 1966 年开始的十年“文革”，中国已成了一片“打、砸、抢”的人间血海。她在一切威胁压力之下，没有丝毫的动摇，所有的迫害在她后来出版的《我与吴祖光》一书中有非常细致的描述。但是使我更加愧悔的是，这本在四年前出版的十五万字的小书我竟是在今天要写这篇小文时才在两个深夜里，坐在凤霞这些年来每天伏案的书桌前读完的。凤霞已经别我而去，我怎能不伤心落泪！她受了多少压力，挨了多少打，却没有丝毫的屈服。面对那些残酷的所谓“领导”、那些随风倒的“群众”，她没有点滴的屈服。她总是说我是男子汉，而她才是真正的女英雄，我远远比不上她。

关于 ××对我的陷害，我直至今年收到一封远方读者来信，才知道这一内情。他告诉我，一本北京十月文艺出版社出版的董健著的一书中详细记载了他诬我害我的全部过程。可是事情已过去了近半个世纪。当然后来他的结局也是非常悲惨的，而我们也终于等来了和平安定的今天。亲爱的凤霞居然以残疾之躯、半个身体没有虚度二十三年每一个日日夜夜，写出了四百万字，画了几千幅白石老人风格的水墨画，每幅上我都为她题了字。

关于 ××对我的陷害我知道得太晚了，然而就在三天以前，我先后两次听到 ××在被迫害致死前曾经对友人提到自己一生中最为痛苦自责的是 1957 年“反右”移祸于吴祖光，并因之害得新凤霞半世残疾的悲剧。这件无法弥补的陷害使他终生悔恨，永世莫赎。这话是他对我和他共同的好朋友凤子说的。当时他表现得十分痛苦，这是我的干女儿、老友赵丹的女儿赵青的爱人、作家陈明远几天前对我说的，那时明远还是青春少年。这使我回想起，有一次，在周恩来总理的秘书张颖女士召集的一次聚会中，凤子对我说，要和我谈几句关于 ××的话，但是当时什么事打岔没有谈下去，而凤子贤姐不久匆匆逝世，终于没有谈起。又在三天前老友曹孟浪来看我，同来的老友应云卫的女儿应萱也对我说起她听××讲过他因移祸于我而使新凤霞终生残疾而痛苦自责。这都说明，这是他的真诚忏悔折磨着自己的心灵，也是真正的良心发现。

对于凤霞寄予最大期望的叶圣陶先生，曾在她左肢致残后为她写过两首诗词，表达了老人对她最诚挚的感情。

其一：

家常言语真情意，读来深印心儿里。本色见才华，我钦新凤霞。

人生欣与戚，自幼多经历。尝诵《闯江湖》，文源斯在夫。

新凤霞同志每有新作刊布，诵之辄叹赏。因填《菩萨蛮》一阕藉致钦慕之意，幸笑存之。

一九八〇年秋　叶圣陶

其二：

宛睹缶庐白石豪，凤霞寿我十蟠桃。
心灵手巧多能事，剧艺文章价并高。

凤霞绘蟠桃惠贶酬以一绝。

一九八四年十月　叶圣陶

我和凤霞一同去北京东四八条叶圣陶先生家，叶老对凤霞的关心和喜欢至今如在目前。他是第一个对凤霞寄予厚望的老前辈，凤霞没有辜负他的心愿，她一生取得的成就是古今中外无人可以取代的。她受到的冤枉、委屈、折磨、虐待无人可比，她取得的光辉业绩，她的坚贞勇敢也无人可及。

写到这里，想到凤霞生前对我的一片深情，真教我惭愧无地，无从报答。我现在只能以常州的告别作为这篇短文的结束。

常州之行

两个月前的阳春三月，我接到我的故乡常州的邀请，由于前辈画家刘海粟美术馆落成，将于4月5日举行开幕典礼，要我和夫人新凤霞一同参加。凤霞近年来行动日见迟缓，毕竟日见衰老，和我们从和平里迁居过来的时候，不觉已经过了二十三年。那时候她虽是残疾之躯，只要有人稍事扶掖便可以轻松地上楼下楼，但近年来显然地腿脚大不如前，遇到热情的客人邀请出去吃饭，至少要人在我们的四层楼里背上背下，因此，我们常常谢绝别人的邀请。但是这回听我一说是常州之邀，她几乎没有多想便说："我是常州的媳妇……"以满腔欢喜的心情答应了邀请，而且立即打电话给我们的好朋友《人民铁道报》副社长郑全庭先生，请他给我们俩以及日常照顾她的山东小枣之乡的乐陵姑娘王朋朋买4月3日下午直达上海的火车票。全庭还亲自送我们上了火车，同车的还有一对画家毕克官和王德娟夫妇，另一位是我们年轻的热情朋友、天津《东方周末》的记者田丕津，这个摄影记者多年来过从甚多，有踩破门坎的交情。他行动快，办事快，说话快，一切麻利，力气也大，是凤霞最信赖的人。

长年来，凤霞所到之处都会引起轰动，她是一个快乐天使。在火车上，她除了引起同车旅客的注意常常过来看她之外，列车员还引来列车长、车警以至餐车的服务员、厨师和厨师长都先后来到我们车厢里和她一起拍照。大田随身带着照相机几乎没有闲的时候，每张照片都记下人名，我们那个车厢从动身到常州的终点都是一路欢声。

4日车到常州，我们住在常州大酒店，大田陪我住在1426房间，朋朋陪凤霞住在隔壁1427房。凤霞的喜悦溢于颜色，多次提到她是常州的儿媳妇。第二天她就和我一起参加了刘海粟美术馆的开幕式，并且由我推着她的轮椅细看大师的每幅作品，我们都想起几年前大师和夫人夏伊乔一同来到我们的北京东大桥家里的情景，大师现在已经成为古人。夏伊乔夫人也由于身体的缘故没有出席这个展会，人世就是这样无常的。

6日下午我和大田一起去了常州的红梅公园，去看我一年前为公园书写的一对长联悬挂在红梅阁正面的两根抱柱上。大田照了相，常州电视台带着摄像机，并派记者一路采访，走遍了历代常州名人、名士的纪念馆，又去了常州著名的文人名士聚居的"青果巷"。令人惋惜的是旧时房屋，大都拆毁改建，只立了一块令人怀旧的碑碣，看来留存遗迹是一个很大的难题，而人们的记忆都是难以消失的。

从青果巷回到酒店之后，凤霞抱怨我下午没有告诉她跑出去半天，但我临走前见她睡得正好，便没有惊动她，又有朋朋在照顾她便放心走了。那天下午王德娟女士还给她画了一幅素描小像，她看了说是一个"小胖子"，的确是一个很有趣的可爱的小胖子。当天晚上我们还一同到剧场去看了当地剧团演出的常州喜剧《龙子龙孙》。她不太懂常州话，但非常专心看戏，演出结束还上台和演员见面。演员出身的凤霞对她的同行一向是十分尊重的，她上台对演员表示感谢，并说这戏表现的是当前生活中非常重要而严肃的问题，也表现出演员的功力。由于她的上台，全场观众也大都留在场里看她，和我们一起出场。

第二天我大部分时间在屋里接待当地的访问和看常州的一些材料，凤霞则被常州的一些朋友留在她的房间里画画，大概画了近十幅水墨大画。我过去看过她几次，感到她兴致勃勃，难得每幅画都画得很好。在家画画不是能保证张张都好，而我认为不好的就不肯为她在画上题字，她则是一贯照她义父白石老人的关照——她画我写的惯例，连签名都不写，经常告诉朋友们或求画者，说这是“义父”和“老师”生前的遗教，是“夫妻画”。将近六点钟，她又答应了晚上还要去剧场看戏，当时在她的房间里除去我两个、朋朋、大田之外，还有毕克官夫妇、我的表妹——常州文物商店经理庄宜、刘海粟美术馆的书记张安娜女士，我们要下楼去晚餐，然后同去剧场。下楼之前，凤霞要朋朋扶她去一下厕所，进去不过半分钟就听见朋朋急着叫人，庄宜和王德娟就跑了进去，我也跟进去，见凤霞已仆倒在朋朋腿上，在不断地呕吐，并用右手捶头，说:“疼……疼……”大家忙着把她抬了出来放在床上，她仍痛苦地说“疼”，呕吐不断……

我们立即把常州为我们照顾身体的医生请来急诊。他开始急救，并诊断为“脑溢血”，立即通知了市领导，很快急救车将她送到常州第一人民医院，一点也没有耽误时间。一位专家进行了检查，通知我立即进行手术治疗，但有一定危险，要我签字。我当然知道这是唯一的救治方法，她便被送进了手术室，由于是无菌手术室，我不能跟随进入，只有在外面等待。事出意外，而且事起仓促，但是常州当局是尽一切力量抢救的，并通知我手术后人已昏迷，但情况正常，希望可以抢救过来。使我感动的是政府各级领导动员一切力量，包括中央有关领导都表现了巨大的同情和关心。江苏省委和政府也都派了专家医师参加抢救工作。经我再三要求看看凤霞在病房的情况，医院才同意我隔着窗子看她，但是太远我看不清楚，我又要求给我一个望远镜，只稍许近看了一些。这时我已把三个子女从各自的所在——法国、美国和香港地区——电召来到常州。来自北京的四个花篮：全国文联、全国剧协、周巍峙、高占祥的一直并列摆在凤霞的病房里。由于出现了第二次溢血，凤霞于4月12日11时逝世，其间中央领导同志表达了热情的慰问，李岚清和丁关根同志并且多次来电询问病情，这些都使我全家十分感谢。

从4月4日至12日，凤霞在常州只匆匆过了几天，清醒的时刻，则只不过三天而已，但她是在自称为“常州的媳妇”幸福而欢乐的时刻告别人世的。正在春风拂面、江南草长的美丽时光，毕竟太过匆忙了一些。她是在记事的幼年时经“堂姐”杨金香临别告诉她，她才知道自己与出生地苏州的渊源，而且说不出那时是几岁时光。我在很久以前问过她：“你的记忆力这么好，难道一点也记不起苏州一点半点痕迹？”她只对我说：“记得一点点。小时蹲在家门口，家门就在一条小河边。”当时我说：“对了，那就是典型的苏州。我去过，是东方的、中国的威尼斯。”

我们的晚年不是完全没有矛盾的，有时矛盾还十分尖锐。那就是每次我看到她艰难辛苦地走路或做什么吃力的活动时，立刻联想她受害时的情景，不免愤怒责骂，骂当年那个迫害她的、那些至为恶毒的人。每当这时她一定立即反对我这样责骂。此外就是她习惯于听我的电话。由于她行动困难，而给她打电话的人又多，我才特别装了一个电话分机在她的书桌上，为了给她更多方便。但经常在我与人交谈中怒责这种不公平现象时，凤霞的声音便出现了，阻止我再说下去。这使我不得不愤怒地责备她破坏我的“言论自由”，批评她乖离常识，是干扰别人自由的“违法”行为。我竟完全没有想到这是她出于对我的关怀，怕我“闯祸”。好友郁风贤姐在寄自澳大利亚的悼文中说：

> 祖光啊，她无时无刻不在为你担心！生怕你在人前在纸上胡说八道，再惹祸端。

多么简单！多么明白！郁风大姐比我理解她多得多了，而我就这么粗心，和她共同生活了大半生，她由于为我受了这么多的苦才形成这么大的戒备，无非是为了我的安全，而我竟如此迟钝，如此无知。

我现在理解了这一点，但是一切都迟了，只留下终生的悔恨。而且平心而论，无论是大环境、小环境，现在比起苦难的当年毕竟是宽松、开放多了，也安全多了。过去不会再来，为了纪念亲爱的凤霞，我且不再牢骚、不再怨恨，安然度过余生、晚年吧。

凤霞走得太匆忙，临去时连叫我一声都没有，我最后听到的就是她一只右手捶着头，说“疼、疼……”医生赶来，我就退后，再也没有听见她说一句话了。王朋朋告诉我，她最后说的是“回首往事……”那是说她还有知觉，还在思索。没有到达常州时她天天都在写文章，都是往昔的回忆，每天都在写，没有一天空过。

为了证实朋朋告诉我的，我特别打了一个电话给常州的表妹庄宜，问她听见凤霞最后说了什么。她在电话里回答我:“凤霞最后说的是‘回首往事’。”

这四个字不像她日常的习惯用语，但却是她受到惨无人道以致残疾半生之后，写了四百万言皇皇大作的全面概括，是她一生写作的总标题。现在我只觉得她的痛苦全是我的过错，我终生不能报答她了……

这篇怀凤短文是李小林贤侄女遵长者巴金仁兄之命要我写的，但是“苦次昏迷”，语无伦次，写写、哭哭、停停，历时半月才匆匆写就。生平没有写得这么困难，这么吃力过。在凤霞天天坐的座位上、书桌旁，清晨、黄昏、灯下，总恍惚凤霞仍旧坐在这儿，但她却真的不再回来了。她是由一行灵车、警车直接护送从常州直到北京八宝山的墓地的，她永远不再回家来了。

凤霞，凤霞，惊才绝艳，旷古空前！你的坚贞勇毅、音容笑貌将永远留在观众的心里，将永远活在我和子女后代的心里……

1998 年 6 月 4 日凌晨 6 时

“笨儿”吴钢学艺记

……吴钢是吴祖光和新凤霞的长子,自有家学渊源,或说是感染熏陶……这吴门老少尽是才子才女,尤其是那吴欢机灵得只能说是鬼才。可这吴钢不知为什么我总觉得他倒有点笨,其实他比他老爹和老弟更像小生、武生,更适合曝光。我怎么老觉得人家笨,又觉得笨得好呢?大概是想到选女婿还是笨点为好。多少年后我才恍悟,原来这感觉出自他在文艺的十八般武器中偏偏捡了那么一件最笨的家伙——照相机……

——摘自黄宗江:《吴钢亮相》

吴钢三岁时候,我给他买了第一辆儿童玩具三轮脚踏车。他十分高兴地在客厅里骑车绕圈,越骑越快,猛一下撞在那座新买来还不足半个月的落地收音机上。于是正在乐声悠扬的机器立即喑哑无声了,主要机件被彻底地、完全地撞坏不能修复了。新中国成立初期,这种收音机乃属珍贵稀罕之物,被这浑小子一下毁掉。

小时候,孩子对光彩、颜色感觉有兴趣。我带他去看戏,他最欣赏的是大花脸,对人家说:“看,他脸上画了那么些蜡笔!”国庆节日的夜晚,四面八方的探照灯在夜空中照射,他说:“探照灯在天上打架。”听他这样说话的一位叔叔说:“这孩子在作诗。”

孩子小时长得又黑又胖,小名大牛。看起来长大后将是一条爱闯祸的莽汉,但是逐渐显露出来的性格却是胆子极小。有一回家里大人带着弟弟全出去了，只留下他和比他小六岁的妹妹在家。妹妹只有六岁，两人玩着玩着，他忽然说："我得出去，我害怕！"妹妹说："我在这儿，你怕什么？"就为了治治他的胆小，我安排他单独睡一间屋子；但他常常半夜一人跑出来，敲开祖母的房门，要求和婆婆一起睡。

孩子上中学了，他的业余爱好不少，喜欢打篮球、溜冰，表现得身手矫健，但都适可而止，达不到入迷的程度。又渐渐发现他对小机器有兴趣，譬如给他买了一个闹钟，不久就被他拆散了，批评了他一顿，他又给重新装起来了。在这方面，他的弟弟、妹妹都没有这个本事，更不用说爸爸、妈妈了。看来这是天生的，我很高兴，我家很有可能出这么一个能工巧匠。中学生那时兴玩矿石收音机，他也迷上这个玩意儿。但是这种收音机得装天线，他把同学约到家来，让同学上房装线，他只站在地上仰着脖子递线和工具材料。弟弟比他小四岁，争着要上房，而他始终不敢。

回首数十年来事，我很惭愧，由于经常处于自顾不暇的境地，我极少关心孩子们的前途。孩子的妈妈和孩子们在一起的时间多一些，但由于受到我的牵累也常常是左顾右盼、力不从心。光阴流逝，不知怎么，像变魔术似的，孩子们忽然都长大了。

吴钢刚念到高中，就爆发了那一场为祸十年的民族灾难。我在劫难逃，被迫隔离，约近七年时间不能与家人相聚。孩子们不幸投胎"黑帮"之家，也只得随命运安排飘蓬流转。吴钢曾在农村插队三年，然后回城，还是得到好心人的照顾才进入一家百货商店工作。

我们家三个孩子小时候都爱画画，这可能都是受了祖父的影响。商店经理发现吴钢有点这方面的才能，就派他在百货商店里布置橱窗和摄影。同时他用了很短时间就学会了驾驶送货的三轮摩托车，接着就拜了个老司机为师，学会开卡车、小轿车、大轿车，没见他付出太大的努力就考取了全项的司机驾驶执照。显然这是他从小便爱鼓捣小机器零件的合理发展。

不知从什么时候起，家里一架质量一般的照相机已成为吴钢专用的了。对于照相我曾有一番“难言史”。1947 年由于命运的拨弄，我曾经并非自愿地做过十年电影导演。开始的两年是在香港，因此未能免俗地背上了一架当时最新式的莱卡相机。然而用了不久竟然有人撬开办公桌锁着的抽屉将相机偷走，所以 1949 年在新中国成立之时兴高采烈地又买了一架更新式的莱卡相机飞回祖国内地。这架机器由于在当时国内少见，被新开办的人民画报社再三情商而出让给他们了。当时我有点舍不得，但是亦有如释重负之感，因为一机在手免不了要为人留相，照得好皆大欢喜，照得不好对方就不开心，我就受过许多小姐太太们的抱怨。当然照好了事就更多，你得去添印、放大，照得越好越得放得大点送人。还有，日子长了，你早忘了，可是人家没忘，也因此常常挨骂，这真叫吃力不讨好。乃至现在儿子成了摄影家，我这做老子的还要常常代儿受过，不时有人打电话给我，说:“你儿子吴钢给我照的相，这么多日子还不给我？”

吴钢用那架相机学习摄影，到了着迷的程度。我叫他去拜了个高级师傅，就是戏剧舞台摄影大家张祖道。他是我四十年的老朋友，如今成了儿子的老师与密友。他们一起拍照，一起钻研，一起在暗房里放照片到深夜而乐此不倦。再往后我又给儿子找到另一位大师——香港的陈复礼先生，吴钢得到了更大的幸运，更高级的培养。

1978 年，吴钢正式调到现名《中国戏剧》月刊做摄影记者，开始了对戏剧、戏剧演员的拍照。由于我们长期从事戏剧工作，孩子从小受到戏剧艺术的熏陶，经常晚上跟妈妈到剧场看戏，在前台后台跑来跑去，第二天和弟弟妹妹学演戏。此外他又和许多演员熟识起来，老一辈演员至今还叫他的小名“大牛”。到后来他便以拍舞台——尤其是戏曲舞台摄影——为专业，似乎也是顺理成章的事情。在目前戏剧演出不景气、观众减少的状况下，孩子能够继承父母的事业，为中国戏曲艺术的发展做一点工作，这也使做家长的感到欣慰。

无论从事什么工作，人都应当有一种对事业的忠诚。儿子的事业和他使用的相机分不开，保护自己使用的工具理应是他自己的本分和职责。平时看见那些背了一身大大小小的相机、照明灯、相机架，甚至电瓶等的摄影师们，我就联想到儿子身上的沉重负担。

大约在四年以前，我写的反映评剧艺人生活的影片《闯江湖》在天津开拍，有一场戏中戏《凤还巢》的镜头，在河北省河间县①的一个古旧的小舞台上真景拍摄，由于导演的坚持，我的妻子新凤霞受邀担任串演。儿子作为记者，同时又是半身瘫痪妈妈的保护人随同摄制组一同来到河间县。正在拍摄当中，忽然发生了一个大灯泡爆炸的事故，生病的妈妈没有被吓倒，而背着相机正在拍剧照的儿子却从台口一跤栽倒在乐池里。另一次是在音乐学院学习声乐的小妹妹头一次在容纳两万多人的首都体育馆里表演独唱，大哥哥背了一身照相器材忙着给妹妹和其他演员拍照，谁知他匆匆走过运动场中心地带时，不知怎么脚下一滑，摔了个仰面朝天。这个情形在两万观众两万双眼睛注视之下引起一个大震动，把大家的肚子都快笑疼了。然而奇迹在于：两次大摔跤里，儿子背的一身器材全部安然无损，尽管一次是把裤子撕破，一次是把屁股摔青了。两次惊险历程都证明吴钢是一个合格的摄影家，具有一种为事业献身、宁舍命不舍器材的精神。

由于十年浩劫，吴钢失去了读大学的机会，只是在劫后复苏的时候考取了鲁迅美术学院艺术摄影系。两年的专业学习，使他对自己的业务有了深入钻研的机会，在用新的摄影技术反映古老的传统戏曲艺术方面，做了一些新颖的、富有奇趣的探索和尝试，在戏曲人物形象的摄影专业上取得了读者承认的成绩。中国戏曲是中华民族文化的高度成就，是人类文明的艺术结晶。中国的戏曲舞台是神奇的梦幻世

---

① 现已改为河间市。——编者注

界，典雅秀丽，雍容华贵，多姿多彩，举世无双。儿子能利用现代摄影的技术条件摘取古典戏曲艺术的精髓神韵，拍摄出这样奇幻美妙的照片，把中国众多的年轻的、中年的、老年的戏曲艺术家们最精彩的瞬间长留在天地之间，这让我感到无限喜悦。

香港年轻一代的摄影大家水禾田先生将为吴钢出版一本他的摄影作品专集《出将入相》，要我为这本画册写一篇后记。后记写成已经跨过了两个年头，而画册尚迟迟未能出版，这种出书的"速度"到了可与内地比慢的程度了，真正大出我的意料。在刚过去的1988年，吴钢的戏曲摄影展在北京和台北两地同时做了展出，都取得不小的成功。我将这篇"后记"重新写了一遍，并叫吴钢找来几幅作品和海峡两岸展览会的现场照片交给《八小时以外》发表，作为对我们三个孩子当中最"笨"的吴钢(黄宗江语)的一种鼓励，也就不避"夸儿"之嫌了。

1989年1月

训子篇

写这篇文章的意思是，由于我的儿子带给我许多烦恼，到了我不得不写这样一篇文章来发泄我的烦恼的程度。

左思右想，值不值得为此浪费笔墨、浪费时间？但终于要写这篇文章，是从下面这一件事情引起的——

上星期的一个下午，我忽然接到一个电话，说："我找吴欢。"我回答说："吴欢刚刚去上海了，不在家。"电话里说："你是谁？"我说："我是他的父亲。"电话里说："啊！那也行，我这里有吴欢的一包东西，你们家不是也在朝阳区吗？我是朝阳区水利工程队的，我的名字叫胡德勇。我今天下班之后把东西送来吧。"

挂上电话也就没在意，管它是什么东西呢？儿子的东西和我有什么相干呢？当然就忘记这桩事了。但是到了快吃晚饭的时候有人敲门，一个工人装束、皮肤晒得漆黑的年轻人手里拿着一个塑料袋的小包到我家来了，说："您是吴欢的父亲？这是吴欢的东西，我就放在这儿吧。"是什么东西呢？来人解释说："今天中午我骑车走过安定门大街，在路边捡着这个包，看了包里的这个字条，知道这是吴欢丢下的。"

于是我也看了这个字条，上面写了几行字，是："小×同志：请通知吴欢来取……"

下面署名是："北影外景队陈××。"

面前站着的这个胡德勇，健康、淳朴，多么可爱的小伙子，不由得使我向他连连道谢。和我那个一贯马马虎虎、大大咧咧、嘻嘻哈哈的儿子吴欢相比，真叫我百感交集。来人对我的感谢反而觉得害羞了，连说:“没什么，没什么，我也是朝阳区的，没费什么事。回见吧。”坐也没坐一下就走了。

接着走进门来的吴钢——他是吴欢的哥哥，在这一段由于妻子出门治病、只是我一人留在家里的日子里，他每天中午和晚上都在下班之后来家里给我做饭——知道了这件事情后，说:“这个小伙子真够意思，咱们应当写个稿寄到《北京晚报》表扬表扬他。”

不错，是得表扬表扬这位胡德勇，在他身上体现着被长期丢掉了的新社会的新道德的复苏，事情虽小但弥觉可贵。

表扬这位小胡，就不得不批批我这个小吴。写到这里就不觉无名火起。

先说这个小包是怎么回事吧。这使我想起似乎吴欢在那天上午出门时对我说过，说是到北影取点东西，而胡德勇送来的这包东西，显然就是他去取的东西了。这是一包从福建带来的茶叶，是欢欢的女朋友小陈——有可能就是他的未婚妻——托人带到北影的。他专程去取这包茶叶，但却把东西丢在半路上了，回家之后提都没提，八成是根本忘记了，但是居然如有神助，被人给捡到送了回来。

就是这个欢欢，我家的第二个儿子，这一类荒唐糊涂的事情发生在他的身上乃是家常便饭。他从小就是这样没记性，不动脑子，一天到晚丢三落四。批评也好，责骂也好，他一律满不在乎，跟没听见一样，永远无动于衷。

他当然也是受害的一代，1957 年他才四岁就跟着父母一起受到政治上的歧视。但是这孩子性格很强，身体很棒，从小学起就不甘心受人欺侮，反倒是常有一群小朋友经常集聚在欢欢的周围。他十岁时打乒乓球便得到一个东城区的少年冠军，力气很大，在小学时举重就能和体育老师比试比试了。十五岁时，他响应党的号召去了北大荒，成了建设兵团的一员，一去七年。直到他的妈妈由于被“四人帮”的爪牙迫害重病，才有好心的朋友通过许多关系，把他从冰天雪地中调了回来，好让他照顾他已成残疾难于行动的妈妈。因为他有劲，能轻易地把妈妈背起来……

当然，这一切都不足以造成他在生活方面的粗心大意。按说从十五岁起就独立生活，人本该锻炼得细致些、认真些、负责些，但是事实上全不是那回事。儿子回来，对我来说，毋宁是意味着一场灾难。

只把印象比较深的事情说几桩吧。

由于家里来了客人，晚上要支起折叠床睡觉，早晨起床之后，我说：“欢欢，把床给收起来。”欢欢奉命收床，把折叠床放到一边也就是了，谁知他是要显显力气还是活动筋骨怎么的，忽然把床高高举起来了，“砰”一下子把电灯罩和灯泡全给打碎了。

敲门声，我去开了门，来客是吴欢的朋友，是来找吴欢的，但是吴欢不在家。客人说，是吴欢约定这时让他来的。这种时候，我总是代儿子向来人道歉。但是由于这种事情屡次发生，我只能向吴欢的客人说：“吴欢从来就不守信用，你最好以后不要和他订约会。”

这里我要为儿子解释的是：故意失约，捉弄人，想来还不至于；而是他和别人约定之后，转眼就忘得干干净净了。

由于我的职业，我有不多但也不少的一屋子书，这些书当然绝不可能每本都看，但却可能是我在某一个时候需要查阅的资料。尽管书多且杂，但一般我都能知道某一本书放在什么地方，可以不太费力地找到。但是使人恼火的是，我不止一次地发现要找的书不见了，或者整套的书缺一本或几本，开始时感觉十分奇怪不可理解，但是后来便知道这全是欢欢干的。甚至正在看的书一下子也不见了；要用胶水粘信，胶水不见了；要用墨水灌钢笔，墨水不见了；或者是胶水和墨水瓶打开不盖，胶水和墨水洒在桌上地上，甚至盖子要到桌子底下才能找到。特别是从外地寄来的少见的杂志书籍，转眼就到了他的手里……

至于到了他手里的书呢，新书马上就会变成旧书，书角立即卷起来了，倒着戳在枕边、墙角，掉到床底下积满灰尘……

就是这个欢欢，本来在黑龙江兵团自己学过几年素描，期望成为未来的画家。谁知他近年来转变兴趣要学他的父亲，写起电影剧本来了，并且马上有一个杂志将要发表他的作品了。他成了我的同行，也就意味着更多的不幸降落在我的身上；看我的书、翻我的东西成为合情合理合法……我多么希望他是整洁的、有条理的、爱干净的，但是，偏偏他是：好东西搞坏，整齐的弄乱，新的弄旧，干净的弄脏，拿走的不还——当场被我捉住的，无可抵赖；而事后追问的，他大都不认账。

至于房门和自行车的钥匙已经无从统计他一共丢了多少。大概在五年前，我出门回家时，见门框旁边墙上出现了一处缺口，原来是一次儿子把钥匙锁在屋里了，进不去怎么办？他不耐烦等哥哥或者妈妈回家再开门，而是狠命把门撞开，因此把墙撞缺，弹簧锁撞断。纯粹是搞破坏！

带有更大危险性的是，欢欢有一天忽然积极起来，自己去厨房烧一壶开水，但是点上煤气灶便忘得干干净净，于是始而把水烧干，继而把壶底烧通。假如一阵风来把火吹熄，或者煤气熏人，或者燃烧起火，弄个不好，会出人命！

事情当然还远不止此，他住的那间屋子同时还是我们家的小客厅。但是只要他在家的时候，屋里永远是乱糟糟的：袜子、裤子脱在桌上，每张椅子上都放着东西，床上被褥零乱，床下皮鞋拖鞋横七竖八。他前脚出门，后脚就是我去收拾房间。他的衣橱抽屉是关不上的，因为里面的东西堆得太多——其实如果每件衣服都叠整齐的话，完全可以放得很好，而他的每一件衣服都是随便往里一塞……有人对我说：“抽屉里你也管，你也未免太爱管闲事了！”但我实在不甘心，就管不了他？ 另外还有一个情况，那个五屉柜虽是个红木的，因为太老旧，抽屉不好关，应该请个巧手木匠来修一修了，可是就这么一件事，难道也要我做父亲的来张罗？

漫画家华君武曾对我说过他的苦恼，他感觉到他的儿子抽烟抽得太凶了。 我对他说，应当强行制止，不准儿子抽烟。 他无可奈何地说："不行呀，我自己就抽烟。"看来君武是一个具有民主作风的、以身作则的父亲。 从这一点说来，我的条件比他好，我家是个无烟之家，我和妻子都不抽烟，我们的两位老娘也不抽烟。 我们的大儿子吴钢和女儿吴霜也不抽烟，而唯一抽烟的就是这个欢欢。

对此我就振振有词了，和欢欢做过不止一次的严肃谈判，因为发现他常常抽烟，原因是我们家里经常准备着待客的烟。 我向欢欢提出，假如你非抽烟不可的话，希望你不要和我们一起生活。 我是声色俱厉地这样提出警告的，但仍发现过他偷偷抽烟的迹象，尤其是来了朋友，他就关起门来吞云吐雾。 朋友走后，烟灰缸里烟头一大堆。他的朋友是别人家的儿子，我如何管得？我哪有这么大的精力管这么多？

从朋友那里还听到这样一件事： 儿子骑爸爸的自行车把车丢了，这个儿子一怒之下偷了别人一辆车，偏偏被警察捉住……这个祸闯得不大不小，但做父亲的恼火是可想而知的。 我这个欢欢也发生了类似事件，他骑了我的车出去，回来时把车铃丢了。 问题还不在此，而是丢了车铃他根本不知道，还是我发现的。 受了我的责备，他也发火了，很快就发现车铃又安上了——不用说，是他在街上偷的别人的。这下子把我气疯了，我对欢欢发了一顿平生没有发过的脾气，逼他立即把车铃送还。 他非常委屈地把车铃拿走了，我知道他绝不可能送还，肯定是出门就给扔掉了。 我这样严厉地责备他，无非是希望他印象深刻，不要再犯这样的错误。 这件事比偷车要轻得多，但性质却是一样的。 使我伤心的是，根据欢欢的性格，这件事他早就忘记了，他没有知过必改的习惯，他只觉得委屈。 因为即使是丢自行车，这对他也并不新鲜，他曾经丢过两次自行车。 第一次丢了几天又找到了。 第二次则是他要出去取一样东西，正好他的一个同学刚买了一辆新车来看他，便叫他骑新车去。 但是奇怪的是，他竟一去不复返了，待人们去找他时，才知道就在他上楼找人时，转眼之间车被偷掉了。 由于无法交代，他赖在朋友家里不敢回来。 于是爸爸妈妈只好拿出一百七十元来赔车。

辩证法教导我们要一分为二，欢欢不是没有优点的。 对外而言，他对人热情，乐于助人，我的许多朋友都把他当作最好的劳动力使用。 敬爱的夏公、天才的画家黄永玉，在搬家的时候都请欢欢去做最有力的帮手，他是全心全意地为人家操劳的。 大人小孩全喜欢他，都愿意和他在一起，说他可爱，说他有趣味……对内而言，他对妈妈忠心耿耿。 妈妈病了，行动不便，凡是出去开会、看戏，以及一切出门活动，都是他背起就走。 妈妈病后长胖了，分量越来越重，但欢欢背着妈妈一口气上四楼，或是走得再多再远，都是心甘情愿的，而且他常对人说，他是妈妈的“小毛驴”。 对爸爸呢，在适当的机会他也要表一表他的孝心。 有一次家里只剩下我和他，他说:“爸爸，今天我做饭给你吃。”将近半小时之后，他来叫我吃饭了，做的是芝麻酱面。 但是拿上饭桌时，实在叫人哭笑不得。 面接近于黑色，那是酱油放多了；一碗面成了一团，芝麻酱显然也放得太多了。 去厨房看时，一缸芝麻酱、半瓶酱油，都几乎被他用光了。 最难想象的是给我的一双筷子，从下到上糊满了麻酱，根本无法下手。 味道之咸可想而知，不但我没法吃，他自己也受不了。 由于他的动机是好的，我没有责备他，父子两人面面相觑，只能叹气。

所有上述他的缺点方面，说来都是生活小节，没有原则问题，更不是政治问题；但却都叫人无法容忍，随时招人火冒三丈。 我这个最豁达的乐观主义者，曾经受过很多人无法经受的苦难，我都能泰然置之，但只有欢欢能气得我浑身发抖。我对他说过，我虽然身体健康，但有很大可能将来会被他气死。我希望他考虑别再和我一块生活，但是看来他似乎又很爱爸爸妈妈，他不干。

神人共鉴，我从来不是一个爱骂人的人，但是和欢欢共同生活的日子里，骂人成了我的日常习惯，我真为此感到十分疲倦。这就出现一个情况，我的朋友中所有接触过欢欢的，无一不对他交口称赞，说他是一个好儿子。当知道我几乎每天要为欢欢生气，知道或听到我在骂儿子时，他们都来劝我不要骂他。当我说了我骂他的理由时，他们几乎都这样说："咳！现在的年轻人都这样。"譬如那位乐队大指挥李德伦对我说："我那儿子在屋里穿大衣，袖子一甩，桌上的茶杯茶壶全都扫到地下摔个粉碎！"

这也完全是欢欢的风格。天地太窄，房子太小，远远不够这一代气冲霄汉、声势浩大的孩子们施展的，处处都碍他们的事。

按道理说，我们全家的清洁卫生理当由这个浑身力气使不完的小伙子包下来吧，我对他说得嘴都快磨破了，但是，休想！他自己住的那间屋还得靠我去收拾呢。

我又在想，假如胡德勇丢在路上的东西被吴欢拾到，他能像胡德勇这样做吗？我何等希望他能这样做呵！但是看来不可能：第一，他根本不会发现丢在街上的东西；第二，人家胡德勇也不会那样粗心丢掉女朋友千里迢迢送来的东西。

因此我不得不联想到他的又一个可恨的作风。不知有多少次在他要出门的时候，我让他顺便去发信，他把信接过去，满口答应。但在他走后我常会发现，信丢在桌上，或是椅子上，或是别的地方。就在昨天，我又发现一封别人"托吴欢同志转交"而且封面上画了地图说明的信摆在他的桌上，而他却去了上海。

应当告诉儿子的女朋友，将来你如果做了他的妻子，你将比他的爸爸还要倒霉。因为你要和这个不负责任、不顾一切、目中无人的家伙生活一辈子，而做爸爸的究竟是日子不会太多了。 假如你一定要嫁给他，我希望你具备一种特殊的威力或神奇的法术，能镇压他和改造他。 在这方面，爸爸是个失败者。

儿子被一家电影厂特邀写剧本去了。 这个毛手毛脚的愣小子，居然有人邀请写剧本了——可怜他该读书的时候什么也没有读到，全是“四人帮”害了他。 这是他自己努力的成果，我为他高兴，也希望他做出成绩。 至于写这篇文章的目的，当然主要是希望他能改变作风，虽然根据我多年的实践经验，他改变的可能性是极少极少的。 另外还有一个目的，是为了提醒和刺激与欢欢同样类型的青年人，因为许多朋友们对我说的这句话太使人惊心动魄了！ 这就是:“咳！ 现在年轻人都这样！”当然，“都这样”不可能，但是，我听到这样的话实在太多了。 假如青年人真的都是这样的话，怎么建设我们的国家?

写到这里本该结束了，再要提一下的是刚刚收到一封儿子从上海寄来的信，当中有一段话是:“我有许多错误，心里很难过，我一定好好改。”这很难得，使我很感动。 但是这封信上又有一行写的是:“请在我的抽屉里找一下，我的学生证忘记带来了，请用挂号信寄到这里来。”学生证是中央电影学院编剧进修班的证件。

亲爱的儿子呵！ 你说你可怎么好?

以上是8月中旬在北戴河西山宾馆写的，写完之后恰好一位报社记者来看到，他认为文章很好，且有普遍的典型意义。 但是他说:“你家欢欢目前正在上升时期，在从事剧本创作，如果发表这篇文章，对他的打击太大，应当慎重。”我尊重记者的意见，同时也应当听听欢欢的意见，因此就把它放下了。 一直等到现在，儿子回家来了，我让他看了一遍，我发现他开始时在笑，但是看到后来就不笑了。 看完之后，他说:“呵！‘惊心动魄’！ ……爸爸，发表也行，既然有典型意义，会有助于我改变作风。”

我不怀疑儿子有改正生活作风的诚意和决心。我忽然发现我有一个多月没有骂人了，在儿子离家的这一段时期，我过得多么太平安静呵！馨香祈祷，祝愿欢欢福至心灵，能够生活自理，别再让爸爸妈妈着急操心了。

1980 年 10 月 3 日　北京

女儿篇

——为香港《文汇报》创刊十四周年而作

听说香港《文汇报》已经满了十四周年的时候，心里暗自吃了一惊，感觉时间过得实在太快。不由得想到1948年香港《文汇报》创办的那些年，正巧那时我也在香港，也正是祖国的解放战争如火如荼的时节。转眼间天下变了，转眼间又到了十四年后的今天。

应该写点东西祝贺《文汇报》的生日。这是一张可爱的报纸，十四年来为香港人民的文化生活、政治生活做了巨大的有益的工作，而且现在还在欣欣向荣、蓬勃成长……但是写什么呢？该说的太多，因此就不知从哪里说起了。这时我心头涌起1948年到1949那两年常常在香港上坡的马路上到文汇报社去走走的情景……

拿着笔沉思的时候，小女儿双双满头汗珠地从幼儿园跑回来了。和每天一样，她远远地就在叫我了，我没有理会，她跑到我面前，趴在我身上说："爸爸，你干吗不理我？你干什么呢？"

既然是小女儿来了，就写写小女儿吧。双双是1955年10月生的，正是阴历九月初九重阳那天。那天也正是节交"霜降"，所以就给她起名叫"霜霜"，但是有一位阿姨说"霜"字太冷了，改叫"双"吧，于是"吴双"就成了她的名字。

看样子女儿长大了一定是要搞艺术的了。她今年未足七岁，但已经表现了两方面的特长。第一是画画。她是个顽皮喜动的孩子，起得早，睡得晚，不爱睡午觉，一刻也不闲着，但是对画画有着特殊的爱好，拿起笔和纸，一画就能画几个小时。假如她在家而听不到她一点声音的时候，那就是她在画画了，在非常高度集中地画。在我的记忆当中，她这样地画，至少也有三年以上的时间，这实际上已经是一种较长时间的锻炼了。所以她画的线条是准确有力的，不描，不涂，一笔就是一笔。她绘画的主要题材是戏曲舞台上的人物，开始都画的是古装的女像——这当然是常随她妈妈到剧场后台看戏的影响，后来就发展到画别的角色了，像老生、武生，最喜欢的是画小花脸。这又因为她的二哥哥欢欢爱学小花脸的动作，并且把演小丑作为长大了的志愿。小双画画有一个说来是缺点又不算是缺点的情况，她是个“左撇子”，做什么事都是左手，拿筷子、用剪刀、拿针缝东西都不例外。叫她换右手，她说:“那我什么都干不了。”但是她保证:“到了上小学的时候再改。”因此在画上写的“小吴双”三个字，虽然十分注意，也还常常被写反了，那个“小”字的一勾经常写到右边去了。

这一年来，她画画又有了发展：喜欢给人画速写。她给真正的画家张乐平伯伯画的两张像，传神而又有古拙之致。乐平压在玻璃板下面，逢人便叫来看。这是今年开人民代表大会时乐平来北京住在民族饭店时的事情。双双同时给同房间的应云卫伯伯画的像，也画出了应伯伯虽然年近六十而仍是貌如小生的神情。古人夸奖爱读书的人“手不释卷”，小双双的衣袋里永远装着纸和铅笔，即使在夏天最热的时候，小孩子身上只穿一条比纸还薄的三角裤，她也一定要妈妈给她缝一个口袋装纸笔。因此常常在大人们偶然要记住一点什么，找纸找笔的时候，双双会在一旁嚷着说:“我有，我有……”今年初厉慧良到北京演出，我和她妈妈带小双双去看戏，遇见叶浅予伯伯坐在台下画速写，她也掏出纸笔来画，画完了说:“给叶伯伯看看，我画得好不好？”

画家郁风在《北京晚报》上写了一篇文章，并且发表了双双一张《古装仕女》。双双问我:“什么叫仕女？”这真把我问住了。使她高兴的是，她得到了《北京晚报》的于阿姨送给她的稿酬，是一本精装的白纸画簿，不到三天她就画满了。

但是在姊姊、阿姨们对双双说“你将来是一个画家”的时候，双双却总是说:“我不当画家，我当演员。”在这方面，她也是有特点的，她的嗓子好，又脆又亮，而且咬字清楚，音节准确；又朗诵，又唱，又舞；无论在多少人面前，说表演就表演，不懂得什么叫害臊。她表演的时候，一定叫哥哥来给她报幕，哥哥不在，就让爸爸和妈妈报幕。而且在表演时如果有人在讲话或是在看别处，她就不答应，停下来对人家说“你别说话”，或者是“你叫我表演，为什么不看我？”绝不含糊。她表演一开了头就没个完，节目繁多，层出不穷，每次都是大人感觉她太累了，不停地要求她休息，她最后很不愿意地结束。电影演员赵丹伯伯说“演员难得这样的大胆”，写信来也祝颂这个“不知疲倦的小演员”永远健康。

有很长一段时间，她妈妈遗憾于自己的小女儿会唱那么多的歌，却不会唱妈妈的专业——评剧。不知怎么她就是找不着评剧的味儿，唱一句半句总不是那么回事。可是这种情况忽然变了，女儿忽然一下子豁然贯通，会唱评剧了。她只是看了几遍她妈妈的《花为媒》，又在三个早晨，妈妈起床之前，跑来床前跟着唱，学了三次，每次不过十分钟吧，便学会了《花为媒》闹洞房一场的大段紧流水，一共有七十多句，唱得有板有眼，而且有感情有气氛。这可把妈妈乐坏了。上个月电影导演徐韬、桑弧，画家韩尚义来我家做客，听了双双这段唱。到第二天在会场我又碰到尚义的时候，他说:“双双昨天唱的那一段评剧，到现在我还觉得不可思议，好像不是真的事情……”

她最近又学会了《杨三姐告状》里杨三姐见厅长的一段。她妈妈的琴师为她上了胡琴，打起板，一板一眼也不差。这段戏她没有专门学，听听就会了。

前面说到她不懂得害羞，这也是从小就这样了。还在她两三岁的时候，我抱她坐公共汽车，身后一位老公公逗她玩，她伸手一把就把老公公的胡子抓住了。她在汽车或电车上也常常会对坐着的大人说：“起来让我坐吧。”人家会笑着让位子给她。

画家黄永玉的孩子，天才的黑蛮和黑妮是双双的好朋友。永玉非常喜欢小双，也指点过小双画画。黑蛮和黑妮在他们爸爸的教导下已经是国际闻名的小画家了。我和小双妈妈都不会画，深以小双得到永玉教导为十分高兴的事。永玉深知小双的性格，说：“这孩子一片天籁，不易受教。”实际上小双还是听黄叔叔的教导的，而且听黑蛮的话。

听黑蛮的话是个奇迹，她对自己的两个哥哥的话就完全不听。正是由于小双双常常受到人们的夸奖，她便处处显得信心特强，处处要拔尖。她听到别人夸奖任何东西的时候都要问：“我呢？”不要说有人在夸奖这朵花真好看的时候，她会说：“我呢？”即使在有人说这块点心做得真好的时候，她也会说：“我呢？”别人答复她时，就一定得说：“你更好。”

因此做爸爸妈妈的不免有点担忧，这孩子会不会从此骄傲自满呢？这我们今后要注意她，也要等她明年进小学之后请老师们好好帮助她了。她的自尊心是这么强，有时和哥哥们吵了架，她会一个人躲在角落里，仰着头拼命不教眼泪流下来，等情绪完全过去了才出屋子见人。

随着年岁的长大，孩子们的求知欲越来越高了。现在她就在不断地追问：“爸爸你又写什么文章啊？”当她听到是给香港的报纸写文章时，就说：“啊！香港！就是虾球住的地方……”正是在前几天她同哥哥们看过北京电视台播送的《虾球的故事》。接着两个哥哥也跑来了，孩子们就提出了一连串的问题：“虾球为什么偷东西呢？”

“因为家里穷，没有吃，没有穿。”

“为什么穷呢？……”

为什么穷？ 在今天的社会里，这已经不是很容易地能为孩子们说清楚的了。

这时候小双说："爸爸，你听着，今天我学会了一个新歌。"她跟着就唱：

宝贝，你爸爸正在过着动荡的生活，
他参加游击队打击敌人，我的宝贝……
宝贝，别难过，别伤心哪！亲爱的宝贝，
你妈妈和你一起等待着他的消息……
睡吧，我的宝贝，宝贝，宝贝……
宝贝，咱们的队伍一定能够得到胜利，
你爸爸一定会平安回来呀！我的宝贝……

听完了这支歌，我说："你唱得真好。 世界上受穷的人还很多呢。 要去打击敌人，就能取得胜利。"

本心要写一篇祝贺香港《文汇报》十四周年的文章，结果却是无尽无休地写自己的孩子。 在我们的生活和家庭里，这真是有点情不自禁，也就顾不得会被别人说是在夸诩自己的孩子了。 可是问题还不止此，现在正有许多朋友也在研究如何教育子女的问题。 在过去的年代，人们自幼生于忧患，由于社会环境的复杂，年轻人会有许多由此而生的一些叫作缺点的东西。 但是今天的社会却又有由于几乎完全不知道"忧患"为何物，因此而生的另一种无知而形成的可能也叫缺点的东西。 因此孩子们的将来，他们的成长，还不能是十分简单，不会是没有问题的吧？ 不过，无论如何，看见孩子们总是叫人喜欢的。 十四年前在香港时我还是个不懂得什么叫作父亲的心情的人，那时我不可能设想今天会这样地喜欢孩子，这也许是我老了。 香港有我不少的老朋友，十四年的睽别，你们的心情是如何的呢？ 在这里写写孩子们的事情，作为我目前生活的某一方面的汇报吧。

我以同样欢喜的心情祝贺香港《文汇报》的十四周年。她已经走过了十四年艰苦的历程，在报社工作的朋友们应当是十分辛苦了。有了十四个年头的战斗经历的报纸，譬之于人来说，就是一个久经考验、身强力壮的成年人了。她已经是人民的喉舌、坚强的战士，必将在未来的道路上获得更加丰实的硕果。

就把这篇不成格局亦不成体统的文章来表示我祝贺的心意吧。

1962 年 8 月 30 日　北京

情系杭州

我生于1917年，是在北京长大的，岁月流逝，忽然就变成1997年，似乎是一下就到了八十岁。这当中自然有许多流落他乡、飘零异域的枝节，但是峰回路转、叶落归根，最终依然回到北京。

由于生命到了晚期，从前的小朋友，不知不觉变成了老朋友，如同昔年盛开的鲜花一棵，逐渐成了残花枯叶以至凋谢。一生中曾经长期相处的朋友一个个离开了，越来越稀少、寥落……这都是无可奈何的事情。于是就日甚一日地教我产生怀旧的心绪，尤其是一个月以前发生的一件事使我产生了更加无法排遣的异样情怀。

事情是非常触动心弦的。年轻朋友、老友徐盈和子冈的哲嗣徐城北、叶稚珊夫妇通知我：著名的杭州楼外楼餐馆邀请十名左右的以写作为业的老人去杭州西湖一行。虽然近来事情多，繁忙得紧，但我还是被打动了，愿意去，即使再忙，也放下手里的事。然而太不凑巧，我由于检查身体，发现一年前查出的脑血栓又有出现，虽然并不严重，可是正要开始请医生到家里来为我静脉输液，只得放弃了这次西湖欢聚。而又知道这次同行者，我是年纪最长者，我不去，就把最长者让给了黄宗江老弟。想想也实在可怕，我这当了一辈子的小弟，怎么变成了最老的？

跟着父亲算，我是江苏常州人，跟着母亲算，我就是杭州人了，可是命运又把我变成北京人。这三个地区我都喜欢，但是在北京住的时间最长，常州去过几次，而杭州去的次数最少最短，那里一直就成为我最渴望再去的地方。何况今天又是“山外青山楼外楼”的邀请，我的感觉就是亲情的召唤。

我生活在一个多兄弟姐妹的家庭，父母之外有十一个兄弟姐妹，十一个孩子都由慈祥可爱的母亲周琴绮亲手带大，然而每个孩子都没有吃过母亲的奶。小时都请了奶妈，我是男孩里最大的，至今记得小弟妹们最多的时候家里竟请了四个奶妈，加上祖母一个从常州带来的小丫鬟、一个做粗活搞清洁卫生的女仆、一个烧菜做饭的大师傅、一个拉洋车的车夫、一个看门接待客人的夫役这些人，在母亲的总管之下，永远和睦相处，秩序井然。每天晚饭之后、临睡之前，母亲总是和奶妈、女仆坐在一起谈心、说笑，一团和气。佣人们私下说起母亲都是:“太太好，好脾气，待我们和亲人一样……”

由于我家长年在北京生活，对南方的家乡就感觉分外遥远了，无论是常州或是杭州，都是我常常思念的家乡。我的外祖父周粟斋先生，曾任湖北应县的县令和清末锐行新政的两江总督张之洞的幕僚，只在我五六岁的时候，曾来过北京我家住了很短的几天。虽然时间已过去非常遥远，以后再也没有见过，但至今还有隐约的记忆。母亲是他最小的女儿，我家杭州的亲戚，交往最多的是母亲的侄女周行素，她由于丈夫早逝，曾长年寄住我家，她最大的喜爱就是看戏，常常带我去戏园子，我那时已经是十几岁的初中学生。我家曾迁居南京、武汉，抗战时期又迁重庆，她都住在我家。我陪她看的大都是京戏和各种地方戏，话剧有时也看。我长大之后逐渐变成一个真正的戏迷，初中升入高中的那一年，每天下午逃课看戏是和表姐一起看，直至以戏剧为终生不易的事业。这都是二表姐请我看戏的后果，这却是她不会知道的。

母系亲属中还有她的两个侄儿，我叫作“周二哥”的周子春和“周三哥”的周子炎，他们常常来我家和我们一起玩，但时间没有二姐那么长。他们什么时候离开我家，后来下落何方，现在都不记得了。印象之中都是十分亲热，至今回忆，犹有温暖的亲情。

为什么把这几位表姐表兄写得这样清楚？只是为了在这样垂暮之年记下这一段永难忘怀的亲情。二表姐已在50年代故世，两位表兄则久已音书杳然。大约在几年之前，我曾有一次到过杭州——我竟然忘记是谁邀请，还有谁人同去——曾经雇了一乘小车独自巡走了一趟苏堤、白堤，目的是寻觅一下昔年母亲的足迹，重温一下往日的情怀。

近年来，在杭州唯一和我保持联系的母亲的亲人就是叫我“表舅”的中国美术学院著名教授、卓越的油画大师蔡亮和与他有同等功力的夫人张自嶷了。蔡亮前两年英年早逝，自嶷仍在校执教，蔡亮给我画的油画像和自嶷给凤霞画的戏装油画《临江驿——潇湘夜雨》至今挂在我们各自的书房墙壁上熠熠生光，陪伴着我们。见到这两张油画像，我便产生无限思念。写到这里，恰巧收到甥媳寄来的贺年片，我也祝贺她和两个孩子艽艽和萌萌在湖山明丽的杭州家里快乐、幸福。

时至今日一个多好的还乡机遇竟如此轻易失去，真是教人惆怅、伤怀……所以给“楼外楼”写了一首小诗：

山外青山楼外楼，
西湖旧梦在心头；
亲情友谊萦怀久，
吴郎八十负杭州。

1997年12月16日北京

乙编

往事忆旧

永远抹不去的青春岁月

——回忆孔德学校

收到“五四”和“北京大学一百周年纪念”征文的信件，我的感受十分复杂，有一些意外，又有一些亲切却一言难尽，不知从何说起。

首先，我不是北大的学生，但是和北大却又有千丝万缕的关系，我从六岁起被送进“幼稚园”，然后进小学到高中一年级是在一所从幼稚园、小学一年至高中一年共为十年级的“孔德学校”完成的。这个初小三年、高小三年，加上初中三年、高中一年的学校名叫孔德，并非孔子之德，而是用的法国实证主义哲学家孔德的名字，而名为孔德，却从未学习过一丝一毫孔德的哲学，所以我至今也不理解为什么学校用这个名字。孔德学校念完十年之后，高中后两年的学业是在中法大学附属高中完成的。读罢中法高中，升入的应是中法大学的孔德学院，但孔德学院是一个理科学院，而我升入的是文科的服尔德学院；却由于卢沟桥事变，抗日战争开始，举家南迁，从此中断了学业，那时我年纪十九岁。

孔德学校不是北京大学系统，但是在中国教育界最受尊敬的大师、校长蔡元培却也是孔德的校长。此外还有一个特点，就是当时的中学都是男女分校，而唯独孔德学校是男女同校，就我国学校来说，应该是开风气之先了。

据我现在的记忆孔德学校的校址，最早是在北京东城的方巾巷。

曾有几次搬迁：承候大院、北河沿、东华门大街宗人府。记得北河沿校舍和当时的北京大学三院只有一墙之隔，印象最深的是大约在我念初中约十五岁左右的时候，一次下课之后到操场打球，为了抄几步近路，放着操场大门不走，我偏偏从一棵树爬上操场墙头，墙那边就是北大三院。我在墙头上行走，正好一个同学在地上和我说话，我只顾和他说话，一脚踩空，从墙头摔了下来，当时便晕死过去。同学们把我抬到教务处，教务长名叫李召贻，待我清醒过来，看见我的一个手指摔破在流血，手指上一块皮裂开，李先生开抽屉，拿了一把剪刀，要把破皮剪掉，我和身旁的一个同学都大叫起来，他才住手不剪，然后把我的伤口包扎好。我回了家，脸上全部红肿起来，从眼到嘴全肿平了，全家震动，把母亲和祖母吓坏了。到晚上父亲回家，见我摔成这样，倒是没有责骂，但给了我一个任务，叫我就这事写一篇作文。至今我居然还记得我的作文当中一句是："只觉得耳边呼呼风响，然后便人事不知了……"其实我耳边什么也没听见，那个"呼呼风响"，是看小说瞎编的，而且后面还写了："我死了之后，装在一个小棺材里抬出去埋了……"

父亲不等看完就哈哈大笑起来，母亲说："儿子摔成这样，你还笑！"可是我却躲过了一次严厉的惩罚，脸上的青肿，差不多近半月才好。母亲多次送我到医院治疗，每次治疗回家，母亲都要带我到馆子吃一顿好吃的，我倒情愿这样受伤了。

然而待到脸上的青肿好了之后，又生了一场大病，全身逐渐变黄。医生查出，是黄疸病，还是那墙上一跤引起的。给我看病的是一位私人开业的名医周环西先生，是父亲的朋友。记得诊所是在绒线胡同，墙上一丈见方的大字，是周医生的大名。待到这一身的黄色退去，差不多用了半年的时间，应当说，这是一次死里逃生了。

半个多世纪的孔德学校至今给我最深刻印象的是当时著名的文化人、如学者、教授的子弟，很多都进这个学校。据我现在回忆，有李大钊、胡适、钱稻孙，周树人(鲁迅)、作人、建人三兄弟，沈士远、尹默、兼士三兄弟，马裕藻、马幼渔、马衡三兄弟，刘如山、刘竺山、齐寿山三兄弟，刘半农、钱玄同、李书华、陈独秀等的子弟。在蔡元培的“思想自由，兼容并包”的治学方针之下，孔德学校是他的一个试验场。我的父亲吴景洲把他的子女都送进了孔德学校。如果不是当时发生了对日本的战争，我们全家十一个兄弟姐妹都会是孔德的学生。而最后三个祖昌、吴要、吴楚便被拒于孔德之外了。

李大钊先生的女儿李星华和我的大姐吴珊是从孔德学校升入孔德学院(中法大学理科)的同班同学。由于大钊先生曾多次被北洋政府迫害出走，星华大姐曾长期住在我家，我们兄弟姐妹都把她看作亲大姐一样。胡适的儿子名胡祖望，和我是小学同班，没有多久就离校，不知何往，我曾随大人去过他家，但也没有见到他，从此便中断联系。刘如山一家的子女和我及三妹吴皋都是最亲密的。齐琴是三妹同班和最好的朋友，齐瑛虽长我一班，却和我非常亲密。梅兰芳大师得以成大名，得大成就，与齐如山的交往有绝大的关系，以此进入文化界的高层，并打入国际，去美国就是与齐如山同行的。我自小进入京剧爱好者的行列，与齐瑛也有很大的关系。我和梅兰芳先生的最初相识就在齐家，那时我只是一个顽童。意料不到的是，过了约半个世纪，我成了为梅兰芳纪录大半生及五个代表剧作的导演。齐瑛在新中国成立前夕随父亲去了台湾。1980 年初我收到齐琴送给我台湾出版的十大本约八千万言的《齐如山全集》，其中对中国戏剧作了全面的论述，最终的一章是“北平专章”，充满了一片相思及绵绵乡情。此书编辑和出版之前，如山先生和齐瑛父子相继逝世，可以想象二人对“故都北京”的依恋和对他名京剧为“国剧”的无限相思。

沈尹默先生至今被人们公认为当代最权威的书法家，是我最敬爱亲密的老师。每一次我去看望他，他都在伏案临池，而且必然给我写字。因此多年以来他留给我不少精彩绝伦的亲笔墨宝，但在“文革”

之中损失很多，至今想起就无比愤怒。 后来我知道在这场恶作剧时期，沈师住在上海难逃厄运，受尽欺凌，那些恶棍流氓的造反派们成天叫他写检查，但一经张贴便被人揭去收藏起来，可以想见老人临终之时受尽多少打击、多少污辱。 沈公三兄弟都是饱学之士，他们的子女、侄辈都是我的同学好友，如沈令扬、令年、令昕、令昭、令融……几十年来都已失去联系了。

钱玄同先生的子女钱端信、端智、端礼，其中也有我的同班同学；还有陈大齐先生的孩子是我的同班，现在竟连名字也不记得了。

周家(鲁迅先生兄弟)三兄弟的公子周丰一、丰二、丰三，丰一以打乒乓球著名，以此成为校中的知名人物。

还有马家三兄弟，马裕藻、马幼渔、马衡家的子女，其中的大姐马珏最为出色。 在孔德学校时一次有一批日本客人参观学校，看见一个少年男子从女厕所走出来，大为吃惊！查问之下，才知是一个女生。 马珏一向男子装束，引起轰动。 孔德毕业之后，她进入北京大学，由于天生丽质，被全校尊为“花王”——就是后来所谓“校花”。我至今记得京中报纸、画报经常登载她的照片和动态。 约十年前我曾见到她，已经是龙钟的老妇，不堪回首了。 马家子弟，我的同班同学马谦至今同在北京，他曾毕业于黄埔军校，因此成为新中国的对立面，坐过九年监牢。 他的父亲前故宫博物院院长马衡，亦是我父之老友。 马谦的堂兄弟马节、哥哥马太龙是金石家，现同在北京。 他的堂兄弟，北大教授马幼渔先生之子马节和我妹妹吴皋是同班同学，现在德国。

不久以前，我居然收到小时音乐女老师陶虞孙先生的信，她年纪约近百岁了，依然健在，居然还打听到我的通信处，令我十分感动。这使我回想起当年上音乐课时，有一次陶先生叫学生都站起来唱一首歌，唱到一半，她大声叫:“吴祖光。”我答应了。 她问:“你为什么站到最后边？”我一时答不上来，其实我只是因为生来个子小，又是年纪最小的，所以一向都在最后。她叫我走到最前边，弹起钢琴，叫我独唱。她后来说我嗓子好，所以叫我独唱。而且以后凡是独唱、领唱，都是我了。如今已过半个多世纪，老师还记得，千方百计打听到我的地址，给我写信，实在使我出乎意料。的确我后来也唱过电影插曲，也曾上台歌唱，但都是玩票，没有认真……辜负了老师期望。

我在孔德的最后两年，印象最深的是先后两位国文老师杨慧修和诗人冯至。大概因为我的这门功课在班里是比较好的，所以老师对我也特别喜欢。那时学校出版一本《孔德校刊》，我的作文就常常在校刊上发表。但是杨老师感情丰富，和我低一班的女同学文树新搞了一场师生恋爱，而且双双私奔日本，成为轰动北京的大事。《世界日报》及《画报》出了专版，并且登了许多照片。一年以后传来消息，文树新因难产逝世，令人惋惜。树新颇富文才，现在萧乾先生夫人文洁若是树新的小妹。树新当年不过十四五岁，谈恋爱也太早了点，这就该怪老师了。杨在几十年以后任职北京大学中文系主任教授，更名杨晦，我和他感情依旧。

冯至先生在校时和我关系也是非常好的，新中国成立以后，我当然不是小学生了。但是意外发生了"反右"冤案。冯老师大约是因为"同行"的诗人关系，太过于表现进步了，写了几篇"批判"诗人艾青的文章，而且批艾青必连带批吴祖光，这真使我愤怒，从此中断了师生之情。但是现在想想，是那些"运动"才使人变成鬼，使诗人变成小人。现在两位老师，包括艾青，都成古人了。

现在把又想到的一件事说一下。在孔德学校的末后几年，学校搬到在北京的最后一个校址，即是东华门大街的清代宗人府，是一个大寺院。学校刚刚接管的时候，我们几个"高班学生"看见有一个相当大的城隍庙，便把金刚、鬼判的棍、棒、枪、刀都拔下来，把很大的泥塑鬼怪都扒倒，搞了一次大破坏。现在回想竟有点"文化大革命"打、砸、抢的味道。可以说是曾开"文革"风气之先河，至今回想，如在目前。 这么打砸破坏，竟未受到任何劝阻和责难。

学校搬进新址之后，西边一个大四合院是我们中学高班的教室，东边一个院子是小学教室。 当时接近高中升学时候了，有些课是可以不上或是休息的，我们三几个同学就常常到东院小学部去找小同学玩。 那时发现在三四年级有两位小女同学很好玩，一个叫陈香梅，一个叫陈寄玉，她们两个也很喜欢这几个大哥哥，见到我们就非常高兴。 这样有一段时间，那时我已经在读十年级了，过了不久就升学入中法高中了。 宗人府的孔德学校，到新中国成立后成为北京第二十七中学，可能至今还是这个名字，但两边的两条胡同一边叫孔德东巷，一边叫孔德西巷。

约在 1947 年，我从重庆到上海就任《新民晚报》“夜光杯”副刊主编。 有一次在舞会上遇见陈香梅女士，她已是上海的知名人物了。我和她跳了一次舞，说起当年在孔德的经历，她还记得。 如今陈香梅女士名满中外，但是陈寄玉女士却再未见到，我至今还怀念这位小朋友。

我应当写的是纪念“五四”运动和蔡元培创建北大的一百周年，但写完之后竟是一篇语无伦次、不成格局的杂乱之文。 真可以叫作“杂文”了，倒是符合“征稿”信中的“是一段抹不去的青春岁月”。若不能用，弃之可也。

1998 年 3 月 14 日

三百年来旧查楼
——“广和剧场”的故事

去年国庆节那一天，北京市有一个新建的国营剧场开幕。这是一个新型的拥有将近一千四百个座位的大剧场，但是坐落在前门大街迤东的后街、相当狭窄的“肉市”上。肉市虽然邻近闹市，却是个冷巷。并且这个剧场的名字听来也比较特殊，不像其他一些新中国成立后新建的剧场如“天桥”“首都”“人民”“实验”那样或以地名，或以新的气象、新的意义为名，而是取了一个近似旧时商号的“广和剧场”的名字。

四个多月来，北京的观众应当已经熟悉这个新的剧场了。这是一个建筑得很有气派的剧场。走进铁栅门，是一个相当宽敞的院子，正面就是坐东朝西的剧场。因为它还是个新的剧场，所以迎门还悬挂着北京各剧团送的祝贺开幕的锦旗，其中北京市京剧二团的“演员之家”四个字，充满了亲切的感情。著名的京剧演员马连良送的锦旗上绣的是一首七言诗：

三百年来旧查楼，
过去广和我习游；
今日建成新园地，
社会主义美景头。

这首很像京剧里“定场诗”的诗句里提到了“三百年来”的话。广和剧场自然是一个新的剧场，可是同时也可以说，它又是北京城里最古老的剧场。这也正是我所要讲的广和剧场的故事。我们的首都北京本是一个历史悠久的古城，几乎任何一处地方都有它丰富有趣的史迹，这里的广和剧场也不例外。今天三四十岁以上的北京人假如曾经在旧时的广和楼听过戏的话，一定还会记得这个古老而奇特的剧场的当年风貌。

为什么说广和剧场是北京最古老的剧场呢？这在旧书上是有记载的。清朝人戴璐的《藤荫杂记》上谈到北京最古老的剧场，说：“首推太平园，四宜园，次则查家楼。”

太平园和四宜园早已没有踪迹了。只有查家楼还能找到它的遗址，这就是今天肉市广和剧场的所在。另一清朝人吴长元的《宸垣识略》上说：“查楼在肉市，明代巨室查氏所建戏楼。本朝为广和戏园，入口有小木坊，旧书‘查楼’二字。乾隆庚子毁于火，今重建书‘广和查楼’。”

研究查楼的历史，那是考据家的事情。但是由这里我们知道原始的查楼建在明代。明代末年距现在已有三百一十几年，查楼建于明代哪一年已不可知，说“三百年来旧查楼”却是不会错的。它确是今天北京城里可以查考的老戏园里最老的园子。

梅兰芳先生的《舞台生活四十年》第一集中的第四章“回忆四十年前的剧场”里的第一节就是“广和楼旧景”。梅先生说：“广和楼在肉市。是前清康熙年间建筑的。先叫月明楼，又名查家茶楼。可以说是北京城里最古老的戏馆了……”

梅先生这里提到的“前清康熙年间建筑的”和吴长元所说的“乾隆庚子毁于火，今重建……”在年代上有不小的出入，这些我们且不去管它。有趣味的是梅先生又说：“我十一岁初次在广和楼出台，参加的是俞振庭所组的斌庆班。是一种临时的、纯粹客串的性质。到我十四岁那年，才正式搭喜连成班。每天在广和楼、广德楼这些园子里轮流演出。”

梅先生今年已经六十一岁，他十一岁在广和楼登台，距离今天已经整整五十年了。五十年是半个世纪，这半个世纪里我们的祖国有了惊天动地的变化，连僻处肉市的广和楼也在人民的手里建设成了新的剧场。从梅先生以及他同时代的老年艺人的角度说来，这意义该是特别重大的。

梅先生提到了“到我十四岁那年，才正式搭喜连成班”的话。谈到广和楼，就不得不牵扯到喜连成社，也就是后来改名叫“富连成社”的中国过去一个最大的京剧科班。这个科班有四十二年的历史，前后培养出七百多个演员，成为近几十年来京剧演员活跃在全国各地的主力队伍。像梅兰芳和周信芳、林树森、贯大元等都是在喜连成搭过班的。今天观众所熟悉的演员如侯喜瑞、雷喜福、马连良、于连泉(即小翠花)、谭富英、马富禄、叶盛章、叶盛兰、高盛麟、裘盛戎、袁世海、毛世来、黄元庆、谭元寿、冀韵兰……以及所有用喜、连、富、盛、世、元、韵作为艺名的京剧演员，几乎全都是这个科班历届培养出来的学生。

富连成社有四十二年的历史。除去头五年，后面的三十七年都是在广和楼演戏的。梅先生在《广和楼旧景》中对这个五十年前的戏园子有非常细致的描写，字里行间，流露出他对其发祥之地的广和楼有着极为深厚的感情。我想凡是在广和楼演过多年戏的演员都是能体会到这种心情的。

梅先生描写了五十年前的广和楼，现在我凭自己不很好的记忆力写一写二十年前的广和楼。

二十年前的广和楼已经是非常糟朽破败了。破旧的大门、狭窄的甬道，大门以里二门以外堆着当天演出节目应用的“砌末”(道具)，譬如《御碑亭》的亭子，《艳阳楼》的石锁和仙人担，等等。当时广和楼演戏不登广告，熟悉的观众只要看见戏院门口堆着的东西便能知道今天的戏码了。

走进甬道是一个像四合院一样的四方院子。北房三间上面附带三间小楼的是广和楼的账房。出科的学生每天演完戏就到那里去拿已经为他数好了的“戏份儿”。富连成的班主叶春善经常正襟危坐在当中的太师椅上，我们看戏的经过时赶上开门常常能看见他。

院子里一直通到东面剧场的地方摆满了小吃摊子，有馄饨、卤煮小肠儿、豆腐脑儿、爆肚儿、烧饼、奶酪……紧挨着这些卖吃的旁边就是一个长可丈余、广及三尺的尿池。可是来吃东西的人还是接连不断的。这里的小吃都是有名的，我至今还能回味广和楼的卤煮小肠儿和豆腐脑儿等的滋味之美。

剧场设备的简陋就不是今天北京的少年儿童所能想象的了。戏台是伸出在剧场里的。左右两边各有一根大柱子，观众最怕坐在柱子挡住视线的地方，管这种座位叫“吃柱子”。剧场里的窗户全是纸糊的，冬天全给糊上，夏天把纸撕掉。地上是高低不平坑坑洼洼的碎砖。楼上是地板，上面尽是窟窿。广和楼每天都有三出武戏，就是开场的“小轴子”，中场的“中轴子”和末场的“大轴子”。武戏演到开打的时候真是如同古代战场上一样的灰沙蔽天，坐在台口的人会给呛得透不过气来。戏台的屋顶也不是很高的，有一次武生李盛斌翻跳三张桌子，一脚把台顶的电灯泡踢了下来，满堂观众齐声喝彩。

场里座位的分布和当时其他的一些剧场大致不差，譬如楼下正面叫池子，两边叫两廊，戏台左右的两小块地方叫小池子，楼上是散座，座位都是木头板凳，后面的板凳很高，得跳起来才能坐上去。

和现在剧场不同的是，楼下池子的座位是直摆的长条桌，两边摆着长板凳，因此观众的视线不是面对舞台，而是面对两廊，要侧着身扭转头才能看见舞台。这正是最早的戏园子一般的形式。因为早年戏园都叫茶园，主要是喝茶，附带听听戏，“看”戏就摆在更次要的地位了。今天在戏院里还能看见白发苍苍的老年人闭着眼睛叫好，那就是来喝茶听戏的。

梅先生的《广和楼旧景》里对这个戏园子做了很详细的描述，他提到另外一种座位：“靠近戏台上下场有后楼，名为倒官座。在这里只能看到演员的背面。因此这个地方票价虽廉而观众却不十分欢迎，大半拿来应付一般客票和前后台亲属关系人……”

我却正是“倒官座”的观众。我和几个每天同来看戏的同学一起，日子长了反而特别喜欢这个“倒观”，因为我们已经和一些演员熟识了，坐在这个位子，在台上演员偶尔回过身来时可以悄悄地打个招呼。另外这个地方的木板墙有许多裂缝，扒在墙缝上可以看见后台。看戏看到相当的程度，会对后台的兴趣胜过前台，会对演员本身的感情胜过他扮演的角色的感情。但是扒墙缝曾经给我留下一个很沉重的回忆：有一次一个我所熟识的小演员在台上出了错，似乎是忘了词还是把家伙掉在台上了。下场时，师傅已经守在下场门，气势汹汹，狠狠地迎头便打，那孩子忍住不敢哭出声，但是眼泪却不断地流下来。场上锣鼓还在响着，他必须马上出场，匆匆地擦去眼泪，虽然还在抽咽着，却做出满脸笑容又从上场门出台去了。

因为看到这样的事情，我很久都感到心酸，这不正是旧社会里的卖艺人眼泪往肚子里流、满面堆笑的典型吗？但是戏班的师傅说“不打是学不出本事来的”。这样的挨打实在是家常便饭。

有时候散了戏我们到后台去看演员卸装。许多唱花脸的演员用极粗糙的草纸用力抹去脸上的油彩，然后同用一个小木盆洗脸。盆里的水已经黑得像黑汁一样了还有人来洗，除了最冷的天气，都是在院子里洗的。

富连成社在广和楼的演出一直都是演日场，每天十二点半开锣，六点多钟散戏。开戏前和散戏后，所有参加演出的学生都排着大队，由教师率领着到广和楼来，又回到富连成社去。老观众不但要看戏，而且还要“看大队”。 每天开戏前一小时和散戏后都有很多热情的观众站在广和楼外面从肉市通到虎坊桥富连成社的路上，为了看看这浩浩荡荡的一大队身穿长袍马褂、头戴瓜皮帽的“小大人儿”。 人们会指指点点地说：“那是袁世海！”“那是李世芳、毛世来……”

无论演了多么累人的戏，风里，雨里，无分寒暑，孩子们都是这样严肃、庄重，默默地走着来再走回去的。 今天活跃在人民舞台上的中年以上的演员都是从这样挨打、挨骂、吃苦、受罪的日子里走过来的。

那时候，像我这样的中学生，这样地热爱京剧，更多的是热爱着这些和我年纪差不多的年轻演员们。 困难的是我们很难对我们喜爱的演员表达自己的感情。 有时候抓一个机会请我们的小朋友吃一碗豆腐脑儿，也会使我们喜欢好些天。

我们的祖国解放了。 我们的京剧也解放了。 今天从富连成社出来的弟兄们想起他们旧时的经历，想起他们旧时的广和楼，该是都不免引起“前尘如梦”的感触吧！现在的戏曲学校的同学们受到的待遇和当年富连成社以及其他一些科班是完全不同了。 想想从前，看看现在，学校的同学们应当会更加努力学习的。 而富连成的弟兄们在今天不但满足国内大量的观众的需要，而且以他们的优秀的表演艺术在国际上为祖国争得了光荣。 就在前天我遇见二十年前的“小朋友”袁世海同志，他不久以前才从国外表演回来。 我们谈到广和楼，谈到用粗草纸和脏水卸装，他说：“草纸上有柴火棍儿，常常把脸划破。”

我们谈到新的“广和剧场”。 他说：“我在广和楼唱了七年戏。 闭上眼睛就能想起来，哪儿有一条过道儿，哪儿有一根柱子，柱子上挂着一面镜子，哪儿是大衣箱，哪儿化装，师傅站在哪儿盯场……”

他说：“全变了。 新的广和剧场连一丁点儿老广和楼的意思也没有啦！唔！化妆室在地下，通过地下再上台，这还有点儿广和楼的意思。”

可是他疏忽了一点，今天广和剧场进铁栅门里的三间带有小楼的北房办公室还是当年广和楼的账房，还没有拆，只是油漆一新就是了。我告诉了他，让他再去演戏时看看是不是。

世海昨天打了个电话给我，说：“不错！就是那三间账房，带小楼的。因为油漆过，所以几乎认不得了。”

可是据广和剧场的负责同志告诉我：剧场还要扩建。要向北面和东面发展，为观众造更大的休息室，为演员造更大的后台。这座小楼不久的将来也要拆掉的。

我们的生活里充满多少日新月异的变化啊！从一个广和楼剧场也能看见我们的新中国：把旧的、腐朽的摧毁，把新的、美好的建设起来！

1956 年 2 月

过去了的春节

已是严冬“五九”的开始，离春节虽然还有十二天，但是已经不时听见鞭炮的响声。渴盼着早点过春节的年轻人急着放鞭炮，憋得手都发痒了。

大街小巷里早就开设起一个个的鞭炮摊，常常看见孩子们在摊子前头拥挤着。记得去年春节前我去香港，由于香港九龙是严禁放鞭炮的——为的是怕和抢劫犯的枪声混在一起难以识别，很多香港人即使是为了听听春节鞭炮的声音，也要回到内地来赶赶家乡春节的热闹。

这就使我回想起儿时在家过春节的情景。那时我们也不说是“过春节”，而都叫作“过年”，只是后来由于提倡过阳历新年了，才用了“春节”这个名字。阴历进入腊月，过年的气氛就开始出现。母亲忙着煮腊八粥，一定要凑足八样粮食和干果，熬得又黏又烂，加上糖吃起来满口香甜。到了腊月二十三，在厨房里摆上供品，给灶王爷上供，送灶王爷上天。灶王爷每年到这时候就要上天，为的是向玉皇大帝汇报这一年的情况。家家户户都希望灶王爷多给说点好话，供品里主要是麦芽糖粘上芝麻做成的糖瓜，粘住灶王爷的嘴，好叫他“上天言好事”，七天以后他从天上述职回来，就是“回宫降吉祥”了。我是全家最大的男孩，所以不论是送灶或是接灶，都得让我恭恭敬敬地跪下磕几个头，身上穿的是母亲新给做的蓝缎子棉袍黑马褂。现在一想，可不就是舞台上和电影里地主小少爷的那身打扮吗？虽然我们家从来一寸地也没有，父亲只是满架图书字画，却背了一身债地穷做官。

但是这个春节里该做的事真不少。从祭灶开始就紧张起来了，首先是忙着收礼和送礼，差不多每天都有人送礼来，家里也每天派人送礼出去。一般是五样礼物，酒、点心、糖果、罐头以及整只的火腿，送去送来，送来送去……啊，有时候收来的礼物竟是一两天以前我们家刚送出去的东西。接近大年初一的前两天，孩子们，尤其是我就更觉兴奋起来了，因为我看见母亲在把大红纸裁成半尺见方的小块，又采集了很多柏树枝堆在桌上，然后开开锁着的抽屉，拿出一盒子银币来。那时市面上纸币和银圆、铜板甚至制钱通用。银圆有一元和半元的两种，红纸包的都是一元或半元的银币，还要包一枝短短的柏树叶在里面。为什么要包点柏叶，我至今也不懂。

孩子们最高兴的是得到这样的红包。一块钱能买到很多鞭炮。鞭炮的品种很多：大的，小的，钻天的“二踢脚”，满地乱转的“耗子屎”和一声闷响的“麻雷子”，还有一层层戏台样的“花盒子”……如何得到红包呢？就是给大人磕头拜年。从三十除夕夜晚开始到大年十五灯节这一段时间里，孩子们像磕头虫一样到处给人家磕头拜年。磕头是从除夕夜辞岁开始的，一个年过下来，孩子们总可以得到一笔够花的钱，买吃的买玩的大人都不管。

在我的记忆里，从小最羡慕大人的事，其中之一就是大人很晚才睡，但却逼着孩子们早早上床。而在过年时候，尤其是除夕这天，禁令取消了。在红烛影下守岁真是令人神往，即使眼睛困得睁不开了，也不愿意回到床上去。第二天刚天亮又起来了，厂甸、琉璃厂是大家都要去的地方，肩摩踵接，拥挤不堪。但是任凭再挤再乱，脖子上挂着山楂串，肩上扛着大风车，手里还拿着新买的空竹，这真是最大的乐趣。更高兴的是，平时最有威严的父亲也变得十分温和，脸上带着笑容。只有老祖母爱说：“不要闹了，不要乐极生悲啊！”果然发生了一场悲剧，我最崇拜的一位大表哥逞能，把火炮捏在手里放，不知怎么点燃了的炮钻到袖子里爆炸了，把一条胳膊烧坏，全家乱成一团。

“乐极生悲”常常就是生活的规律。我回忆儿时度过的快乐春节，也同时回忆起快乐当中的阴影。半个多世纪以来，每到春节前临近除夕夜的时候，我总会想起：就在母亲率领家里几个男女佣工忙着准备年饭以及一些仪礼事项的时候，在大门里、二门外那间所谓门房里总是坐满了一群面孔半生半熟的人，有的坐了很长的时间还没有走。这是些什么人呢？是要账的。

要的是什么账呢？我们小孩子们无须过问。但我却大致知道，有的是属于生活方面的债，譬如米店、饭馆、酒店、绸缎庄，等等，这应当说是父亲、母亲和祖母、孩子们共同欠下的债。然而占最大宗数字的则是旧书店和古玩字画店的债，这都是父亲一个人欠下的债。凡乎每个星期日，只要是父亲没有“上衙门”的休假日，古玩商、书店伙计总是不断往家跑。摩挲旧书、古玩，爱不释手，是父亲的最大快乐和幸福，然而他也就永远还不清这笔账了。最温柔善良、从来不和人家红脸吵嘴、连对孩子也从不丝毫责骂的母亲，因为父亲在古玩旧书上的永无止境的庞大开支而埋怨、争论，最后哭泣流泪。我看见过不止一次。

对年三十登门讨账的债主子们敷衍，劝说，总也得付出一些钱来才能把他们一一打发走。虽然这只是我在孩童时代的经历，却至今如在眼前，是我幼小心灵上晴天里的阴天。但只要除夕一过，年关也就过了。那时候好像买什么都可以欠账，讲究三节结账，即春节、端午节及中秋节。节期一过，就下节再说，这是生意人的纪律和一般遵守的道德。

这篇文章从快乐的春节开始到债主子逼账结束。我想重复一遍：这确是生活的规律。我虽然生在北京，在北京长大，但父亲、母亲却都是从江苏和浙江来到北京的移民。他们都会说普通话，但是一个说常州腔的普通话，一个说杭州腔的普通话，而祖母则一口常州话，总的说来是南腔北调。所以我家的春节不是真正北京习俗的春节。

写这篇文章，其实也是还债。《瞭望》周刊的年轻记者程青有一对清澈真诚的眼睛，她没有多说什么就感动了我们老两口，我和新凤霞两个人都给她写了“过年”。前些天我还见到萧乾，他最近写了记录老北京生活天地的系列文章，写的是真地道，真够意思，是真正的京朝派，使我这个住过北京达到半个世纪的人也大开眼界。我说了我写这篇文章的困难，却是在萧老的鼓动下写出这篇不像过年的过年文的，而那个时代早已过去了。

1986 年 1 月 26 日夜

东安市场怀旧记

从来旧事物都要被新事物所取代，这是自然规律无法改变。但人有怀旧的天性，常常会想念昔日的风光而引起怅惘之情。听说北京地处最繁盛商业中心王府井大街的东安市场不出两年，将会成为最现代化的商场，而旧东安市场将会完全消失不留痕迹，这使我深觉怅惘。其实今天的东安市场早非旧时面貌，而最使我怀恋的还是那个在 30 年代我最熟悉的老东安市场。

我家是从江南北迁而来，父籍常州，母籍杭州，自幼惯听双亲的乡音，自己却讲满口京话。然而在学校还常受到同学朋友的指摘，他们说我字音不纯、尖圆不分，譬如“因音”“程陈”“正镇”就常常念错，教人笑话。我自己亦深感惭愧，知是听惯南音所致，费了很大劲才改正过来。

我生于 1917 年，至今虽老未龙钟，但显著的衰老现象却是记忆力的减退，往往刚拿在手里的东西，转眼便不见了，一天不知要用多少时间在找东西。更为痛苦的是，刚刚相识的朋友，转眼便忘记了姓名，人家十分热情地过来打招呼，我却在费大力气苦想这人是谁，必要的话还要想方设法套出他的名姓。更使我狼狈的是，最近一位来自台湾的热情朋友到我家欢然道故，谈到当年我家住过的几处旧址，如何两人一起乘电车，我在车上讲笑话，把全车乘客都逗笑了，又如何和我一起爬墙上房去采海棠花等往事……分明是一个比我年轻十几岁的小朋友，而我苦思冥想，至今找不出这段回忆。他的名字也毫无印象，糊涂至此，令我伤心惨目。

提这件事是为了说明一下家住北京的居处特点。父亲从 20 世纪初便从南方北来做事了，开始是借住在在北京做大官的舅父家里，后来便迁居出去独立成家。当时北京住房情况与今日大不相同，闲房所在皆是，租房非常容易。从我有记忆的时候开始，我就记得北京街头，不管大街小巷，在墙上，尤其是电线杆上，常常贴着“吉房招租”的红纸招贴，上写着：某街某巷、门牌号数，有几重院子，几间房子，每月租金若干。根据招贴地址前去看房，与房东见面洽谈，预付两三个月的房租便说定了。于是择吉搬家便住了下来。

我的双亲多子女，我的上面有两个姐姐，我是男孩中最大的，但是在我后面，母亲一共又生了六个弟弟和六个妹妹，共生十五胎，除长姊和三弟、四弟、五弟早逝外，尚余姊妹弟兄十一人，是好大的一家。假如姊弟健在，正符合唐代名将郭子仪“七子八婿”之数。迄今为止，在我一生接触的亲朋好友之中——包括外国友人在内，尚无一打破这项纪录的人家。父母一生饱尝战乱之苦，包括太平天国之役、辛亥革命、日寇侵华、解放战争。尤其是待我长大成人之后，更遭遇“反右”及“文革”之乱，两次大乱我都是罪魁祸首。母亲由于对我的深爱，越是困难，虽有众多子女却不肯离开我家，父亲殁于“反右”次年，母亲则坚持到“文革”以后病故。

写以上一段与东安市场似无关联的住房情况却为的是说明一下我青年时代及远游归来重新定居北京的往事。

父亲一生精力饱满，我很少见他休息。我只记得他在做官的时候上班下班十分认真，下班回家，不是读书便是写字、作画，而且高声吟诵诗词。收藏文物字画是他终身癖好，而现在回想，他还有一项癖好乃是搬家。

半个多世纪过去，我记不清楚我家在北京居住的二十几年中搬过几回家。能够想得起的地址有：东四四条胡同、班大人胡同、遂安伯胡同、南河沿金钩胡同、南池子葡萄园、景山后太平街这六处，而我诞生之处是舅公庄大人的小草厂一所大宅院。北京不止一个小草厂，这是位在东城的小草厂。这七处居住过的宅院，除景山后太平街一处之外，全在北京东城区绕着王府井大街东安市场的地方。写到这里不由得对父亲的酷嗜搬家引起深思。谁都知道，搬家是一件非常劳神费力的麻烦事情，从收拣什物到装箱、转运、打包，再到解包、安置，多么辛苦！远的不说，近年来，就有两位老友的夫人由于搬家过劳致命，一位是钱昌照先生的夫人沈性元女士，另一位是叶浅予先生的夫人王人美女士，众所共知，令人扼腕。而我的母亲，由于多次主持搬家，又忙又累的情景，我至今记忆犹新。而父亲的爱好搬家，我现在想来，除去他生性好动之外，与他的多子女不无关系。孩子多了，奶妈也多，我记得我家经常有三四个带孩子的奶妈，觉得拥挤不够住了，就搬家。更重要的理由是那个“故都”北平——北京，在我印象之中，很长时期以来是人口在七十万左右，整所的空房、四合院随处皆是。无论大街小巷、公共场所，戏园饭馆，很少拥挤现象；戏园影院虽然满座，亦大多秩序良好。父亲以搬家为乐，亦正由于他爱新鲜，从容搬迁而不觉其苦。更为有趣的是，我十九岁离开北京的老家独闯江湖，八年抗战时历经武汉、南京、长沙、重庆、江安、成都；再到上海，之后出走香港。我于 1949 年回到北京，先住东单栖凤楼，又离东安市场不远。而到 1954 年为了把上海的父母亲接回北京，我买了帅府园马家庙的一座有十八间房的四合院，所在地竟然贴近了王府井大街，出来进去几乎每天都要经过东安市场。

一场无理取闹、发展为惨绝人寰的“文化大革命”，把我从马家庙私宅赶了出来，逼得我迁居到较远的和平里，“文革”结束后又被移居到朝阳区的东大桥；自己旧居的两个院子、十八间房子都送给国家了。这使我至今的最后二十六年离开了王府井，亦即远离了东安市场，偶尔去到那里，总难免感到点黯然神伤——虽然现在的东安市场早已大大地改了旧时的面貌。

正是由于对东安市场存在一种难于忘却的怀旧感情，所以听说东安市场，甚至连同王府井大街的原貌在不久的未来将会从北京东城的这块土地上消失，而接到要我写一篇旧东安市场记的任务时，我便毫未犹豫地拿起笔来。

东安市场创建于 1903 年，而我经常出入市场当是在建场之后的 1930 年，我年纪在十三岁左右。 在我的记忆里，最初是母亲带我去逛市场，然后东安市场便成为对我最有吸引力的一块磁石。 更为重要的一个条件，我的母校孔德学校，地处东华门大街，与东安市场近在咫尺，因此每天学校下课之后东安市场便成为我常来常往的地方。 我至今记得，当时北京人把东安市场比作“马连良”，意为“没黑过”。在那一段很长的局势动乱、百业萧条的时代，印象中的东安市场却永远是熙来攘往，正如一代京剧明星唱老生的马连良一样，在舞台上占尽风流。 然而北京人不知道，而我却亲眼见过，在 1949 年的香港，九龙普庆大戏院，马连良也赶上过最“黑”的时刻。 记得那次大约是春天，我从香港过海回到九龙，走经弥敦道普庆戏院门口，一看墙上大海报当晚马连良演出的戏码就吃了一惊，他演的是《群英会》《借东风》《华容道》，一赶三，前鲁肃、中孔明、后关公。 不由得买票进场，并且进到后台，见到马先生说了两句问好的话，他忙着上场，我就走出了化妆间。 只见他的“箱官”坐在大衣箱上叹气，对我说:“跟了马老板二十多年亦没见过他这个唱法……咳……”一边说一边摇头。 待我走进场，看见剧场里冷冷清清不过坐了四五排寥寥的观众就更觉伤情惨目，坐不到几分钟便出场回家了。 落得这般光景主要在于香港不是京剧的天下，又赶上时局动荡，政权行将易手以至也影响了香港。 当时我也不知马先生何自而来到香港，看来这确是他一生最“黑”的时刻。 当然，他后来在“文革”中横遭凌辱致死，更是惨绝人寰，成为千古遗恨。 但是，东安市场却从来都是兴旺的。

很多往事都记不得了，可是我却时时记起在东安市场的一所叫作“明星”的电影院，父亲带着我去看过一部国产影片，名叫《孤儿救祖记》，甚至我如今还能回忆起它的某些画面和场景。多年以后，我才知道这是中国的第一部故事长片，是黑白的无声片，郑正秋编剧，张石川导演，摄成于1923年。我的座位在楼上右侧，是一排一排的长木凳，记忆中这影院即是如今吉祥戏院的前身。但是却从来无人提起，我亦一时找不到人来对证，亦再不记得在这里是否还看过别的电影。而吉祥戏院直到如今从来都是一个以演出京剧、昆曲以及传统及现代题材戏曲节目为主的剧院。

东安市场最吸引我的地方亦不是吉祥戏院，而是戏院左侧的一片空地叫作杂耍场的地方。杂耍场里品类繁多，有变魔术的、摔跤的、攀杠子练武术的、拉洋片的、踢毽子的、说书的、唱大鼓的、说相声的，其中最使我感兴趣的就是说相声的。那段时期，东安市场说相声的演员名叫赵蔼如，捧哏的演员很年轻，名叫什么我始终不知道，但他那装傻充愣的憨厚样子我至今印象深刻，相反赵蔼如的模样倒记不真了。相声是语言的艺术，其中很大成分被人叱之为耍贫嘴，而耍贫嘴并不见得就会讨人嫌，有时常会把枯燥的生活增添一点乐趣甚至不无哲理，也时时给人灌输某些知识……譬如我记得有一次和几个同学下课之后又去了东安市场，直奔赵蔼如的场地。这次同去的有一个女同学，赵蔼如一见到就对姑娘鞠了一个躬，说:“小姐，您到那边儿瞧变戏法儿的去吧。我们这儿不文明。”虽然不知道有啥不文明，女同学却臊了个大红脸转身跑了。她第二天上学就骂我们缺德带她去听相声，并且问到底是个什么“不文明”。其实这种情况我们在相声场子里司空见惯，赵蔼如一见有女客来就这样把姑娘、小姐们打发走。这回是女同学要跟来，我们有什么法子?

是怎么不文明呢?相声表演里有时说些荤话，就是现在的所谓“黄色”，如此而已。其实这是中国民间文学的传统，譬如专唱京戏的广和楼，当时就不卖女座，亦是由于剧目中或是对话里有点“荤”的缘故，也就是涉及了两性关系的“性”的问题。说它是民间文学的传统绝对没有丝毫的夸张，中国著名的文学作品无论小说或是剧本大都有关于两性关系的描写，这没有别的原因，只是由于写的是生活，而性是生活里的主要部分。

孟子说，“食色，性也”，是一针见血的真理，是延续个人、种族、国家的真理。但性又是必须遏制或是控制的，否则便会产生难以想象的恶果。从古以来都为此设置种种的戒律与禁条，历来无论是一国之主或一家之主都是道貌岸然地训诫他的臣民和后代儿孙。但是这些人物自己却背着臣民和儿孙干着同样的勾当甚或更为恶劣，这本身便是一种不文明的滑稽表演。近年来常常在报纸上登载着教育部门关心着在学校里如何进行适当的性教育以免由于无知而引发什么不测的后果。提起当年我在东安市场杂耍场里听相声，便不由得联想起我最初受到的一些性知识竟是从赵蔼如的相声里听来的。相声是滑稽表演，而生活里的两性关系也同样是很滑稽可笑的，但它就是生活。

所以在生活中听到严厉的家长训斥子女或领导发号施令，我总觉得十分滑稽，马上就会产生联想。

听相声和看别的杂耍一样，都是听完一段就往演员捧过来的笸箩里或地下扔钱。那时候兴用铜板，分大的小的两种，一个大的等于两个小的，扔一个两个就行了。也有不给钱转身就走的，一般坐在四周长板凳上的都会扔钱，而站着听的有些就不给钱了，甚至在一个节目快完之前，没等收钱就先溜了。因为演员会说：“有钱的捧个钱场，没钱的捧个人场……”对不给钱就走了的，也会说几句损话，所以不等说就先溜。

所有的表演都是这样要钱的。杂耍场里除上面说的一些项目外，还有算命的、卜卦的、代写书信的，旁边还有小茶馆……但这些地方我都没什么兴趣。

杂耍场是露天的，顶上没有遮盖，碰上阴天下雨便冷清，没人来了。

还有我至今记得的是杂耍场里长年停着一辆独轮大板车，上头挂一个一尺多长的牌子，写的是：河间包子。老板是一个中年的胖大汉子，夏天光膀子，冬天穿大棉袄。猪肉包子一屉接一屉蒸出来，热气腾腾，开屉就吃，总是顾客不断。至今六十年过去了，我还觉得这里的河间包子是最好吃的包子。

当然，学生们下了课到市场，除了玩就是吃。本来“民以食为天”嘛，市场的第一要项就是吃。我这里说的吃，不是说吃什么山珍海味，学生嘛，不过吃一些平常的食品。但现在写吃却也难免要和当前做一些对比，对比之下我总觉得现在过分地铺张浪费了。就譬如吃涮羊肉吧，东来顺至今是涮羊肉的王国。当年的东来顺好不威风，门前两边一顺摆着十来个直径约近三尺的大树干锯成的砧板，每块砧板后面站着一个又胖又壮的彪形大汉，每人手里拿着一把又薄又亮的大片刀切削羊肉，把整块的冻肉切得纸一样薄。这是专业的切肉师傅，据说当年每人每月的工钱约为三百银圆，够一个大学教授的薪水，真够气派！而涮羊肉并非多么高贵的食物，吃一顿花不了多少钱，当年即使穷学生也能吃得起。但联想到今天却令人感慨：今天的宴席上如果主题是涮羊肉或是烤鸭，却总是先上四个或更多的冷盘，再上四个乃至八个、十个热菜，等到主题的涮肉或烤鸭上来，座上客人早已吃得心灰意懒周身犯困了。更使人惊讶的是饮食业近年发展的一门“食品”艺术加工业，把食物精心刻制成花朵或动物的形状，把一个大萝卜的红心雕成各种花或龙凤鱼鸟的形状——但无论怎样加工精雕细刻，你能雕刻成真花真叶真动物那样吗？而且把龙凤花鸟咬在嘴里又是什么味道？——这真是走火入魔进入邪门歪道了。中国菜的传统讲色香味，与这种“雕刻艺术”全不相干。我想这不算过激之论，且与东安市场也不太相干，但我是缅怀昔日以及老东安市场在食品业方面务实、本色的简朴之风而发发牢骚的。

逛市场在吃的方面说不过来。 我现在还记得的是母亲带我去看病，然后同乘一辆人力车从西城回家，但是经过东安市场时到五芳斋为我叫了一碗蟹黄面。 我低头大吃，母亲满面笑容地看我吃，说:“慢慢吃，回家出身汗就好了……” 这是一碗南方如上海一带的汤面，真好吃，从此以后我也没吃过这么好吃的第二碗。

另外还有一家其规模不下于东来顺的润明楼，建筑开阔宏大，但却是个非常平民化的饭庄，菜很便宜，而且每张台子上都经常摆着四碟小菜，虽然都不过是酱豆腐、咸黄瓜、咸水花生、泡酸白菜之类，但都干干净净，给人一种温暖亲切的感觉。 大馆子，小价钱，是学生、寒士们常去吃饭的地方。 叫一碗面、一盘炒饭也受到十分热情的接待，对比今天，恍如隔世了。

卖甜食的丰盛公是我和同学们去得最多的地方，这家小食店的奶酪、奶卷和奶糕最好。 我是从来不吃牛奶的，但对这家的奶制品却都喜欢。

荣华斋食品店可能是东安市场历史最久的点心店了，一位个子高大方面大耳的老伙计在我读中学时代就经常见到，到了 1949 年新中国成立，我离开北京十三年后再回来时仍见到他在店里殷勤待客，只是显得衰老了些，但是显然已经不认识我了。 荣华斋的西点和中国的传统点心都做得很好，我尤其喜欢他们的传统点心“翻毛月饼”，枣泥馅的、玫瑰馅的都是最好吃的，但近些年来的月饼已都被一层薄皮包着一个大馅的广式月饼所取代。 多少年来北京的广东月饼始终做不好，硬得像块砖头，假如当作武器打人的话，我看至少能把人打个半死。从今年起大有改善，估计是得到了广东做饼师傅的真传，做得很像真正的广东月饼了。 但是我对广东月饼却总是望而生畏，总觉得那只是用一层薄皮包一个大甜馅，尤其是里面那个完整的大鸭蛋黄腻得难以下咽，比起咱们北京的“翻毛”或曰“酥皮”月饼，则相差甚远。 估计是广式便于装盒携带而且光亮魁伟之故，中秋节时走过一些食品店，见广东月饼堆得像山一样，买月饼的排成长龙，心里真替北京月饼叫冤。 目前好像只有西单的桂香村还能买到翻毛月饼，前门外可能也有很老的食品店有卖，但我都久已不去了。 对北京古老传统的南味月饼我无限怀恋，而荣华斋不知何时早已渺不存在了。

东安市场另一个规模很大的稻香春，或曰稻香村，我不知何者为正统。 这家老店几十年来经历几个社会，生意十分发达，近年来在北京开了多少分店叫人数不过来了。 它是个经营南货的食品店，生意做得很灵活，距今七十多年前的事情我竟还记得。 我只有四五岁的时候，妈妈抱着我站在住居小草场的大门外，等着一早就上市的南菜担子过来，叫住他，买一块两头圆、当中一个凹形的像一块绕线板似的双层的定胜糕，这是上海传过来的小孩们最爱吃的甜食。 还能买到新做出来的肉馅油酥的眉毛饺，是父母亲最爱吃的南方点心。 南菜担子维持了很长时期，可以买到整只的火腿、新鲜的冬笋、笋干、虾米、虾子……担子是用竹篾条编成的长方形的篓子，上面盖一个篾编的大帽子，一头一个，用一根扁担挑着，走街串巷，给用户很大方便。 30年代我离开北京时，似乎还有南菜担子的存在，40 年代末倦游归来，南菜担子已经消失了。 说南菜担子是稻香春的小支队，只是我想当然的揣测而已，并没有哪位权威人士向我证实过。 我实在怀念这种南菜担子。

有悠久文明传统的北京自然会有许多好吃的东西。 在古老的东安市场正街十字路口的甜食摊上，夏天冰镇的果子干，是以柿子为主的甜汤加上冰块制成，现在却很少见到了。 摊主手里拿着两只铜制的冰盏打出响声，唱着:“果子干儿雪花酪，好不好吃尝口头。”酸梅汤来自琉璃厂的信远斋，有桂花香，是北京人最爱的夏季饮料，我觉得实在远胜越洋而来的汽水、可口可乐甚多甚多。 然而如此美味的酸梅汤今天却很少见到，却又被新兴的“果茶”压倒了，这太说不过去了。

我还记得市场里的西餐馆名叫国强，还有一个吉士林……在西餐馆里给我印象最深的还不是西菜，而是一道甜点心——“奶油栗子粉”。把栗子煮熟磨成粉末，上加一层奶油，那真可算作世界上最好吃的甜食了。但不知是什么原因，栗子粉长远失去踪影，这样简单易为的美食为什么被西餐馆、饮食店老板忘记了？

被遗忘了的北京食品还不仅是栗子粉而已，譬如芸豆糕、豆渣糕、萝卜丝饼等等，都很少见到了。见报载北京最近出现了不少食品街和美食城，一片繁盛气象，可惜我不似昔年，没有这多精力，更没有这多时间到处去找吃的了。

近年来常见报上登着有关假冒伪劣产品的消息，看着让人生气，但有些假货亦实在叫人难以相信、难以想象。譬如有的皮鞋，穿上几天鞋底就折断了，那么买鞋的当时怎么会看不出来呢？这种情况在过去的时代，亦即是说在所谓旧社会，好像从来没有见过。我想不出来是什么时候了，在东安市场西门里，路北有一家皮鞋店名叫“佳美丽”，我当时在那家店里买的两双皮鞋至今还能穿，鞋底鞋帮都好好的，已经四十年过去了。

因写到穿鞋，我想起今年春天曾去过苏州，在一次谈到生活穿戴消费的小会上，我忽然感到过去很长一个时期，中国妇女穿得最多的衣鞋现在竟然逐渐消失了，那就是最漂亮潇洒又简便经济的旗袍和绣花鞋。

旗袍和绣花鞋都是中国的传统，是别的国家没有的。旗袍根据它的名字，可知是从满族旗装演变成的，和越南人的女袍也有相似处。绣花鞋也是从满族的女鞋衍化而成，它不是古代传统，因为自宋以后中国汉族妇女缠足。这两种衣鞋都有一个共同特点，就是完全依妇女的身材和足形裁制而成，所以它最能表现身形和脚形的自然美。在大自然里，最美丽的线条就是青春少女的线条，包括双足的线条，而旗袍和绣花鞋正是女性人体美的最好体现者，因为它穿在女人身上和脚上不加任何掩饰。当然，身体和脚有缺欠的又当别论，又不是你非穿它不可。

这种袍和这种鞋在清帝逊位后的中国大概流行了半个世纪之久，是城市妇女最普遍的穿着。新中国成立后，革命的大潮涌来，它们才被灰色的列宁服和系带鞋所取代，从而在这半个世纪以来基本销声匿迹了。到如今灰色制服又已失势，于是多种西装穿到女人身上，而这种本国的、最美的、最能表现女性青春的最简单的也是最合理的衣鞋却为什么被我们自己遗忘了？

半个多世纪以前，中国城市妇女——更多的是少女到中年妇女，穿旗袍和绣花鞋的最多。旗袍当然可以极为考究，也可以十分简朴，从绫罗绸缎丝绣到竹布一袭；绣花鞋当然也可不绣花，和男人穿的黑便鞋一样。那时候城市道路自然远不及今天马路之宽大平坦尚且健步自得，现在穿着绣花鞋在马路上行走自然更得心应脚了。

自然，旗袍现在还没有被完全遗忘，最近看见一些时装展览及表演中亦常有旗袍节目的出现，但生活中却仍罕见，至于平底的绣花鞋则更少更少。让女同胞们——即姑娘小姐们，凭良心说一说，绣花鞋比高跟鞋是不是舒服得多，也合理得多吧？何必穿那么高的底！那么硬的帮！高够半尺，把脚绷得够跳芭蕾舞的啦；走一段路下来，回到屋里一屁股坐在床上把鞋一甩老远，双手握着双脚叫疼，这是何苦来？我可见过。当然，你为了个子矮要垫高些，那又是另一种情况了。不久前我见过报上登了一则新闻：一家鞋厂做了一批绣花鞋是为了卖给老年妇女的，但竟被年轻妇女一买而光。这是个好兆头，让我高兴了半天。

我热忱地盼望女人的旗袍和绣花鞋恢复昔日的声威，迅速占领市场，夺回失去的阵地。当年的东安市场，即是皮鞋店亦有绣花鞋的橱柜，随处可以买到。那种缎面、绣花、薄底都无从假造，一望而知真假，很难出现什么伪劣产品，而价格亦不昂贵。它和旗袍一样，天生都是物美价廉的商品。

东安市场还有个古老的会贤球社，是我小学生时代十分向往的地方。我的母校孔德学校以乒乓球负盛名，同学里面周作人的长子周丰一是学校的出色选手。但几次去到球社，使我最向往的是“地球”——现在似乎名叫保龄球了。

我年纪小，个子也小，见那木头的大球似乎很有分量，从不敢尝试，只能趴到栏杆外面看别人打。一个猛劲把球扔出去，然后就看见那个大圆球笔直地滚滚向前，一家伙把那立得稳稳的一堆木瓶子全部撞倒，多么痛快！但我总觉自己力量不够，怕上去闹笑话而不敢打。终于有一天我决心试一下，买了个牌子。

轮到我了，我脱了外衣，一拿起球来就感到了球的重量。我掂了几下，该怎么助跑几步，怎么扔出去，我都早已看会了。我使足了劲，拼全身之力，抛球出了手。可是糟了！球不是往地下滚的，而是上了天，方向也偏了，直飞出栏杆上端，冲着一群围观者砸过去了。人群齐声惊喊，一下子跑散，球沉重地落在地上。我趁着大家还没缓过神来，抓起地上的衣服逃出场外，有人笑，有人骂，全都顾不上了。在大庭广众之间当场出丑这是第一回。万幸没有伤人，但却是生平丢人现眼的开始。看来那时民风淳厚，没人出来揍我。

当然不能不写一写东安市场的旧书摊。早在 30 年代中期，那条旧书摊集中的小街就成为我和同学们流连忘返的胜地，但那时毕竟年轻，看书只找些符合自己趣味的。到新中国成立后才和琉璃厂以及东安市场的书摊主人建立了深厚的友情，从 50 年代初期开始，书店老板们每逢星期天的早晨一定会来到我家。他们基本上掌握了每个送书对象的爱好和需求，会把你喜欢的书——也包括一些字画和文物——送到你手上。你买也好，不买也好，放下看一阵而仍叫他带走也好。他还会按照你的委托去为你寻求你需要的书，也会根据多方面的情况和别人交换或流通书籍材料……旧北京的文人，我们老一辈的名流学者大多享受过这样幸福的读书生活。然而好景不长，1957 年“反右”难作，我被流放北大荒三年，60 年代好不容易得到点喘息的机会，到了 1966 年又来了一个斩尽杀绝的“文化大革命”，于是偌大的文化古城来了一个彻底的灰飞烟灭。

东方出现了又一次新的曙光，一切旧事物都会过去。那个古老的，基本上该说是安静的古都北京，当时谁能想到如今的情景呢？现在的北京人口一千万，可我居住过的七十万人口的老北京街头巷尾冷冷清清，很少见到十分拥挤的现象。什么乘车排队，吃饭排队，买邮票也要排队，当年谁也没听说过什么叫排队……现在，旧的王府井将出现新的面貌，而东安市场将突然不复存在。只是由于今天重过王府井，又走了一趟东安市场，所以用这支笔，再抒发一下怀旧之情耳。

记得 50 年代，在思想改造受批判的时候，我的重大罪状一条是“怀旧”……然而旧时月色安得不怀？如今我这么写东安市场看来也不会有什么人再来批判我了。社会毕竟在进步，温故而知新，人总是需要历史的。

1992 年 12 月 5 日
北京朝阳区东大桥头

五次票戏记

我是个京剧迷，是从小在北京迷上京剧的，从看新鲜、热闹开始，到深深领略到她的表演艺术，觉得无论是唱、念、做、打……几乎是无一不美。她的写意方法达到表演艺术的至高境界。我始终认为，全世界只有中国人能创造出这样高超的表演艺术。她是超越群伦的艺术。

对于今天京剧艺术(亦指所有的中国传统戏曲艺术)的消沉和没落，我感觉沮丧。今天的城市里戏曲艺术已难比昔日的盛况，回想我自己曾经在中学时代竟然在将近一年的时间，每天下午逃课去剧场看京剧，这在今天的中学生真是难以想象了。

五十多年前的前门肉市的一座古老的剧场广和楼，每天都有日场演出富连成科班的京剧，中午十二点钟开锣演戏，要演五个多小时。剧场不卖女座，观众主要是店员、工人、农民，再就是学生和小职员。进场看戏不需买票，而是坐下以后，茶房才来收钱，同时送来茶水。我看了近一年戏就在这个剧场。我至今记得，任何时候进场，熟茶房都会给找到座位。印象更深的是，没有一天不是满坑满谷，坐满了观众的。

对比今天的京剧剧场，有经常性的演出时，亦常常是只寥寥坐了几排人，看上去令人伤心惨目……出现这样的情况，当然有种种的客观原因，但我希望这是暂时的现象，将来一定会发生变化。而另一方面，当年的京剧主要城市不过只有一个富连成和另外一个戏校在经常演出，其他的城市便很少京剧科班了；而如今在全国范围内，培养戏曲演员的专科学校已经到处皆是，这也是戏曲演员过剩的原因。这样对比今天的戏曲不景气也就更使人伤心。

但是，事情总会有另外的一面，只今天一天内看到的几份报纸，其中一篇登载北京的中国京剧团到武汉演出的情况，说明武汉观众对古典剧目的热爱和对京剧现代戏——亦即所谓“样板戏”的极度鄙视的情况。武汉有这样热爱传统的京剧观众令人感到十分温暖和振奋。“礼失而求诸野”，武汉是大城市、文明城市，不属于“野”的范畴，但却使我们的北京黯然失色。

另一方面，不久前我曾应邀去看过一场儿童演员的京剧晚会，台上表演的全是十岁上下的男孩女孩，生旦净丑行当齐全。小女孩的《昭君出塞》边唱边舞，翻水袖、掏翎子，声容并茂；架子花脸的《盗御马》声若洪钟，功架身段一派大家风范。几出戏个个精彩，令观众惊叹不已。

还有，我两次被人热情邀请参加票友活动。男女老少一个个兴高采烈，唱的、做的、念的，以及乐队的吹、拉、弹、打，真是一堂堂火热。生、旦、净主动演唱，无须催请自动上台，而且不仅有中年人、老年人，还有很多少男少女。

去法国巴黎已经三年的儿子多次介绍巴黎京剧票友的太太、先生们到北京来找他妈妈介绍关系做戏衣，看来他们不仅是定期清唱而已，还要粉墨出台。这一点我不仅见过，而且自己也体验过，票友的戏瘾常常比真正的京剧演员还要大。

征之上述的情况，传统戏曲——包括京剧在内——自是仍有其潜在的巨大力量，我仍旧相信她有复兴的那一天，我在等待着看她实现。

去年春天，咱们北京出版了一种大型的双月刊，名叫《中国京剧》。根据我们的经验，无论什么事业、企业、机构、单位……凡冠以“中国”字样的必然是高级的、超级的、权威性的事物，说明这个刊物来历不凡，是一份国家级的刊物。京剧上面冠以“中国”二字，也说明国家对京剧这个属于老大哥的戏曲剧种的重视，而且似乎历来还从未有过。因此，《中国京剧》的出版问世，无疑是京剧迷的一大福音，这样一本刊物的出版使大部分的京剧爱好者十分感奋和安慰，对当前疲软衰微的京剧现状会起到一种支持和振兴的力量。

《中国京剧》主编先生要我写写当年我作为一个青年京剧迷的故事。回首前尘，恍如隔世，已经是半个多世纪前的事了，然而的确是京剧的魅力让我几乎着了魔一般。大概是在升入大学的前两年，在读高中一年级的时候，我每天下午都逃课，溜到前门大街的肉市，到当时北京唯一的旧式京剧科班富连成社每天演出日场的广和楼去听戏。那时候演出的传统京剧剧目比现在要丰富得多，每天的一个日场就要演出五六出，甚至六七出，一般是十二点开锣，演到五六点钟结束，看完戏赶回家连晚饭都吃不上了。那时的青年演员一般每个人都得会百十来出戏，也不像现在就是这十几、二十出戏倒着演，《孙悟空》《三岔口》《女起解》……连《四郎探母》都是经过很多曲折才重现舞台的。当然，上面我说的一个下午演五六出戏都是折子戏，都是大戏的片断。

作为京剧迷的我，却只是一个普通观众。我只是看热闹，连琢磨都说不上，更甭提研究什么的了。加上我又是个音盲，听了大半辈子戏，至今连板眼都不懂。但是正由于如此，我看戏纯为娱乐，从中得到满足，这才是最幸福的观众，到剧场就为了享受，过戏瘾。

我在学校读书的时候就被音乐老师发现嗓子好，所以成了戏迷之后自然就也会唱几句了，虽然不懂板眼，人家听了却说我唱得有板有眼，真是怪事。我的看戏生涯只延续了大约一年，那时国难日亟，自己也觉得总这样泡戏园子太说不过去了，便认真读起书来，中断了看戏生涯。

一年之后的1936年，我的命运发生了一些变化，学业暂时中断了，应邀去南京的国立戏剧学校做了校长余上沅的秘书。而在第二年我准备回到北京继续学业时，却爆发了日本帝国主义进攻卢沟桥的“七七事变”，从此进入了终生的写作生涯。

无论生活发生了多少波折，我对京剧的热爱从来没有动摇过，虽然我始终只不过是一个外行，然而就凭着整整一年看戏的经验，我竟有过五次登台票戏的历史。

编辑先生要我写这篇文章，我答应写，因为这好歹是一个记录。写到这儿我忽然想起，我几乎忘记还有一次关于京剧的经历，就是我还花钱正经请老师学过一出戏。当然，看戏也是学，不过正式请老师教戏毕竟是另一回事。

抗战开始，剧校内迁，先迁长沙，半年后——亦即1938年——再迁战时陪都重庆。重庆是川剧盛行的城市，而我对川剧却毫无理解，亦很少看戏。我是到新中国成立以后，川剧进京，才又迷上了川剧的。

在重庆的这段时期，剧校聘来了刚从英国归来的两位专职教授，即在英国专攻戏剧的黄佐临和金韵之夫妇(韵之后来在上海改名丹妮)。佐临和韵之是一对品学兼优、谦和真挚的学者。两人都是天津世家子弟，同去英国留学，先在牛津和剑桥读大学获得学位，后又同到英国一家专攻戏剧的学校进修专业，佐临学导演，韵之学表演。初到重庆正是暑假期间，两人和我商量，想利用这段假期学点京戏。京戏为中国戏剧艺术的国宝，这是我们的共同认识，在求学时代，我虽然看富连成的戏不下百出，但确也没有认真学过。于是我在重庆报纸上小广告里找到一个教授京戏的广告，就去找到了这位老师，好像是姓张，名字记不清了，讲好学《四郎探母》中《坐宫》一折，一个星期学两个下午，共四次学完。《坐宫》我早已熟悉，听得烂熟了，但是洋学生出身的金韵之可跟洋人差不了许多，一字一句都得从头学起，连老师都急得满头大汗，我在旁边也等于是个助教一般。韵之是以对祖国京剧艺术的热爱来专心一志地学习的，她很聪明，记忆力也好，又是表演艺术的专家，学来没有很大的困难，然而在京剧最重要的一环——“唱”这方面却过不了关。问题就在于，她是一副多年养成的洋嗓子，又高又尖不说，而且声音发颤，打哆嗦，怎么也改不过来。这出戏在念白、身段、地位、锣鼓家伙点儿、上下场等方面我们还都学会了，但只由于韵之的唱连她自己也感觉不行而只好罢休了。

我已经学过的京剧只有《四郎探母》的《坐宫》这一场，但也没有得到过一次彩排上场的机会，至今感觉遗憾。

国立剧专在重庆上清寺临时校址只有这么短短一年左右的时间，由于日寇飞机不断轰炸，到了几乎无法开课的程度，经校长余上沅先生的积极活动和筹划，学校搬迁到长江上游靠近宜宾的沿岸小城江安。江安是一个很小的县城，方方正正的四个城门，小到什么程度？外来人说笑话：手里拿一个烧饼可以从东门扔到西门。然而这个小城闹中取静，安宁而又安全。“闹中”，指它的上游是四川的重要城市宜宾，它的下游泸州、江津以至重庆都是著名的商业繁华重镇，而重庆又是战时的陪都。江安小城隐匿在绿竹丛中又有舟楫之便，是当时日寇飞机狂轰滥炸绝对光顾不到的地方。于是移居在江安文庙的国立戏剧专科学校得以安心教学，弦歌不辍。许多今天卓有成就，享誉大陆、港台乃至海外的戏剧电影方面的学者、名家，当年都是江安剧专的优秀学子。

我是在大学二年级时，由于校长余上沅先生的劝说和邀请，进入剧校任职校长室秘书的，后来由于学校避乱内迁，我不能再回北平继续学业而从此进入世途。

学校内迁时，余校长委托我为学校找一位能教京剧基本功的教员。我在重庆居然物色到名叫杨福安的中年京剧武生，他是河北省人，五短身材，十分敦厚老实，自称是海派武生高福安的徒弟。是什么人介绍，通过什么关系找到的，现在已完全不记得了。杨福安单身一人来到江安，很安心地担任了京剧基本功的教职。由于武功扎实，教课认真，很得到学生的尊重和好感。他到江安不久，经人介绍与一位江安妇女结婚成了家，估计后来就在江安住下去了。

受杨福安到来的影响，剧专聚集起一小伙爱好京剧的学生，包括演员和乐队场面人才，因而就有了些京剧清唱的活动。在我的记忆中，有几个学生，如张正安、张零、季紫剑……教员中有剧校第二届毕业学生郭兰田，还有教师杨村彬夫人王元美。元美是北京燕京大学毕业生，当时是学校的英文教员，而村彬是成就不凡的剧作家、导演。

抗战时期的江安国立剧专经费有限，生活艰苦。余校长精明能干，除在教学方面尽可能网罗人才提高质量外，在经济上亦想了许多方法改善学生和教职员工的生活，譬如“凭物看戏”就是方法之一。学校定期举行一些演出，当然主要是话剧演出，观众不必买票，只要送一点实物便可入场，一碗米、一个萝卜、一块肉、一捧花生都可以。当然也有送来大量礼物的，譬如就有人牵了一只羊、赶来一头小猪的。每逢演出，江安人几乎倾城出动，热闹之至，如同过节一般。在这里我要写的是我曾参加过的几场京剧演出。

剧校的“凭物看戏”主要仍是看话剧，都演过什么戏我现在已全不记得，但记忆中似乎京戏也曾凑齐一台节目演出过。那次我也被邀参加表演，剧目是《红鸾禧》。我扮演小生莫稽，金玉奴由王元美扮演。扮演金松的是郭兰田，他当时在学校任表演系助教。我们这三个人演出的这台戏只有郭兰田的表演具有一定水平，元美和我则属于“打鸭子上架”，都是硬着头皮上场的，张嘴不成腔调，没板没眼。然而这个戏基本是个话剧，没有多少唱，演来轻松自如，也算大功告成，该有的效果都有，观众看得很开心。

在江安的第二次京剧演出，我参加了一个至今再也想不起来名字的戏。这出戏是当天排在最后的节目，是杨福安主演的，题材取自《水浒传》的一出武戏。我只记得我扮演的是武松一角，除上场下场之外，只是和杨福安扮演的角色有一场开打。

现在回想，外行上台开打实在十分荒唐。京剧是何等规律严整的艺术，九年坐科才学得浑身本领，何况是短打武生！我只是在中学时代看了一年富连成，成为一个混沌戏迷而已，那时候和几个同去看戏的同学小朋友闲下来也抡刀弄棒，也一起翻翻跟斗，跳跳铁门坎。有时是两手各执枪杆的一头，两条腿从枪杆跳过去；或是右手捏住左脚尖，右脚从左脚上跳过去，再跳回去，然后再左脚跳……也练过耍枪耍刀，都是看戏看来的，但是偶尔也得到过内行的指点，譬如富连成科班里当时的红角儿如叶盛章、高盛麟、杨盛春、李盛斌，年纪和我都差不多，在一块儿闲聊时也即兴教过我几手。

就凭着这点儿玩闹的经历，我就在江安剧校的舞台上和杨福安打了几下。当然开打只不过一会儿工夫，我扮演的武松使一把单刀，杨福安扮演的角色使的是一杆枪，最后他一枪扎过来，我摔一个抢背，下场，还落了一个满堂彩。

然而这一个“抢背”摔砸了。观众没看出来，而我由于过分卖力，摔过了头，落地时不是“抢背”而是“抢肩膀”，把脖子窝了一下，从肩膀到脖梗一直疼了三天。

第三次演出似乎是为了庆祝一个什么节日。江安城里一位最年轻的“绅粮”高先生是一个京剧票友，戏瘾极大，常常在自己家里约集城里——包括剧校——喜爱京剧的同学一起清唱，还能凑起一个小小的乐队，在星期六或星期天一唱就是半天。这一次的演出决定大轴戏是《空城计》，高先生扮演诸葛亮，派给我的角色是司马懿。

派给我的这个角色使我不能推卸，我亦无从选择。我平时即使偶尔上上弦吊吊嗓子，也从来没有唱过花脸，而这一回却是除了我再也找不出别的人来了。一般名角唱《空城计》大都是前场《失街亭》，后场《斩马谡》。我们则限于人力，一出《空城计》就够张罗的了。江安小城在剧校未迁来之前从未见过京戏，所以服装也是七拼八凑借来的，我扮演的司马懿是由学生中比较熟悉京戏的张正安找了些大白和黑墨画的脸谱，不知从哪儿借来的一双高底靴子破破烂烂还硌得脚疼。大袍穿在外面的更不像话，只有身为大地主绅士的高先生扮演的诸葛亮可能有私房行头，比较起来像个样子。

全场瞩目的《空城计》上场了，诸葛亮开场和老军对话，加唱的八句摇板十分平稳。接下来就是我扮演的司马懿在幕后的一句倒板："大队人马往西城。"不知是不是由于涂了满脸的大白粉，已经不复保留我的原来面貌，所以我也就完全失去了前两次出场的那种信心不足的尴尬神情，还没上场就憋足了劲，连我自己也吓了一跳：怎么那么大的嗓门儿？连对京剧纯属外行的江安小城的观众都情不自禁地来了个满堂彩。这无疑是给我最大的鼓励，接下来的戏我真是越唱越来劲，后面的两段快板就更不在话下，观众是用鼓掌喝彩声送我下场的。

整个戏散之后，学校的老师和学生们围着夸奖我，谁也想不到我表演得这样出色。教务主任曹禺一把抱住我，说："真棒！"事隔半个多世纪了，我至今记得清楚。尤其是曹禺先生历来在看过任何演出之后，一般都只说"真不易"，教人捉摸不透戏到底是好还是不好。而那会儿他斩钉截铁，毫不含糊地说"真棒！"这才是真不易。

大约是在1942年，国民党政府加强了对在校学生的思想管制，派了一个貌似良善其实阴险的训导主任，对学生们进行了十分严格的监督，接连发生了几起逮捕学生和逼走学生的事件。我就在这年暑假去了重庆，参加了当时以张骏祥为社长的中国青年剧社，任专职编导，离开了江安的国立戏剧专科学校。

现在我记不清楚是否就在这一年或是第二年的10月10日"双十节"，重庆举办了中国第一届戏剧节，在重庆最大的剧场国泰大戏院举行了盛大的庆祝会。我竟被邀去参加大会最后一个节目京剧《法门寺》，而且被指定担任郿邬县令赵廉这个主要角色。配演的角色尽是一时之选，计为：王家齐演刘瑾，谢添演贾桂，马彦祥演宋国士，吴茵演宋巧姣。其他角色亦都是当时的著名演员，我现在想不起来了。

使我留下最大遗憾的是，这出《法门寺》给我极少的京剧表演中留下最失败的纪录，尽管这里面也有一点客观的原因。

《法门寺》是我看得烂熟了的戏，其中每一个角色我差不多都能说能唱，所以担任主角郿邬县令并不感觉什么压力。但是在晚上演出之前，我却承担了另一个任务，当时重庆的中央广播电台约我去讲十分钟的话，就全国第一届戏剧节发表感想和祝颂。我没有把这当做什么大事放在心上，十分轻松地去了电台。主持这项节目的是至今还在北京广播界担任指导职务的前辈蔡骧同志，他是当年国立剧专毕业的我的学生。大约在三四点钟的时候，他把我迎进了广播室，向听众说明节目的内容并对我做了介绍，然后就由我开始讲话。现在我已完全忘记我那次讲了什么，然而最可怕的是我事先大致想过的讲话内容，原来打算讲十分钟的话，没到五分钟便讲完了，再也讲不下去了。我原来只是想着，十分钟算个什么，可真想不到，脑子里只剩下一片真空，什么也没有了。这下子我急坏了，只得做手势，拼命示意蔡骧赶快帮我下台。蔡在学校时是一班里年纪最小的，我还记得他初上剧校时，有一次上课时我找不见他，不知他去了什么地方，让班上同学去找他，才发现他在花园里捉蝴蝶。然而到底他毕业后已干了一两年广播员，发现了我的窘态，接过来几句话就给我解了围。而我呢，狼狈地走出播音室。幸好那时只有广播尚无电视，假如像今天一样在电视屏幕前当众出丑，那真是不堪设想。

由于轻敌，招来如此一场大败，我真是羞愧难当。时间已是不早，我匆匆吃过晚饭，赶到国泰去化妆上台，人始终处于惊魂未定状态，因此招致了一场失败。至今还能依稀记得，那一大段“西皮原板”转“二六”，嗓音喑哑，而且还有些发抖，这真成了终生耻辱。

我是个不知吸取教训的人，后半生这一类的错失却依然屡犯不已。

1945年日本侵略者战败投降，我于1946年元旦由重庆《新民报》总经理陈铭德先生邀请乘飞机到上海主编新创刊的上海《新民晚报》副刊《夜光杯》。在上海不足两年的时间当中，我写了两部话剧《捉鬼传》与《嫦娥奔月》，并于这两年先后在上海兰心戏院上演，前者是对当时社会现象的讽刺，后者则是露骨地刺痛了丧权误国而依旧统治大半个中国的蒋介石，因此触怒了上海的统治当局。我得到了好心人的暗示和警告，接受了香港一家电影公司的邀请去了香港。

在我担任香港的大中华影片公司编导期间，由上海到香港的航程发生过一起空难事件，著名的上海电影导演方沛霖先生不幸亡故。当时的香港电影分为国语片和粤语片两个品种，而国语片是高档次的影片，从事国语片的摄制人员大部分来自上海，而由于国共的战端已启，上海的电影事业陷于停滞，国语片的制作者包括大量的演员亦纷纷涌入香港。因此方沛霖的这些老伙伴、朋友们倡议举行了一次京剧义演，为方的家属筹募款项。在这场演出中我亦被拉去参加了一个节目。

这是我最后一次参加京剧演出，剧目是《樊江关》，又名《姑嫂英雄》，由当时的当红影星李丽华和王熙春分饰樊梨花和薛金莲两姑嫂，我扮演的是樊薛二人各有一名随从之一，是一名丑角。这出戏本身就是个玩笑戏，丑角无非是插科打诨，在台上任意发挥而已。值得一提的是，我居然至今留有一张不知是谁给我拍的剧照。照片不太清楚，质量不高，然而有纪念意义，可惜的是没有照到两只脚。为什么我要提到脚呢？因为只看头上戴的和身上穿的，倒是合乎规矩的丑角打扮，但那天我是临时被李、王两位女明星抓上台的，穿的是一条灰呢西装裤，脚上是一双黑皮鞋。

说到这张剧照，不禁联想到我还有另一张难忘的剧照。大约是在1933年我十六岁的时候，有一天我约了在富连成科班尚未出科、但已崭露头角的架子花脸袁世海一起到前门外大栅栏的容丰照相馆去拍一张戏照。我俩拍的是《两将军——夜战马超》，世海扮张飞，我扮马超。世海自己对着镜子勾脸，他带来的一位师傅给我化妆。两人都穿短打衣裤，我戴甩发，薄底靴。世海把合适的靴子让给我穿，他穿的靴子嫌小，只是勉强凑合穿上的。我的姿势、架子也都是他教的，亮相功架很好看，照出来也透着精神，人人看了夸奖。这张照片跟着我去南京、上海、武汉、重庆……我一直留着。但又是那一场遗臭万年的“文革”把这张照片毁掉了。半世纪后再见世海，他连穿的那双小鞋也还记得……

这是我外行票戏的全部经历，历演小生、武生、花脸、老生、小丑五个行当，唯一正经学习过的《坐宫》却反而没有得到机会登台一露。匆匆五十年过去了，来到当年旧游之地京剧王国的北京，我深感我这样的半吊子、自学而不成材的戏迷不能在这块圣地上班门弄斧，为了维护京剧的荣誉和尊严，更不能以伪劣品自欺欺人，因此就连上胡琴吊嗓子也久久不来了。这一回应《中国京剧》主编先生的多次索稿，因简记这一段经历如上。

1993年3月3日　北京

话说《沁园春·雪》

伟大的中国人民在进行了的抗日战争之后，终于在 1945 年 8 月迫使日本帝国主义无条件投降了。 由于世界民主舆论和我国人民一致反对独夫民贼蒋介石的内战政策和独裁政策，在强大的舆论压力之下，蒋介石三次电邀毛泽东主席到重庆去进行和平谈判，甚至派遣了当时美国驻华大使赫尔利到延安“劝驾”。 虽然事实上国民党一天也没有停止对解放区的武力进攻，毛主席却甘冒一切可能发生的不测杀机，偕同他的两位英雄战友周恩来和王若飞，于 8 月 28 日到达重庆，同国民党进行了四十三天的谈判。 10 月 10 日签订了一个“会谈纪要”，亦即“双十协定”。 11 日毛主席返回延安，留下周恩来和王若飞同志在重庆继续谈判。

1945 年我在重庆担任一家民营报纸《新民报·晚刊》副刊《西方夜谭》的编辑。 在毛主席离开重庆不久，我得到一首传抄但却不全的《沁园春·雪》词，抄稿中遗漏了两三个短句，但大致还能理解它的大意。 这首词从漫天飞雪的北国风光写起，从长城内外到大河上下，从妖娆多娇的壮丽山河到历朝历代的开国君主，从景到人，从古到今，归结为“数风流人物，还看今朝”。 从风格上的雄浑奔放来看，颇近苏辛词派，但是遍找苏辛词亦找不出任何一首像这样大气磅礴的词作，真可谓睥睨六合，气雄万古，一空倚傍，自铸伟词。 听说这首词出自毛主席的手笔之时，我当时只有一个想法，就是:“只有这一个人才能写出这一首词。”

为了补足词中遗漏的几句，我跑了几处，又找了几个人，却都没有掌握全词的，但把三个传抄本凑起来，我终于得到了完整的《沁园春·雪》词了。当时我唯一的念头便是在我编的《西方夜谭》上发表。可也就在这时，我受到一位可尊敬的友人的劝阻，理由是：毛主席本人不愿意教人们知道他能写旧体诗词，他认为旧体诗词太重格律，束缚人的性灵，不宜提倡。这和新中国成立以后毛主席发表的对旧体诗词的看法是一致的。而对于一个报纸副刊编辑来说，这样的稿件是可遇难求的最精彩的稿件，是无论如何也不能放弃的啊！友人举了重庆当时的中共机关报《新华日报》为例，说柳亚子先生写了“咏雪”的“和词”，要求《新华日报》把他的和词连同毛主席原词一并发表。但是由于上述的原因，《新华日报》不得不拒绝了亚子先生的请求。

然而我想，《新华日报》是中共党报，当然应受党主席的约束；而我编的却是一家民营报纸，这个约束对我却是不起作用的。就在这时《新华日报》单独发表了柳亚子《和毛润之先生咏雪词》，而毛主席原词却未发表。这显然是在柳亚子先生的极力要求之下，《新华日报》采取的折中办法，但实际上已经违背了毛主席不愿让人们知道他写作旧体诗词的原意了。既然如此，我就也不再顾及什么友人的劝阻，而在11月14日的重庆《新民报·晚刊》第二版副刊《西方夜谭》上发表了这首“咏雪”词——《毛词·沁园春》，并在后面加写了一段按语：“毛润之先生能诗词，似鲜为人知。客有抄得其《沁园春·雪》一词者，风调独绝，文情并茂。而气魄之大乃不可及。据毛氏自称，则游戏之作，殊不足为青年法，尤不足为外人道也。”

《新民报·晚刊》发表了毛主席的“咏雪”词，顿时轰动了山城，并及于全国。世人从而知道了毛泽东主席不独是伟大的政治家、军事家，而且还是卓越的文学家、伟大诗人。这首咏雪的《沁园春》词无论置诸古今中外的任何伟大诗作之中，也都是第一流的杰作中之杰作。

两天以后，重庆《大公报》又转载了这首词。

这首词在重庆的发表引起了一场轩然大波。首先是国民党中央宣传部召见《新民报》的主管人大加申斥和警告，认为这是为共党“张目”，向共党“投降”。接着是重庆的几乎所有报纸——就我如今回忆，当时重庆除《新民报》日、晚两刊及《新华日报》《大公报》，还有国民党的《中央日报》、国民党的军报《和平日报》，以及《新蜀报》《时事新报》《商务日报》等约十来种报纸——几无例外地长时间地连续发表了对“咏雪”词的步韵唱和之作。各界对这首“咏雪”词显示了种种不同的观点，表现出种种不同的态度，归纳之又不外是两种态度，即肯定的，赞美、欣赏的态度和否定的，甚至是谩骂的态度。尤其是《中央日报》和《和平日报》上的“和作”，对此展开了放肆的嘲讽和攻击，攻击作者宣扬封建帝王思想，说作者是想当皇帝云云……上述的唱和旋踵而及于全国的报纸。

然而那种攻击性的“唱和”如狂犬吠日，终究丝毫无损于日月之明。“咏雪”词中列举我国历史上的秦皇、汉武、唐宗、宋祖以及元代的成吉思汗，主题所指只为说明“数风流人物，还看今朝”的今胜于昔的思想。“六亿神州尽舜尧”，这是作者一贯的厚今薄古的思想。在此之前，一百多年的中国近代历史，伟大的、具有光荣传统的中国人民忍辱负重度过了几代人的沉沉暗夜，只是在毛主席领导的中国共产党的革命洪流冲激之下，才得奋发图强，雪冤洗耻，使睡狮怒吼，病夫转强，导致全民族的觉醒复兴。毛主席回转延安之后，国民党立即悍然撕毁了墨迹未干的“双十协定”，掀起了全面内战。而共产党创建并领导的中国人民解放军处于忍无可忍的境地，也就不得不展开了全面反击。三年的解放战争以弱敌强，以寡胜众，愈战愈勇，愈战愈强，如摧枯拉朽，击溃了武装到牙齿的美式配备的国民党，并将之驱逐出了中国大陆。

铁的事实证明了“数风流人物，还看今朝”的科学论断，而蒋介石一帮不过是昙花一现的小丑而已。回想我在重庆及上海做过两年报纸副刊编辑的经历，留给我最深的纪念的就是首先发表了这一首《沁园春·雪》。

1957 年 1 月，北京出版的《诗刊》第一次发表了毛主席一封论诗的信及包括《沁园春·雪》在内的诗词十八首。这时距离重庆《新民报·晚刊》发表《沁园春·雪》已经十二年了。

1978 年 7 月 20 日　北京

三月说《清明》

日本投降了

1937年卢沟桥事变，揭开了对日本帝国主义侵略者全民抗战的序幕，从此结束了中华民族百余年在世界舞台上忍辱蒙羞的历史。抗战八年，中国人民经受了火与血的洗礼，步入了一个崭新的时代。1945年日寇无条件投降，意味着一个更新时代的到来。

抗战开始之前我还是一个大学一年级的青年学生，时代的洪流把我从北平古城冲来冲去，经湖北、江苏、湖南，最后来到四川。寒暑八易在一生当中不是短暂的时间，然而八年过去了，回首前尘却又如一瞬。经历了这么大的一场灾难，祖国大地到处是败壁颓垣，四万万同胞死伤枕藉……如今我们终于成为一个战胜国家的人民，理当精神振奋、意气飞扬地走上富强兴旺的道路。但是实际情况却完全不是这样，当时在蒋介石领导之下的国民党早在抗战第二年，即1938年末就停止了对日本侵略者的作战，转而配合日寇向共产党领导的解放区侵蚀、进攻，并在国统区内打击进步力量，阻止人民团结起来进行抗日救国的活动。这种倒行逆施，在以后的六年当中有加无已，甚至作为“盟邦”的美帝国主义的军队也直接参加了国民党的反人民内战。因此，抗战结束了，中国人民的灾难还远远没有尽头。

1937年我写了第一个话剧剧本，这样偶然性的开始使我先后参加了几个话剧团体，度过了几年的流浪演出生活，走过了许多山山水水，但却没有走出四川的边界。1944年底我从成都回到重庆，不打算再出外奔跑了，也感觉到这场抗日战争终于到了它快要结束的时刻。当时在四川拥有两社四报的《新民报》总经理陈铭德先生邀我担任重庆《新民报·晚刊》副刊《西方夜谭》的编辑。日寇投降，上海《新民报·晚刊》创立，报社要我去上海编辑上海版的副刊《夜光杯》。这样，我在1946年元旦那天乘飞机由重庆飞南京转往上海。

来到上海

上海对我说来似生疏而又不生疏，说生疏，是因为虽然近在咫尺的常州就是我的家乡，但在这以前我只在上海小住过短短的几天。说不生疏，是由于1940年前后，我已有五个剧本在上海上演过了，因此我一到上海便有无数新交全如旧识，好客的上海朋友一家一家地邀我做客，尽管我这个小个子的青年人只穿着一袭棕灰色的旧棉袍，在战后依然花团锦簇、纸醉金迷的上海显得如此之土里土气、傻头傻脑，他们却都不厌弃我。

和我曾在四川成都同甘共苦谊同兄弟的画家小丁(丁聪)比我先期回到上海，他在上海有父母弟妹，回到上海他就此结束了将近十年颠沛流离的浪迹生涯。这个小丁是个老上海，由于“出道早”——沪语，此处指年幼成名——他的许多朋友都比他的年纪大一截，譬如一些上海的画家，本是他的父亲老画师丁悚的朋友，后来却都和小丁如兄如弟，这样我也在辈分上沾了光。在一次宴会上，小丁介绍我认识了两位我后来终生难忘的朋友：唐云旌、龚之方。

唐云旌笔名“大郎”，是典型的江南才子，人称“江南第一支笔”，虽然所写的都是身边琐事，有一些作品甚至玩世不恭、格调不高，但是才华横溢，尤其是律诗、绝句写得精彩绝伦，是个罕见的奇才。另一位龚之方则不仅散文写得好，还有过人的组织能力、团结功夫，主要是他心襟开阔、豁达大度而又体贴细致、热情奔放。他们两人是一对不可分离的好友，当时在一起办一份叫作《海风》的小报，两个编辑，一个是唐大郎，另一个是李培琳(即后来的电影导演桑弧)，出版者是山河图书公司，出版人即是龚之方。

和他们相识不久，小丁就和之方来找我。之方提出，希望让小丁和我一起编一本综合型的文艺刊物，图文并茂，有彩色封面和插页。这使我想起，我在北平读中学的时代，曾经和几位同班同学办过一本杂志叫作《玩味》，大概是受了当时上海的幽默大师林语堂先生的影响，这是一本言不及义、无所适从的刊物，出了一本就寿终正寝了。这次情况不同了，我们经过了八年苦难生活的锤炼，小丁是当代著名的画家、美术家，更为显赫的是他是30年代全国风行兼有国际影响的大型画报《良友》的编辑，是第一流的美术编辑。和这样的搭档并肩作战，何惧之有？因此我丝毫未加考虑就同意了。

《清明》编辑部

神通广大的之方兄在红尘十丈的上海闹市中心西藏路上，给我们安排了一个闹中取静、设备豪华舒适的编辑部。

我们的编辑部设在有悠久历史的共舞台。进剧场大门，从右手一道窄小些的楼梯走上三楼，和楼座的观众相反方向有一个小小甬道，旁边的一扇小门里就是为我们准备的工作室。外面有一个小过厅，走进去是里外两间，地上铺着很厚的地毯、宽大的皮沙发，一张开会用的长条桌上覆盖着绿色的绒台布。里间屋有一张很大的墨绿色玻璃面的钢制大写字台和保险柜，红木的琴几上放着青铜的佛像、瓷花瓶等古文物。由于墙壁门窗都用坚固厚实的材料建成，剧场里的锣鼓弦歌和临街闹市的嘈杂市声都传不进来。

这个以演机关布景连台本戏著称的共舞台何来一间如此精致的密室？后来我们知道，在上海沦为孤岛及后来被日本统治期间，这是“华影”铁腕人物当年和许多著名的男女电影明星谈生意、讲价钱、签合同的地方。

十分高兴我们的老板龚之方为我们安排了一个这样高级的工作室，在那一段将近一年的时间里，我每天有半天在这里，另一个半天在圆明园路的《新民报·晚刊》副刊编辑部工作。在《新民报·晚刊》那间很宽大的编辑室里也是两个人，一个是编副刊《夜光杯》的我，另一个是编《夜花园》的诗人李嘉，他现在是国民党中央通讯社驻东京分社的社长。

我们这个杂志编辑部由于设备舒适、地点适中、交通便利，又有专用电话，所以不久便成为文艺、戏剧、电影界的朋友们经常光顾往来的地方。夏衍同志那时在上海具有双重身份，他是负有盛名的剧作家，同时又是上海文艺界地下党的领导者和组织者。他常常在路过这里时上来休息小坐，有时会坐下来用短短几十分钟的时间写一篇杂文短稿。后来我们索性给了他一把房门的钥匙，任他自由出入。有一天晚上，我到这里来取一件白天忘记带走的东西，开门走进来，见围着长台坐满了人，其中有一些人是我熟悉的朋友，显然是尊敬的老夏正在召开党的会议。我只稍稍打个招呼，开抽屉取了东西，没有作声，走出去把门锁上了。我真是非常高兴我们的编辑部被派上了更好的用场。

给我们行将问世的刊物取个什么名字好？我几乎没有多加思索便打算把她叫作《清明》，并且立即得到小丁的同意。原因是正值清明节近，那一年的早春天气江南苦雨，也正近似当时愁云密布、杀气腾腾的政治气候。一向勇于内战、怯于外战的国民党反动派磨刀霍霍，调兵遣将忙于抢夺所谓“抗战胜利”的果实，紧锣密鼓地准备向解放区进攻。在大城市里，像蝗虫、更像蛀虫一样的接收大员们都忙着向已经饱受了八年掠夺之苦的老百姓恶毒地压榨最后一滴油水，让人们感觉到来日大难正无涯涘。把我们的刊物叫作《清明》，一方面是迎接这个当前的节气，另一方面是为表达我们多灾多难的祖国终会出现和平兴旺政治清明的一种美好愿望。

有多少可爱的朋友都怀着和我们同样的美好愿望啊！收到了我们简短的征稿信，或者口头的约稿，没有经过什么催逼，很快地就有大量的稿件堆上我们的案头。我们的刊物一共出版了四期，为我们供稿的老一辈的作家有邓初民、郭沫若、茅盾、夏衍、老舍、田汉，中年作家、画家有叶浅予、吴作人、庞薰琹、刘开渠、张光宇、张正宇、张乐平、张文元、柯灵、陈白尘、凤子、骆宾基、黎澍、戈宝权、靳以、安娥、徐迟、臧克家、聂绀弩、赵超构、陆志庠、冯亦代、王琦、马国亮、刘火子、陈波儿、师陀等。像郁风、周令钊、袁水拍、秦怡、黄永玉、王戎、刘念渠，包括丁聪和我，按照今天的标准，都没有超过三十岁，只能算作青年。我的六弟吴祖强也发表了两篇散文，就只能作为少年作者了。

《清明》杂志的出版距离着手筹备，大概只不过一个月的时间。十六开本，文字及图片绘画共六十四页，文字用新五号和六号两种字体直行排印，另外连同封面共有四版用重磅道林纸精印的彩色插页。我们的分工是小丁负责图片和全书的美术设计、版面编排，我则负责全书的文字部分。有一些短稿则是路过这里或是专程来访的朋友们在这间舒适的房间里，坐下来当时给我们写成的。

细心的之方还为我们安排了两位服役人员。一个是年纪稍长、老实敦厚，为我们清洁房间、招待客人的金生；另一个是年轻灵活但又很沉着稳重为我们取稿送信对外联系的炳琛。两人的工作都很出色，如今已过去了三十七年，再无重见之缘，使我十分怀念。

出版和结束

在阳春三月，江南草长的上海，我们把《清明》的创刊号送到了读者的面前。在这期创刊号里，我以“编者”的署名写了一篇约九百字左右的《清明题记》发在篇首，其中有这样的话：

> ……八年前抗战开始时,我们对国家的希望是殷切而热情的。意外在百战之后的胜利前夕,那热情却是比例地降低了。胜利后的今天,我们的心情更是濒于绝望的程度。举国之内一片哀哭与垂危的呼救。胜利的果实不属于吃苦受难的人民;只看见那些狐鼠与猪狗炙手可热,骄横不可一世。
>
> 这是一个苦难的世纪。我们生于苦难,长于苦难,但从来没有人甘愿终于苦难。很久很久以来我们就有一个愿望:愿望总有一天能够争取到幸福快乐的生活,认为这次的抗战是一个光明的起点。我们实在早已恐惧与厌恶再接触到这样血腥的气息。希望有一天能够在自由光明的国度中生活。那时我们歌颂、欢唱,多于过去的抗议同诅咒。
>
> 但这日子离我们还是多么遥远啊!“胜利”不过只是一个骗人的标记罢了。要争取到真正的自由与和平,还要付出更高的代价。
>
> ……我们是属于人民的。为时代呼喊,写人民的喜爱与愤怒。相信在这虽然是猪狗与狐鼠横行的国度里,我们终不孤独……

创刊号出版不久，在一次上海文艺界的集会上，许多朋友向我们这本小小刊物致热烈的祝贺和鼓励。这里面最使我高兴并且至今没有忘记的是，抗战时期我们在重庆大家争相传阅的一本充满智慧、幽默和渊博学识的小说《围城》作者钱锺书先生走过来，热情地肯定我在“题记”中提出的看法和愿望。锺书先生是富有正义感的学者。在那次上海初见的三十五年之后——即 1981 年 4 月，北京召开过一次“老作家座谈会”，会上我为当时被批判的一部电影提出我个人的不同看法，在我发言之后和散会时候，锺书先生两次离席从远处走过来和我握手，表示对我的支持。三十五年之间被锺书两度赞许，我认为这是一生中极为难得的荣幸和嘉奖。虽然第一次的握手或许锺书先生自己也不会记得了。

形势的发展反证了我在“题记”里的担忧和预料：我们将会为自由与和平付出更高的代价。我们的刊物是月刊，第一期是 5 月 1 日出版的，第二期按月出版，第三期的出版推迟了半个月。我和小丁都感觉到我们的老板——发行人龚之方兄一定是遭遇到了困难。这本刊物在印刷上的考究，在当时的上海文艺刊物里应属独一无二，每期要付出巨大数额的印刷费。之方本人是没有钱的，他只凭个人关系四处张罗，现在显然在发行方面也发生了困难，第四期虽然已经编好却不能发往印刷厂了。我们没有向之方做任何的催询，而心情像当时的时局同样阴沉——在日本投降后将近一年的时间里，卑鄙无耻、内战内行、外战外行的蒋介石政府一天也没有停止加速内战的准备，在完成了一系列的战争布置之后，就在这年的 7 月起，他指挥他的全部军队发动了对人民解放区的全面进攻。

《清明》的第四期，亦即是它的最终一期，在龚之方兄的极力筹措之下，延期三个月，于 10 月 15 日出版。这一期与前三期相比，篇幅增加了一半，即多了三十二页。但说来教人伤心，这增加的一半页数尽都是商业广告，这又是多才善交游的龚之方兄最后一招的看家本领。

山河图书公司在增页上刊出一个《小启》，中有云：

……同人等致力出版事业,兢兢业业,期于文化建设,略尽绵薄。纵已面临死亡之机,对此"蚀本生意",犹冀其能拨云见日,《清明》可免夭折,且已拟有革新计划,将于第五号起实现。……蒙本市工商各界惠赐巨幅广告,爱护之情至周至切……

编辑部则以我个人的名义,刊登《致读者》一短文,云:

……两个月来大家的心情恶劣,内战"成功",局势日益恶化。第一期出版的时候,我们虽在题记里申述我们对这多难的祖国的"清明"之望,但如今则有的是血泪也洗不清的阴沉黑暗了。

……这年月不是一个好人能活下去的年月,这地方也不是一个好人能活下去的地方。这样我们还苦苦维持这份刊物,原是属于不可能的事情。作为编者,我们不得不对我们的发行人致最大的敬意,只为他肯在每个月苦苦筹足款项尽力在印刷方面做到尽善尽美,不惜逐月的赔累为读者服务。这样的朋友,我们没有别的地方去找。谁也不敢说我们能支持到几时,愿敬爱的读者们伴着我们一同负担责任,度过这一段艰辛的长途。

事实上我们已经知道,《清明》的第四期是最后的终结期了。按照当时国民党统治区的法律规定,出版杂志期刊必须到他们的"宣传部""内政部"和"上海市党部"申请登记备案,取得登记证才能出版,而《清明》的申请始终未获批准。这样一份刊物是根本不会被允许出版的,已经出版的四期,只不过是由于这个腐败老朽的党所具备的官僚主义颟顸作风才得漏网未被干预。而现在它终于引起了这些检查官老爷的注意,于是山河图书公司接到了一张勒令停刊的通知,内容是“不准登记”，也就是不准再出版了。

这本终刊的第四期还应当说明一下的是：小丁在发稿前由于筹办戴爱莲女士的一个舞蹈会过劳病倒，无法工作，因此这一期的美术编辑是临时得到画家张正宇见义勇为帮助完成的，而这位最可爱的老朋友——天才的画家、书法家——于 1976 年病逝了。

再有必须说明的是：这个终刊的第四期，我们的发行人已经一贫如洗，没有发给任何一人一文钱的稿费。当然是由于付给印刷厂的费用之后，他便再也没有发放稿费的力量了。我和小丁对此没有向之方兄提一个字，而最为难得的是所有提供文稿和画稿的作者也居然没有一位向我们提出索要稿费的要求。什么是友谊？什么是了解？我从这里受到很大的感动和教育。三十多年以来，我每念及此，常是耿耿于怀，现在借这个机会得向这些可亲可敬的朋友致意，也算了一桩心事。

1983 年 4 月 15 日

何以解忧

何以解忧？
唯有杜康。
——曹操

从很早的年代起，人类就与酒结下不解之缘。酒的发明是聪明人的天才创造，她象征欢乐，亦体现哀愁；能排解寂寞，更能给人幸福。因此她又是文学艺术的诱因和媒介，使人生诡奇美妙，多姿多彩。有鉴于酒对古人、今人、他人、个人的神奇魅力，我接受中国酒文化协会的委托主编一本关于酒的文集，暂定名为《解忧集》。夙仰足下文苑名家、酒坛巨将；文有过人之才，酒有兼人之量，敢祈惠赐宏文，抒写您与酒的一往深情。为江山留胜迹，为儿女续姻缘……

1987年8月1日早晨八点钟，我家小小寒舍忽然有一位了不起的人物大驾光临，由于警车开道，扈从随侍，不仅蓬荜生辉，亦且四邻震动。虽然匆匆来去，为时短暂，却把素日见官胆怯的荆妻吓得一病几殆，也急得我几身冷汗。直到晚间妻子思想通了，心情恢复正常，才放下心来。想想为此着急亦属无谓，于是按照我原来的打算，在灯下草拟了上面的一纸为《解忧集》而做的征稿信。这封信是我在头一天定下在次日定要写完的，我没有因为突然发生的事情而改变计划。

酒文化丛书编委周雷同志在这之前不久要我写一本关于酒的书，

字数在十万左右，但是被我谢绝了。理由是我完全算不上是个嗜酒者，当个“酒客”都不够格，遑论其为“酒鬼”“酒仙”乎？我一生当中为人处世，一贯都是被动应战而从未主动出击过。我喝白酒，约有半斤之量，但却没有自己独饮的习惯，都是在他人殷殷劝酒之下才举起酒杯来的。

回忆小时在家，父亲是有酒瘾的，晚饭时常常要喝点酒，贤惠善良的母亲能喝酒而很少喝。父亲喝酒会红脸，而母亲酒后脸更发白。我至今记得在我很小的时候，父亲用筷子蘸酒，叫我抿一抿，我虽觉得很辣，但却能忍受，连眉都没皱一下。父亲很开心，夸我长大定会饮酒，母亲则反对这样“惯”我，而我心里很觉得意，像得了奖那样快乐。

父亲在家里请客的时候，喝酒时要划拳，平时温文尔雅的伯伯叔叔公公们这时扯开嗓子叫得一片山响，小孩们当然只能扒在门缝往里看，也感到特别高兴。

至今给我留下非常深刻印象的是，我家邻居住着一个拉洋车的老王大爷。他是一个孤老头，我上了中学之后，每天下学回家，和一群同学在大门外一片空场上踢小皮球玩的时候，王大爷也拉了一天车回来休息了。他常常端一个白瓷茶杯，拿一包花生米，杯里装的是白干酒，坐在我家大门前雕刻着兽头的上马石上。他把花生米放在衣袋里，喝一口酒，吃一粒花生米，还把花生米去了皮，一扔老高，然后仰起头张开嘴，花生米稳稳当当落进嘴里，扔得非常准，我从来没见他失过手。这一手绝技让我和同学们看傻了，连球都忘了踢。然而最叫我不能忘记的是那一阵阵白干酒的香味，怎么那么好闻！到我长大自己也能买酒宴客的时候，即使饮的是茅台、五粮液、特曲、大曲……我也总觉得似乎比不上王大爷的廉价白干酒香。

在日寇侵华战争的前一年，我以偶然的机缘参加了一项工作，从此便离开了我只读了一年的大学，再也不能恢复孜孜以求的学子生涯了。“误落尘网中”，一去竟逾半个世纪，老王大爷的白酒回味犹有余甘，而我自己至今尚不知品酒，更没有酒瘾，想想深感惭愧。

但即使如此，我的一生酒史当中竟有三次大醉，使我永远难以忘记。那就是每次醉后都十分难受，像害了一场大病一样。

第一次是在1943年。当时我随一个话剧团从抗战陪都重庆来到成都，全团演员及工作人员七八十人住在五世同堂街华西日报社内，过集体的游牧生活。行装甫卸，还没有完全安顿下来，却有友人来访，是由某位长者介绍相识不久的中年人——新任的四川一位县长。他初长县篆，春风得意，正在和我高谈阔论之时，跑进来一个剧团的女演员，进门也没打招呼，就跑到这间集体宿舍的屋角她自己的床铺前脱下外衣和罩裤，换起服装来。我发现这位县官老爷不断地扫视正在更衣的女郎，话也不说了，直到姑娘换好衣服又匆匆跑出去，他才恢复了正常神态。看来他明明是被女演员的风姿镇住了，但是对我说的第一句话却是:“你们的生活真是浪漫主义啊！”这句话本不算什么，但我不能容忍他那低俗的语气和表情。他使我想起当时社会上有那种对戏剧界的轻薄、鄙视的歪风邪气，而对这位友好的来客我竟想不出用什么语言来回答他。

热情的县太爷可能发觉了我的不快，极力邀请我一同去晚餐。川菜举世无双，那家餐馆——“不醉无归小酒家”，每道菜都做得精美绝伦，我闷着头喝闷酒，不知不觉两个人喝了一斤宜宾五粮液，在这之前我从来没有喝过这么多。出门时县长给我叫了一辆人力车，我回到五世同堂下车后只觉得两条腿完全软了，两只脚像踩在棉花堆上一般，东摇西晃地走进自己住的那间水阁凉亭——用布景片搭起的四面墙和门窗的简陋房间，衣服都来不及脱，倒在床上便人事不知了。直到第二天中午我才悠悠醒转，浑身瘫软，有如生了一场大病一般，至少到三天以后才逐渐正常。这是我头一次领教酒的威力。

1947年秋天，我应聘从全国内战爆发的上海匆匆出走到香港，就任一家香港电影公司的导演，住在公司总经理蒋先生的九龙界限街的住宅里。同时住在这座宽大的花园洋房二楼上的还有作曲家陈歌辛，著名的女明星孙景璐、李丽华、陈琦、陈娟娟和她的形影不离的婆婆。

总经理在那年冬天举行过一次宴会，在楼下餐厅内摆了两桌酒席，大部分都是公司内外的电影从业人员。很多人都会闹酒，筵席上又是划拳，又是敬酒，十分热闹，小咪李丽华和孙景璐尤其叫得厉害。对于喝酒，我从来是不积极的，但是在这一顿晚宴里，我竟被灌得烂醉如泥，耳边只听见娟娟婆婆的一口四川话说道："吴先生真好酒品。看，他喝醉了一声不响……"又听见她对别人说："他醉了，不要再叫他喝了。"从这以后我便再也没有感觉，直到第二天醒来，发现自己睡在二楼房间里自己的床上，头疼得很厉害。我苦苦地寻思，才想起昨天晚上参加的这场宴会……最不可解的是我全身换上了睡衣——不知是谁给我换的衣服，脱下来的衣服全都好好地放在墙角的沙发上。这件怪事我连问都不敢问，至今不知道这个细心的好心照顾我的人是谁。当然，像生了一场大病的那个难受劲儿和头一次醉酒完全一样。

1956 年是我回到新中国做了我既不胜任又不情愿的电影导演的第七年。我最后拍摄的一部电影是周恩来总理下达的任务，是著名京剧演员、四大名旦之一程砚秋先生的名剧《荒山泪》。这个我本来极不想接受的任务由于可爱的天才艺术伙伴程砚秋先生的有效的、愉快的合作而给了我极大的安慰和幸福。热情的、坦率的程先生在摄制工作完全结束的那天，忽然提出要由他个人设宴招待摄制组的全体人员，并且一言既出便绝对不能辞谢的。酒席设在颐和园的听鹂馆。

程砚秋先生，这位京剧大师，专工青衣，以扮演贞淑烈女，尤以悲艳形象为擅长。程腔的幽怨哀思、缠绵婉转，至今为京剧旦角唱腔艺术的巅峰。而在生活中已临近老年的程先生早已失去往昔的苗条纤细的身材而成为虎背熊腰的彪形大汉，经常口衔比手指还粗的雪茄烟。在这个宴会上，所有比他年轻的客人都发现他是个豪饮无敌的酒家。那天程先生十分高兴，对每一个客人频频劝酒，而我成了他对饮的第一人，结果是待到宴会结束，我连路都走不动了。

由于很多人都醉成了我的模样，那天大家都是乘坐了一只大游船穿过昆明湖，然后走出颐和园的大门的。其中唯独我一个是仰天平躺在船头甲板上，眼望蓝天上的白云。我后来是怎么回家的，也是至今不知道。

我的醉酒史只有三次，到此为止，再未醉过，弹指不觉三十二年了。我想，在我的有生之年将不会再醉第四次，因为每一次醉后的那几天实在是十分难过。

前面我说过，提起饮酒感到惭愧。为什么呢？只缘半世未断饮酒，而从来没有领略到酒之佳趣何在，以至分辨不出茅台、五粮液、特曲、头曲、大曲、二曲……之区别，喝酒时未觉过美，喝醉时苦不可言，饮至微醺似乎也有点陶然之味，但舌头却要被辣多次，所以终于未能养成自斟自饮的习惯，辜负了连年以酒相赠的友情。

因此，我内心真是羡慕那些嗜酒如命的朋友们。记得1956年著名的词章家许宝驹先生突然来访，并拉我去逛琉璃厂。两人沿着琉璃厂街的古玩店、旧书店一家一家地浏览、闲步。大约一个小时以后我忽然发现宝驹先生讲话时舌头有点大，他的脸也红了起来，而他在我家未出发之前完全不是这个样子，真叫人纳闷，不知是怎么回事。这引起我的注意，才发现他在观看墙上的字画时，伸手从衣袋里掏出一个扁平的酒瓶，打开盖，喝一口，又盖上送回衣袋里了。我想，这才真叫酒瘾发作吧？而我确是未之前见。分手时我感到先生已迈步不稳，是我送他回家的。

还记得在香港时，有一次电影界聚会，敬酒罚酒几成一场混战，好多人都喝醉了。明星陶金醉得寸步难移，由于家住九龙，要乘轮过海，但陶金被剥夺了买二层楼轮渡票的权利，因为他是被人抬上船的，被抬着的东西只能作为货不能算人，大家只好给他买了货船票过海。大英帝国执法如山，毫无通融余地。

解放前的多年好友话剧作家宋之的，好酒成癖，后来发展到每饭必酒，解放后终以长年贪饮，引起肝硬化，不治而逝，正值壮年，令人思之伤感。

当然也有例外，在好友行列之中的杨宪益先生，当代英文权威，而且是学贯中西，旧体诗下笔成章做得呱呱叫。以我有生经历而言，他当得起是当代第一名的酒家。只要你走进杨家客厅，他首先是倒一杯酒待客。喝到吃饭的时候，饭桌上再是一杯一杯地喝酒。饭后回到客厅，再喝第三次酒。看来宪益先生对于水已不需要，而全以酒代之。英籍夫人戴乃迭与宪益有同好，对坐对饮是两夫妻的正常生活，真乃是天配良缘，幸福家庭。已经有医学界的专家看准了杨宪益先生这个对象，打算在适当的时候解剖检查先生身体里的酒精含量，查一查他具有什么超人的特异功能使能致人死命的酒精无奈他何！

鉴于衮衮诸公之嗜酒，反顾我行年七十而不知酒中之趣，实为我天生鲁钝，缺少慧根而绝不是酒之过。中外历史上酒仙酒神不计其数，酒终于是人类的天才创造，所以在我发出不足百份征稿信之后，竟收到宏文五十余篇，篇篇充溢酒香，令人愧感。不少作者除著文之外，还给我写了信，铭记下这一历史时代的厚意隆情，使人永不能忘。

集子的名字取为《解忧集》曾使我斟酌再四。杨宪益大师信中说："喝酒只为了好玩，无忧可解。"他是反对这个题目的。但我回信给他说："忧国忧民，得无忧乎？"他也就不再反对了，而且写了文章。

1988年　春节

胡同生涯

我和许许多多的老北京人一样，从出生到长大成人都没有走出北京的胡同。又由于父母亲来自江南，在这个旧时皇都没有丝毫前代的根基，加之当年精力十分旺盛的父亲有见异思迁的癖性，所以在我不过十多岁的青少年时代，我家竟从一条胡同搬到另一条胡同，搬了六七次之多。据我现在的记忆，我家住过的胡同约有小草厂胡同、东四四条胡同、班大人胡同、遂安伯胡同、金钩胡同、葡萄园胡同、太平街胡同等处。十八岁那年，我去了南方——先去武汉，再去南京，本打算次年即回北京重度我怀念中的北京胡同的学生生活。谁知道爆发了十分凶险的全民抗日战争，从而迫使我中断了学业，转眼现在过去了十三年。

1949 年我结束了长期漂泊的生涯，回到朝思暮想的北京，也就是又进了北京的胡同。从新中国成立当年到 1954 年，我住过三条胡同，就是西单舍饭寺胡同、西长安街石碑胡同和东单的西观音寺。终于在第四次我搬进了属于我个人私有的家，地点在繁华的王府井大街北帅府胡同九号，在东安市场的背后。

这是我平生第一次用自己从海外挣来的钱买一所属于自己的私宅。主要的原因是我想把我一生正直的父亲和为众多子女费尽心力温柔善良的母亲从上海迁居到感情十分深厚的北京来。也为了使我的作为演员的妻子和三个子女能得到很好的休息和工作、学习的环境，我尽力把这个有十八个房间和大小两个院子的四合院装修得舒适整洁。

院子里原有一棵大海棠树，树叶张开能遮没院子的一半；我把院子的另一半栽了一棵葡萄和一棵合欢树。院子当中树荫下放着梅兰芳先生为祝贺新居送给我的一个大金鱼缸……这里是我的小小的安乐窝了。

北帅府胡同的许多住户，我爱的邻居，承袭我过去住家的传统——远亲不如近邻，都是亲如一家的好朋友。我们家还是街道上指定开会传达事情的场所，每天出来进去碰头见面的邻居都有亲人一样的感情……但是无论如何料想不到的是，这样的生活只不过三年，一场“反右派”斗争便把我驱赶到千里冰封的北大荒。过了三年我回来重整家园，而六年之后等待着我的是更大的风暴——血腥的“文化大革命”来了。

“文革”开始，我被关押在机关里不准回家了。父亲早在我去北大荒当年春天便已故去，这时让我牵挂的就是衰年的母亲、受尽折磨的天才演员的妻子和幼年连遭不幸的三个子女。

被关押期间，我两次被造反派通知回家。第一次是被押送回家的，我到家后只见院子、屋里一片混乱，院子里满是从屋内扔出来的凳椅杂物，而北房屋里遍地是书籍、衣裳、文具……显然是刚被抄了家，他们叫我回去收拾的。母亲和孩子关在西厢房没有出来，只有妻子正蹲在地上清理。由于身旁有人监视，她连话也不敢多说一句。清检完毕，我又被押回了东四八条胡同监管我的戏曲研究院。临行时我发现地下的瓷砖被挖开了几块，还挖了一个坑，天花板也被打穿一个洞，东墙的壁橱也被挖开了。

第二次通知我回家，只告诉我天黑前一定回来，却没有派人跟我，我不知会发生什么事情，心中七上八下，不知是吉是凶。待我走进胡同“近乡情更怯”的时候，胡同里竟是静悄悄的，却听见身后有人叫了一声，我回头看见是邻居马大妈，她一把拉我进了她家小院，非常紧张地说：“你不能回家。来了一群人等着斗你呐！”我说：“我去看看……”马大妈死死地拉着我不许我去，说：“不能吃眼前亏，这些人牲畜不如。”但是我担心的是家里的亲人。大妈说:“您别怕，他们就是等您一个人。”她叫她的儿子小弟到我家去了解情况，小弟一趟一趟地跑，告诉我那群人只是在骂我，乱翻东西，孩子们都走了，只是母亲和妻子在对付他们。我放了心，直到两个小时以后，小弟高兴地跑回来，说那群坏蛋终于等不及走了。跟着来的是妻子，她一点也不惊慌，不害怕，这一段时间，她也锻炼出来了。一句话也没有说，她便拉着我，叫我回家看母亲。还没走进家门，我便看见两扇大红门上用墨笔写着的几个大字——“大右派吴祖光之家”，“吴祖光”三个字上打着大叉子……

到家之后，母亲只说了四句话，是:“胡同里街坊好。凤霞好。孩子都好。你不要担心，我会替你看好家的。”

我告诉凤霞，马大妈母子对我的保护。凤霞告诉我，我家的三条通道，两条是出胡同往西，走帅府胡同出王府井，或走协和医院北墙进三条胡同，另一条路是出胡同往东经煤渣胡同到东单。每次我家来了开斗争会的或抄家的打手们，马大爷、大妈和小弟就分别在三个路口等我下班回来，叫我避开他们……

胡同街坊就是这样地照顾我家，只是孩子们被外祖母带出去了没有看见。而天色黑下来我必须回到单位，我才明白这回要我单身回家的原因。此外，我知道的另一情况，就是这条胡同十二号的另一个“挨斗”的人家是来自延安的赵树理，他没有被关起来，所以斗得更惨。

过了一个月，我得到了自由，回到家里，才发现我家搬进来两户人家：一家是萃华楼饭庄的书记和经理老姜，一是某工厂的工人刘某。两人中的姜的妻子是本街道的干部，由于最熟悉我家的情况，便真会投这个“大革命”之机。姜住了我三间一排西厢房，刘住了三间一排南房，他们占我家房子，用我家家具，不付房钱，不付水电费，用强光大灯泡。而我家被集中在北房和东房里，被批判、被管制，连灯泡也只敢用小烛的。当然，想他们还允许我家住了宽敞的北屋和东屋，格外施恩，已经该感激不尽了。

情况如此，怎么办呢？我只好和妻子商量把照顾我们生活的淑贤嫂，哺育女儿双双长大的奶娘凤容，每天送凤霞上下班、去剧场演出的三轮车夫老何同时解雇，并尽当时最大的可能厚礼遣送。我告诉孩子们，从此都要自力更生，照顾自身了，而当年已经七十五岁高龄的母亲就承担了最沉重的劳动。她辛苦一世，经历过数之不尽的灾难，难得在本该是太平欢乐的年月竟会碰上这样的“人为”大难！她有四个儿子、七个女儿，除我一人是在受苦受难之外，大都平安无事——虽然多少都受了我的牵累，但总算都过得去。母亲本可以去任何一个子女的家里安享清福，但却坚决和最能惹事招非的我家生活在一起。

记得有一天的早晨，我乘坐公共汽车出门，刚坐下来，发现并坐一起的却是京剧小生叶盛兰，免不了互相问起近况。盛兰告诉我，不只一两家置有私宅的人发生同样的情况。住房被强占了，从此安静的四合院一下成了大杂院，这些“工人阶级”搬进来，不仅强占了住房，而且欺侮房主人。“住不起可是躲得起”呀，盛兰劝我找到北京市房管局，把现有的住房换到相应的新建楼房。“关上门没有干扰，求个安静吧。”

这是个好主意。这样我把我现住的八个大房间，外加厨房和洗澡间，换了和平里的两套两居室的单元楼房。然而，不过一年时间，由于两个儿子“上山下乡”，我又进了“五七”干校，和平里的街道主任——一个永远面无笑容的中年女干部，以她的儿子要结婚为理由，又强占了我住房的四分之一，一个大房间。

从此我离开了住过数十年的、消磨了自己半生的北京胡同。感觉十分遗憾的，是在受到长年不断的粗暴无理的屈辱之中结束了这段胡同生涯。至于那一所地处王府井黄金地段的十八间房屋的四合院也就此白白送掉。许多人都认为不应就此作为结束，但我从来不能设想居然会做出和国家讨债这样的行为，只好就这样结束了罢。

1966 年和胡同告别，开始了楼居的生活，那就是另一种生活的方式了。纵使告别得悲惨，但是我前面提到的一条条胡同的经历毕竟还是能够回忆起昔时无限的温馨。纵使老年健忘——头一天的事情，当天早晨发生的事情，转眼忘得干净——然而幼年、少年的回忆却记忆犹新。再说楼居和胡同小院相比当然是一种进化，当年的北京人口只不过七十万，而今天的北京人口已超过千万。人口猛增，而土地只会减少，当然只有往高空发展。不知不觉我的楼居生活也转眼快三十年了，楼居亦自有和胡同不同的温馨，足以使我忘却那些无谓的纠缠和不快，随时得到更多的朋友和更多的快乐，那就另外再写了。

1993 年 10 月 30 日

欧陆风情

（一）我爱中国

在一万尺以上的高空里飞行了十五个小时以后，我从北京到了巴黎。法国朋友和中国大使馆的同志们已经在戴高乐机场等着我们了。在欢迎的朋友们当中，有的是相识的，更多的是不相识的，在不相识的朋友当中，最年轻的是一个法国的男青年。当我们的行李——那七只有相当重量的皮箱——从传送带送出之后，他是最忙碌的一个，照管运送行李一直到结束了长时间的欢迎晚宴，在深夜十二点半——由于北京和巴黎时差六小时，这时已是北京的第二天凌晨六时半了。我们抵达住处时，这个年轻人依旧是精力充沛地一手拎一个衣箱送到我们各自住房的门口。

这个年轻的法国青年是谁呢？他还能说一口相当流利的北京话。直到他在我屋里停下之后，我请他在我的记事本上写上他的名字，他用法文写着“罗瑞·德罗贝”以及他的住址，然后又写上他的中国名字“戴宏瑞”和另外八个中国字：“中央戏剧学院毕业”。

啊！这是我们中国的学生！显然他在写这八个字时流露着一种愉快的自豪感。他告诉我，他在中央戏剧学院学习的专业是研究“宋元南戏”，他将继续在巴黎大学写这个专题的博士论文。他谈到宋元戏文中几个现存的代表作品《小孙屠》《张协状元》《宦门子弟错立身》……熟练得如数家珍一般。但是他又说:“可惜你们留在巴黎的时间我不能再陪伴你们了。从明天起我要去工作……”他接着解释一下这个“工作”的性质:“这不是什么学术性的工作，是体力劳动，去做工——为了在这个暑假期间，挣得下学期读书的费用。开学以后我还是半工半读，在大学读中文系，同时教中文。”

他再一次和我紧紧握手，表示不能陪我的歉意，我非常感动，感谢他对中国客人的深情。他说:“我喜欢中国，我才到中国去学习；我爱中国，爱中国人。我还要去中国。”

我站在房门口，看他的背影从长廊的转角隐去。在那以后，我在和许多法国朋友的接触中体会到和戴同样的爱中国的感情。此外，我还了解到法国青年在大学就读期间大都是利用假期或其他业余时间，用各种各样的劳动来挣得学习和生活的用费以完成自己的课程的。他们不习惯接受父母和家庭的供给，而以这种接济为可耻，这是西方世界的习惯。我想，这是资本主义制度比封建主义制度进步的地方。

(二)“不吃苦怎么行？”

大学中文教师、中年的华裔妇女白以她对祖国的无限热情接待我们。

白和丈夫已经分居多年了，她带着十岁的儿子旭旺住在巴黎。她是我们这次赴法参加学术会议的组织者之一，是一个殷勤的、周到的、特别具有女性的细心的东道主，但是她留给我最深刻的印象是她对祖国的深情。

她生在印尼，七岁到马来亚，十三岁到澳大利亚，十六岁又回到马来亚，十八岁去香港，二十三岁到意大利学音乐，二十六岁到法国教书为业直到现在，在法国已经住了十三年。如今是法国籍，但其间曾多次去美国。

这样详尽地写她的所到之处与学习情况，为的说明她青年时期的生活是动荡的，这样养成她很强的生活能力，敏捷、果断、反应快、办法多，能够很轻松愉快地处理和解决问题。我们同行的六个人都承认得到过她热情的帮助。

出生在国外的华侨白是这样地热爱自己的祖国。十岁的旭旺也能说很好的中国话，是妈妈教的。“旭旺”是一个中国名字，它的含义是清楚的，是指孩子像旭日初升那样的旺盛。当我问她，孩子的法国名字叫做什么的时候，她回答我说：“只有中文名字，没有法文名字。”她接着说，孩子正在读小学，小学的老师对孩子的名字有意见，质问她为什么不起个法文名字，而是用这两个又难记又难念的中国字？祖籍中国的妈妈对老师反驳说：“任何一个名字第一次见到时都是生疏的，你多念几回也就熟悉了。”另一个类似的表现是，在一次宴会和一次晚会上，十岁的旭旺穿的是一身崭新的裁制得十分合体的、只有中国人才穿的中山装。在巴黎，恐怕也只有旭旺一个孩子是穿中山装的。

白对我讲起，她去年曾来过中国，有两个二十多岁的亲戚的孩子向往西方的生活方式，在她的帮助下，他们经过了一些交涉和努力来到了法国。年轻的中国人到法国来工作，来谋生还是可能的，但是须要学习谋生的本领。首先要把法文突击学好。第一重要的是要刻苦，学习要刻苦，工作也要刻苦。但可惜的是这两个年轻人却就是不肯刻苦学习，生活十分懒散，以致引起寄居处主人的不满。他们在法国难以生活下去，回中国既有困难也不甘心……

白举了自己为生活而奋斗的例子。她也曾在美国求师学唱，曾在著名的电影明星英格丽·褒曼家里做一些家务，以此来解决吃住的问题；又曾经为了挣得一百美元的报酬，在十二月的严寒天气充当临时演员，去拍摄一个投水自杀的镜头。她不会游泳，这样表演得会更逼真些——当然，会有人马上把她救起来。可是十二月天气跳进河里要吃多大苦呀！由于一百美元够学唱几个小时的学费，再苦也值得一干。她为上述两个中国青年感觉惋惜和为难，她说："在法国，在哪里都是生活不易，不吃苦怎么行？"

白的父亲已经去世，在印尼留下了一笔遗产和橡胶园，她在印尼也还有众多的兄弟姐妹们，也都来信叫她回去。她在巴黎可以生活，她对父亲的遗产没有兴趣，不愿回去。

她说，按照法国的法律规定，十二岁以下的孩子应该随时得到父母的照看，否则如果有人告发，做父母的会受到法律处分。而她，一个在大学任教、独立生活的母亲，白天忙于学校的工作以及社会活动，如何能够照看孩子呀？当然，聪明、早熟的旭旺完全具有照顾自己生活的能力，但是却还得依靠友好的邻居们的爱护和关照。而假如有任何一位邻居据此而告发这个母亲的话，白说："那我是会吃官司的。"她还告诉我，旭旺对妈妈说，在他长大到十六岁时，他便要搬出现在住的地方，离开妈妈，独立生活。

（三）"叶落归根"

应法国教授班的邀请，参加他的家庭晚宴，热情的主人邀来了十多位客人，有剧作家、电影导演、高龄的哲学家，还有年轻的、就要去中国利用暑假两个月时间攻读中文的几位法国女学生。

主人事先告诉我，客人中还有一位中国画家司徒，以及他的老师——一位中年的法国画家。

司徒来得比较迟，差不多是客人当中最后来的一个，同来的还有一位年轻的法国女士，是司徒的夫人。

在座只有我们两个中国人，司徒坐到我的身边。他说："看到刚从祖国来的人，我感到激动。我不愿意离开我的国家，可是我终于离开了，来到这么遥远的地方……

"我是被迫离开祖国的，当时我没有别的路可走，而且这么做是冒着生命危险的；这你也许知道，我就不详细说了……”

其实我并不知道，因为在那个“史无前例”的日子里，我是被关起来的，不太知道外面的事情。这个年轻人——他总也在三十岁以上了——说到这里就显得情绪低沉，关于他当时如何逃亡、如何越境，他都没有说下去，也许他本来是想对我说说的。

他说：“日子不好过，但是都过来了，到处都是困难，但是到处也都有好心人。我的老师就对我很好，他愿意教我，帮助我。我已经开过多次画展，我的画已经进入巴黎的博物馆，像我这样年纪和类似经历的中国画家不只我一个。

“我展览给法国人看的第一张画是：秋天里的一棵大树，树叶在秋风里飘落，落在地上。我的意思你理解，但是法国人不理解……”

我说：“是叶落归根。”

他说：“就是叶落归根。我不能永远在异乡漂泊。但是我能回去吗？我能被允许回去吗？人们不会说我是个叛逃者吗？”

我说：“当然能够回来，也应当回来。为什么不被允许呢？”

我这样回答未经思索。但是我马上想到，我不懂政策，我不知道我们的官方怎样看待这种现实。我马上联想到著名的音乐家傅聪，被接二连三的政治运动吓坏了，离开了他的祖国。但是他热爱自己的国家，父亲在十年浩劫中被残酷迫害致死，他在外国记者访问时也没有发过一句怨言，而是千方百计想回到他的祖国。但在他终于回到祖国时，不是还有人攻击接待他的人说：“居然接待一个叛徒回来吗？”

把自家的亲人、好人、有用的人赶尽杀绝，这发展到十年浩劫的时代可谓登峰造极。查遍古往今来人类的历史也没有一个敢于这么干的！如今海外飘零的游子想要回到他朝思暮想、魂牵梦萦的生身故国，正说明这个祖国又逐渐恢复了昔日的声容，恢复了吸引孤雁归来的魅力。这是何等令人可喜、使人振奋的景象。但是偏偏还有这样刻薄寡恩、皂白不分的铁石心肠……因此，我该怎样回答司徒提出的问题呢？我该如何正视司徒——这个流亡国外的青年画家——殷殷期待的目光呢？

吃过晚饭，当我掏出衣袋里的手帕擦手的时候，司徒忽然看见了什么，眼睛闪出异样的光彩，一下扑下身去，从我的座椅下拾起一样东西，紧紧捏在手里。他拾起了什么呢？原来是从我衣袋里落在地上的一枚中国辅币。司徒激动地盯住看，口里说："中国的！十多年没有看到了！可以给我吗？"我说："当然可以。"我看见他的眼睛里漾出了泪花。

司徒告诉我，他生活得很好。这我能理解，从他美丽温柔的夫人的幸福快乐的神色中就感受到了。他告诉我，他的工作就是画画，每天一早走出家门去画街头、大自然的形形色色，在外面吃简单的午饭……工作是很辛勤的，题材尽有，画它不完。但是由于身在异国，总觉得有劲使不上，无能为力。

宴会结束时，司徒送我回到住处，由他的夫人开车，夫人总是甜甜地笑，没有多话，这种性格倒像我们中国人家的媳妇。司徒给了我他的电话号码，对我说："我们的车可以为你服务，需要的话打个电话给我，我们就来接你。"

我向年轻的夫妇告别，祝他俩幸福。我希望司徒能偕同他的法国妻子一起回来。

（四）汉学家

女儿双双问我："你们到法国去干什么？"

我回答说："巴黎举行了一个会议，讨论的题目是'抗日战争时期的中国文学'。"

女儿说："真逗。"

想一想之后，我也觉得"真逗"。"抗日战争时期的中国文学"，不是我们中国人自己也从来没有开过一次哪怕是很小的会来讨论过吗?在出国之前，由于需要写一篇关于抗战戏剧的论文并作一次发言，我曾找过一位戏剧艺术研究机构的负责同志，希望从那里得到一些有关的资料，但是我得到的答复是:“没有。”

咱们中国人连自己的事都不管，相形之下，法国人多会没事找事干!

但是，显然我太孤陋寡闻。热心于中国学问的人远远不止是法国人，参加这个讨论会的人遍及世界上的各个角落，英国人、美国人、加拿大人、德国人、荷兰人、巴西人……当然也有些外籍华人，以及香港同胞，这些人都是“汉学家”。

主持这次会议的巴黎第三大学中国文学系主任于儒伯教授曾在中国读过北京大学，他对中国文学艺术的喜爱达到了着迷的程度。他的中国话说得不流畅，但遣词用字十分准确，说话之前常要停顿一阵，像是在寻找一个比较合适的语句，因此话说得比较慢。可是后来我发现，他在说自己本国的法语时也有同样的习惯，那就不是中文程度的问题了。

他的名字按照法语拼音应当是儒尔曼，“于儒伯”是他取的中国名字，还有一个别号叫“如柏”，则完全是中国化了。在开会前，为了更多地了解参加会议的几位中国作家的情况，他争分夺秒地随时搜集材料。我坐在他的汽车里，他开车在巴黎街上的汽车长阵里疾驶，在方向盘前面的小横格子上，放着一叠纸和笔，在遇见十字路口的红灯需要停下来的短暂时刻，他抢着把刚才问过的话记录下来。他的心看来完全放在询问和了解上了，同时还大开快车，坐在他的车上教人提心吊胆，觉得随时有撞车闯祸的可能。

完全秃了顶的于教授还会唱两段京剧，一段是《捉放曹》，另一段是《四郎探母》。有一次，我们几个人为了抢时间，在大街的人行道上赶路时，他抬腿做了一个京剧武生的身段，喊道:“巴图鲁!追!”

最近我才听说，儒尔曼之所以最终成为一名中国文学专家，起因于他在 40 年代听了留法的中国歌唱家周小燕女士唱的几首中国民歌，他完全被美丽的中国音乐迷住了，于是开始专攻中文。

在巴黎见到的法国汉学家所从事的专题研究都是些什么呢？看看下面的题目是很有意思的：戴丽芬·波德立夫人在翻译柳宗元的诗，她和我商量“欸乃一声山水绿”怎样翻译更能传神，她不久前翻译出版的书是《西游记》第一部。

巴黎第七大学吴德明教授研究的是汉朝的司马相如赋。

年轻的来仙客先生熟悉中国的曲艺和相声。他对中国的了解到了这样的程度：当听到诗人艾青说“我离巴黎已经五十年……”时，他立即纠正说：“应当是四十八年，你是 1932 年离开巴黎的。”

最近法国翻译出版了中国的两本古书《盐铁论》和《商君书》。

巴蒂先生是研究老舍的专家。

而于儒伯先生是研究鲁迅的专家，他对中国历史知识的丰富了解以及对中国民间俚语的熟悉和运用，都是使人为之动容的。

各国汉学家在这次讨论会上的讲题涉及的中国当代作家有：老舍、郁达夫、茅盾、萧军、丁玲、赵树理、巴金、张天翼、艾芜、沙汀、端木蕻良、胡风、路翎、戴望舒、卞之琳、梁实秋、马烽等，谈得最多的是艾青。

再说一位意大利的女汉学家安娜吧。她由于经常在报纸杂志上发表评论和翻译鲁迅的文章，所以被意大利作家协会邀请来接待这一批中国客人。她把我们从罗马飞机场接往旅馆的途中和我同车，她讲着不纯熟的中国话，随时还在翻查一本中文字典，抱歉地说她只能看中国书而不善于说中国话。她忽然说道：“……梁启超写过一个关于意大利的剧本……”

一下子把我问住了！我这个专业的“中国剧作家”，怎么从来也不知道梁启超写过剧本？啊？还是个关于意大利的剧本！我只记得，小时候读过梁启超的翻译小说《佳人奇遇》和《十五小豪杰》，除此之外便不清楚梁还写过什么文学作品了。这真丢人，亏我还是个代表中国的什么剧作家呢！

留在意大利期间，我一直为此耿耿于怀，七月份回到北京，第一件事便是打电话给我们的近代史专家黎澍同志，请他代我查一下梁启超有没有写过一个关于罗马的剧本。果然是位名不虚传的专家，黎澍不假思索，对答如流，说："有的，书名《新罗马传奇》，是一本没有完成的戏曲剧作。"第二天，他就派了黎家女公子——一位娇小美丽的姑娘——给我送来了两本梁任公先生的《饮冰室文集》。

作为一个中国人，值得自豪的是，世界上有这么多可爱的朋友热爱着我们伟大的中国。他们爱的是什么呢？是我们悠久的、丰富的、美丽的、具有无穷魅力的、在人类历史上永远焕发奇光异彩、具有高度文明的从古迄今的文学艺术的珍宝吧？他们对我们过去不久的一段长时期的胡作非为、肆意的破坏和毁灭自家的文化财富，谈起来甚至比我们自己还要伤心和气愤！而我们，现代的中国人应当付出多么巨大的努力医治创伤，光复故物，创建新猷，才能无愧于我们多才多艺的前辈古人呢？！

（五）从"喇叭裤"说起

依我看，人免不了有偏见，我也有偏见。

譬如说，近年来从香港或是国外传来的、流行一时的肥腿喇叭裤，我横看竖看都看不惯。和儿子、女儿争辩过不止一次，他们说好看，我就是觉得不好看。虽然不是我穿的，我管不着，但是我能看见呀！看见就难受，所以没法不说说这个喇叭裤。

其实喇叭裤腿并不新鲜。我记得在 30 年代初期，时髦的年轻人很兴过一阵——那时候只限于男人，因为女人不穿长裤子，主要是穿旗袍或裙子。男人的西装裤腿也很肥，但不若今日之甚。再如皮鞋，也时兴过方头的，还有尖头的、圆头的，和裤腿一样，反正是不肥即瘦，十年河东转河西，然后再转河东……最后总是不太肥也不太瘦的中庸之道能维持得比较长久。

和我争得比较厉害的是女儿，但她始终没有说服我。六月份我去巴黎，到了这个世界花都、时髦的服装总汇，我十分高兴地发现，穿肥腿喇叭裤的人虽然还有，但却不多了，男男女女，大多数又恢复了瘦裤腿。在飞机中途停靠在伊朗德黑兰机场的时候，我看见一个穿着最肥大的喇叭裤的男人，显然这是一个伊朗人。

看来这个喇叭裤的高潮已经过去了。为什么这么迅速地过去我不清楚，但是我想，除去不好看之外，不方便，蹋里吐噜的，也是一大原因。譬如，我听到一个法国朋友说，有一位年轻女士上电梯的时候，肥大的裤脚挂在活动电梯的台阶上了，结果是人上去了，裤子却被电梯拉了下来，从而引起一场轰动。当然，喇叭裤在法国绝不会是因此而减少的，但是至少这种裤子有其不方便之处。所以，我很高兴地在巴黎写信告诉女儿：喇叭裤在法国不时兴了。

因此，我也想谈谈关于出国的服装问题，我比较熟悉的40年代欧洲人的规矩，有些场合对服装的规定是十分严格的：有些大饭店，不打领带就不能进去；有些晚会或宴会还非穿礼服不可。但是今天的巴黎以及罗马等地，也发生了不小的变化。在巴黎第一次参加正式的邀请活动，我穿了最正规的服装，为的是做一次试探。我马上发现，主人里面就有不打领带、散着领口的。有一次一位市长和我们会见，市长本人就没打领带。我观察了一下法国人穿什么皮鞋，结果有半数以上的男人穿的都是不用系鞋带的大舌头的便鞋。因此，在将近一个月的时间里，我就大部分都穿着尽可能随便的最舒服的服装。就“量体裁衣”的原则而言，西装确比中装合理合适，但是西装上的那条领带却实在是个无用的累赘。西方人远比中国人会讲舒适享受，就是不明白他们保留这根没有用处只添麻烦而又限制脖子自由的领带是什么道理?

同行的诗人艾青和小说家马烽都具有一种我们看来很可爱的泥土气息。他们两位比我严肃得多，穿的不是完整的西装就是中山装，只有一样，他们都爱穿一双中国布鞋，这样就在巴黎社交场中显得十分突出了。另外一点，就是每次吃饭时，他们几乎都要把身上弄上油迹。尤其是艾青，发现身上搞上了油迹时，总是立即拉起自己的衣袖去擦胸前的油，简直就是属于儿童动作了。饭馆和食堂的男女服务员常常是热情地拿出一种粉末状的去油剂喷注在油迹上，待到用餐完毕，把粉末掸掉，油迹也就消失了。这也是出国不方便的地方，咱们在国内穿旧衣服、脏衣服，弄上点油没人注意，但在国外连衣服脏了点也觉十分显眼。艾青告诉我，在罗马时他对安娜说:“我穿得太随便了。”安娜说:“吴祖光比你还厉害！”我真没想到我落了这么个评价，而我身上一点油也没沾上过。

说到饭馆，就得讲讲巴黎的吃。法国在西方世界是最讲究吃的国家之一，平心而论，比起咱们中国可差得远。譬如马烽同志十分想吃一次蜗牛，这对我们来说，闻蜗牛之名久矣，实在都很向往！后来终于赴了一次以蜗牛为主菜的宴会，盛菜的器皿是为蜗牛精心设计的，很讲究，也很引人食欲。但是实在比不上我们的菜的味道。蜗牛和我们的螺蛳相近，最难制服的是它太硬，咬不动……但是这家名叫克罗塞黎·德·丽拉的饭店却是大名鼎鼎，非同小可！它是许多大人物来就餐过的一家著名的饭店，这些知名的顾客有罗曼·罗兰、毕加索、海明威，以至列宁……餐厅布置得富丽而温暖，庭院里花木扶疏，富于情趣。时当巴黎的樱桃季节，琴师演奏着樱桃季的乐曲……呵！值得留恋的还有巴黎的樱桃，一颗颗硕大的深红色透明的樱桃，不仅仅是这么红、这么大，而且是蜜也似的甜。我吃过的中国的樱桃可是怎么也比不上它。

最后，应当提到的是在法国餐馆里看到的人与人之间关系的变化。以前外国餐馆或咖啡馆管服务员呼为英语的“波艾”(30年代的中文译为“仆欧”)和法语的“嘎尔松”，其原意都是孩子，这里就成为仆役的意思了，这在今天的英汉和法汉的字典里还都可以查到。但是今天的法国餐馆及旅馆、咖啡店则都已改称服务员男为“先生”，女为“小姐”或“夫人”了。对劳动人民的尊重，在资本主义国家也和以前的年代不同了，我想，别的欧洲国家大概也不会两样，这是非常叫人高兴的现象。

（六）裸体画

在法国，或是意大利的任何城市，随时让我想起我们的新首都机场。为什么会引起这个似乎很不相干的联想呢？因为这个机场有许多新的壁画，尤其有一幅叫作《泼水节》的壁画中有几个裸体女像。

在这幅有众多人像的大型壁画中，裸体女像所占比例甚小，好像只有两个，一个还是侧面。但是仅此两像已经震动世界，不仅报纸杂志上刊登照片和议论的文字，人们口头上的议论也经常听到。人们认为这是一朵中国美术的报春花，意味着人类生活中最美丽最富于变化的人体美将在中国的绘画、雕塑等造型艺术中恢复并重新占据它应有的位置了。

我曾经应邀参加过首都机场的揭幕式，曾经为这些美妙的壁画而高兴过。难以想象的是，不久就听到这两个裸体人像引起了风波，遭遇到反对，这真使人难以置信。就在4月份去机场迎接一位远方来客时，我亲眼看到在机场二楼客厅里，《泼水节》壁画两个裸女的部分遮上了一幅白色的幕布。有些外宾一个个走过去揭开幕布看一看，然后笑着走开。这样，我听到的传说就不是谣言了，这真使人有点啼笑皆非。呵！这叫我说什么好？

无论在巴黎、罗马或是其他地方，人们都会看到不知有多少裸体人像，男、女、老、少，绘画、雕塑、摄影，简直是无所不在；当然也有一些遮掩的裸体，但更多的是一丝不挂的裸体。西方文明自来把最健美的人体用作他们理想中最崇高神圣的英雄儿女以及上天宇宙各界尊神的形象，这里表现的是男性的强健和女性的温柔，给人的感觉都是美。

大街上十字路的当中，道路旁边，大建筑的四周，屋檐下，长廊里，广场上……你随时随地都会看到裸体的雕塑，站着的、坐着的、躺着的、角斗着的、闹着玩的，喜、怒、哀、乐，什么样的都有。

充满着封建色彩的教堂里，王宫、博物馆里，裸体像更多，数也数不清。

显然，在世界美术之林里，裸体造型占有至为重要的地位。人体的线条之美，不是其他自然界的事物所能比拟和代替的，西洋画派以人体素描为练基本功的主要课程是完全可以理解的。中国画派走的是另一条路子，我想这可能与周公制礼、孔老夫子的封建儒教以及宋代理学的影响有关，他们都不许人家把衣服脱下来。虽然这里面有一个三国时代的儒生祢衡曾经裸衣露出父母给予的“清白之躯”大骂曹操以及又一个晋朝的阮籍赤身露体以天地为衣，从而名垂千古。

但是，谁都会觉得，人体是美丽的，习惯也是会改变的。近百年的中国历史，自从海运大开，封建的中国进入世界大家庭之后，想闭关自守也不可能了。除去十年浩劫中封建法西斯的“四人帮”曾以野蛮手段禁止和打杀一切美好事物外，中国也在逐渐发生变化。《泼水节》壁画上两个并非写实而是带有浓厚装饰性的裸体少女的画像本来算不了什么大事，竟会引起这样腾笑外邦的偌大风波。但却居然实有其事！我想，远处南疆的同胞、劳动人民群众，正在从事艰巨而宏伟的四化建设，谁会分心到这一幅小壁画？而且，到过南方的人都会知道，见到袒露身体乃属生活常见之事，所以发生这样的当代奇谈，恐怕还是出于少数、个别人的偏见吧？

偏见总是有的，即使在美术王国的意大利亦所难免。著名的梵蒂冈西斯廷大厅，整个宏大的殿堂中全是伟大的米凯朗琪罗的画，那个巨幅的名著《最后的审判》中的人物本来是全裸体的；但是后来有一代教皇下了一道命令，派画工把所有人物的下体部分都给遮蔽起来了。教皇的权力可谓大矣！但是好像也只有这么一位教皇干了这么一桩愚蠢的事情，在至今讽笑着讲这件事情的意大利人的口气里，人们对这一宗教昏君犹有余忿未消。

今天仍旧活着的老一辈人，可能还记得在我国20年代的上海，有一位身任浙、闽、苏、皖、赣五省联军总司令——威名赫赫的军阀孙传芳，因为当时上海的一所美术学校有画裸体模特儿的一门课程，他认为是大悖伦常、伤风败俗的非礼妄行，因而勃然大怒下令禁止。他与这个学校当时还十分年轻的校长刘海粟引起一场论战。留学法国的刘先生不为强大的对手所屈，据理力争，在舆论的支持之下，终于取得这一场斗争的胜利。

历来持反对意见的人所持的理由是防止色情和保卫风化，他们本身不是没有见过裸体，也并不缺少色情，但他们只习惯于关在屋子里的个人欣赏裸体的活动。在光天化日之下，千千万万人们经过的地方，赤裸裸的人体画和雕塑艺术所焕发出来的原始的、健康的、美丽圣洁的光辉也许是他们难以理解的。正是他们习惯了这种心理状态，才把艺术和色情总是搅在一起，纠缠不清。

提倡，或是纠正一种社会风气，关键仍在于领导。首都机场对于裸体壁画发生争议后的处理，采取了一种也管也不管的方式。说他是抹稀泥也好，耍滑头也好，总之，具有一种睁一只眼闭一只眼的中国式的幽默感。对于这样的问题，只是一个美学上的认识问题，一种观念上的问题，而认识和观念都是会改变的。裸体画能否在我们中国存在，这本来不成其为问题，之所以居然成为问题，那只能是一时的而不是偶然的情况。一度在首都机场大客厅里《泼水节》壁画的裸女部分张挂的那一幅白色幕布，体现了一种现实主义的领导艺术，体现了实事求是的精神，因为这不是什么原则问题。你不愿意看她，从白色幕前走过去也就是了；你想看看她，拉起幕布一角就看见了，因为幕布不是锁着的门或抽屉、橱、柜，它只不过是一块可以随手拉开或放下的幕布而已。

我为这块幕布的聪明、机智的设计者喝彩。他明确地告诉人们，在向现代化进军的新中国，不要再重演那些中世纪的笑话了。

（七）巴黎华侨的一次集会

我们到巴黎没有感到太生疏，这有两个原因：一是会说中国话的法国人多，二是华侨多。

在和华侨的接触中，他们对祖国的热爱深深地使我们受到感动也受到教育，有许多年轻人是几代生活在国外的，但是他们说中国话，关心祖国，对祖国怀有一种与生俱来的先天的民族感情，更为难得的是他们是如此地了解祖国。

巴黎有一个华侨俱乐部，六月下旬的一个午后，他们邀请我们去参加座谈会。在一间朴素的长形的房间里，一边摆设了一张长桌，铺了白桌布，摆着点心、水果和冷饮，四面围坐包括我们六个人共约二十人。另一边则摆了几排长椅，坐满了约三四十个人，大都是青年人。

座谈会主要是华侨提问，我们祖国来的人答复，所提的问题也是现代中国人关心的问题，我们同去的六个人分别做了解答。

分配给我解答的有下面的问题。

有资格有影响的一位钱先生用激动的口气提出他所至为关心的问题，他说的大意是：生活在海外的中国人无时不在关心祖国的命运，盼望祖国健康成长，兴旺、强盛，看到祸国殃民的“四人帮”的覆灭，看到四个现代化的光辉前景，大家感到无比的振奋。但是看到报纸上发表的一些暴露黑暗面的文章和文艺作品，大家却又感到震惊，感到非常泄气，非常失望，非常难过。

他举了两个具体的例子，一篇报告文学《人妖之间》，一个话剧剧本《假如我是真的》。

他说，读了这样的作品，真是叫人痛心，我们的新社会，存在着这么黑暗、这么肮脏的东西，这真不能想象，家丑外扬，使海外旅人失望太甚、非常丢脸，尤其是发生在祖国扫尽阴霾、拨乱反正而前途无比光明的时候。他要我们回国时转达他的意见，提请宣传部门注意这个问题，注意对世界舆论的影响，今后最好不要再发表类似的作品。

没有等到祖国来人的答复，年轻人便一个接一个地站起来纷纷发表反对钱先生的意见了。大概有两三个人提出了他们不同的意见，大意是：新中国成立后的很长一段时期里，祖国的报纸杂志习惯于一种报喜不报忧、粉饰太平的作风，给人以平安无事、一切都好的假象。而实际上坏人坏事，不合理的、黑暗的现象是存在着的。只说优点，不提缺点，说大话、说假话的行为相袭成风，破坏了实事求是的优良传统，导致黑白不分、是非颠倒。发展到后来的“四人帮”猖狂肆虐的十年浩劫，国家遭受了史无前例的破坏，经济濒临全面崩溃的局面。

“四人帮”被粉碎之后，新的国家领导制止了长期以来这种虚假宣传的作风，提出了实践是检验真理的唯一标准的原则，恢复了实事求是的作风。社会上存在的黑暗、肮脏、不合理的现象被如实地揭露出来，被公诸社会，不再像过去那样弄虚作假，讳疾忌医。这正说明今天的领导是公正的、英明的，是敢于正视缺点的，是有决心有力量改造这个存在严重缺欠的社会的。这有什么不好呢？多少年来，我们的国家吃了说假话、大话、空话的亏，如今恢复了说真话、实话的传统，这使我们对中国的兴旺产生了无穷的信心和希望。

热情的年轻人争着发言，他们和年长的钱先生同样的激动，但他们代表着两种不同的观点。这其实已经用不着我再做什么答复了。我为远在欧洲的海外异乡看到这么多生气勃勃的、非常了解祖国的、成长壮大的年轻华裔侨胞而感到无比的高兴、快乐和幸福，他们和祖国人民跳着同一脉搏、抱着同一愿望、同样渴盼着祖国迅速医治创伤。我对钱先生也表示了我的感谢之情，他所提出的一些意见和想法也说明了他对祖国的热爱，他发现一心向往的祖国居然还有这样的黑暗和不平，老人觉得伤心。但是正由于我们今天敢于揭露它、批判它，我们最终将消灭它。它是历史遗留下来的封建专制制度的阴灵、余孽，必将被人民打倒！

后来钱先生又提了一个意见。他说，在我们的报纸上很宝贵的篇幅里，有一种现象是他不能理解的，就是每逢年节及重大假日或喜庆丧葬的典礼上，报纸经常要发表长串的出席人的名单。他问，这有什么必要？世界上任何一国的报纸上也没有这样的做法。他认为纯属浪费。

他也许未能理解这么做的必要，但这终究也是一条意见。

在这次集会上，旅法侨胞发给我们的几本《欧洲通讯》，是从1972年2月创始的一份每月一期的刊物，由“欧洲中国和平统一促进会”主编，联络地址设在西德。封面上首先刊登的“本刊宗旨”是：(1) 关心祖国；(2) 联络侨胞；(3) 促进中国和平统一。我仔细地阅读了得到的五份《欧洲通讯》，从中深深地感到旅欧的中国亲人对祖国的热爱和期盼祖国兴旺强大的热烈心情。

(八) 京剧出国

早在两年前相识的加拿大朋友汉学家何棒和他的中国朝鲜族血统

的妻子崔淑英一起参加了这个四天的会议。会后的一个晚上，他们夫妻邀我到他们巴黎的临时家庭里去晚餐。客人除我之外，还有一对东德夫妇和美国夫妇。

何榛平常恂恂如也，沉默寡言，他的话似乎都被口齿伶俐的妻子崔淑英女士说掉了，讨论会上的发言也是由崔担任的。但在那晚的宴会上，何榛一反常态，不仅口若悬河，而且手舞足蹈。后来他索性离开座位，一个人连说带做，一人扮演两个角色，演了半出京剧，把满桌客人和他的妻子都乐坏了。

今年早些时候，何榛夫妇在家乡的多伦多看了中国京剧院的出国演出，对中国的京剧大为欣赏。他尤其喜欢那一出小生、小旦和一个彩婆子的《拾玉镯》，他肯定看了不止一次，因为他几乎能把整出戏背出来。他一会儿演孙玉姣，一会儿演刘媒婆，真是兴高采烈。演完回到座席上时，他激动地说："我从来没有看见过这么可笑的小丑……"看来他最喜欢的是刘媒婆。

中国的云南京剧团不久前刚在巴黎演出过，理所当然地轰动了巴黎。我们来到巴黎时，演出已经结束，剧团已经去了意大利，但是法国人印象深刻，还在念念不忘。我见到的法国朋友和华侨朋友不止一次谈到对京剧团出国演出的印象。

京剧团的演出场所是巴黎会议大厦，是一个设有三千个座位的大剧场，没有一定声望的剧团是不敢在这里演出的。很多关心和热爱祖国的侨胞事先不免担心京剧团能不能卖个满座，但是从演出开幕到结束将近一个月，场场满座，使中国人扬眉吐气、十分高兴。观众对京剧的评价则因人而异，一般从来没有看过京剧的观众，看到这样的戏，非常惊奇，看得眼花缭乱，叹为观止。这是一种情况。

但是我们应当重视的则是看过京剧、懂得京剧的观众的印象。据我听到的反映是，同十七年前去过法国的京剧团比较，这次演出被认为水平有所降低。这种情况我们自己也是理解的，这是全国范围的普遍现象，是京剧以及一切在十年当中受到严重摧残的戏剧艺术重新振兴起来的必然过程。然而重要的问题不在这里，法国朋友以及懂戏的侨胞普遍认为，在安排剧目的时候，剧团低估了巴黎观众的欣赏水平。这具体反映在所表演的剧目当中，唱工少，做工少，武打和杂技表演的比重太大。这样可能使一般观众看来也许十分开心，但对水平较高的，或是评论界、戏剧界的同行说来，有人便难免感觉失望了。

由于演出当中武戏占了绝大部分，因此有人说，为什么中国人那么爱打？大家的印象，中国人是爱好和平的，但是在京剧舞台上动辄讲打。比如白娘娘《盗仙草》，如果编成白娘子向看守仙草的两名大汉哭诉自己和许仙的遭遇，引起同情而得到仙草，岂不很好？非让两名大汉围着一个弱女子大打特打，幸而白娘娘武艺超群把两个大汉打败了。但这完全是编剧有意把男子汉写得非常窝囊，按情理讲，这个纤弱的白娘娘是不该打赢的。这可能是外国人的逻辑，他们认为，叫男人在台上打女人是不体面的。他们说，到处采用"枪杆子里面出政权"的原则是不是过于偏激了？《三岔口》，两个人有嘴都不说话，一味闷着头打。

当然，上面的外国人意见本身也有偏激。照这么说，很多戏都别演了。

法国观众和何榛一样，也喜欢《拾玉镯》，尤其是《秋江》：两个人，一支桨，活画出秋风江上的诗情画意和艄翁的风趣与少女的多情。但是下面的问题是，这两个节目在十七年前就演出过了，老观众问，难道没有别的具有这样水平的节目了？作为一种具有悠久传统的戏剧艺术，京剧还有创造力吗？

他们认为，巴黎是世界艺术的中心城市，观众的欣赏水平是相当高的，因而对这次的京剧演出感到不够满足。

另外要提到的一件事是有一次和两位法国电影导演谈话。他们提出，希望和中国交换影片，交换上映，加强两国电影工作者的交流。

另外，他们提出一个问题，说在不久前举行的法国戛纳电影节上，他们看到了中国动画片《哪吒闹海》。他们说："这部影片太好了！"他们认为中国的动画片是最好的，但是为什么没有参加比赛?"假如参加比赛是一定会得奖的。"他们问了我两次"为什么？"

我只能回答说:"我也不知道。"

（九）印刷厂传奇

这个小标题有点费解，印刷厂何传奇之有？原因是"传奇"二字我用了点艺术夸张。

意大利是欧洲古国，十天之中我们游历了四个城市：罗马、翡冷翠、米兰、威尼斯。所到之处，名胜古迹如罗马的斗兽场、教廷梵蒂冈、圣彼得和翡冷翠大教堂、悉那的赛马节、威尼斯的马尔科广场等真是美不胜收。看来意大利是一个深具思古之幽情的国家，他们在用最大的努力来保留前朝故物：古代罗马的败壁颓垣、古堡老屋都顽固地依旧屹立在现代化的大街小巷里，许多街道还是用古代的尺来长的石块铺地至今不改，尤其是样式古老的有轨电车，车顶上的弧形的弓子拖在天线上，叮叮当当地沿着地上的铁轨和现代化的小汽车一起行驶。这使我联想起旧北京的三座门、四牌楼和历代的城墙都已杳无遗迹，甚至中南海里的居仁堂、万字廊、绘云楼也被拆掉，有七百年历史的闻名世界的古天文台正在倒塌……

使我满心喜悦的是威尼斯的赛纳德塞玻璃厂，里面许多陈列室摆满了他们生产的玻璃制品，真是千姿百态，巧夺天工。这里是一个玲珑剔透的透明水晶宫，是只有在儿时梦里才见过的七彩斑斓的神仙世界，每一样制品都是精巧美丽的，奇幻通灵，信非人间所有。不到那里去看一看，是难以凭空想象到的。

另外的深刻印象是一家印刷厂。这个印刷厂是属于蒙达多里出版社的六个印刷厂之一，因此先说说这家出版社。

我不知道这家出版社在意大利属于多大的等级。首先是它的社址——一座设计新颖、结构特殊的楼房——吸引了人们的目光。著名的巴西建筑设计师欧西加·尼玛耶设计了这座奇特的建筑，在一块空地上栽上一圈扁平长方形的钢骨水泥柱子，然后把每根柱子连接起来凌空悬挂起这一座五层的大楼。主楼之外设有餐厅、商店、宿舍，楼下池塘里养着一对昂着头的骄傲的天鹅。后面的花园里还有室内和室外的游泳池，另外还有专为孩子设置的浅水游泳池。大人带着孩子们快乐地划着水，草地上的躺椅里，休假的人们赤裸着身子晒太阳……五层办公楼里有消声设备，很大的办公室里，不少人来回走着，却听不见什么声音。地上铺着很厚的地毯，即使在打电话的人，声音也低得使人们听不见。这里的工作人员共有一千五百人。

回过来说说这家印刷厂吧，一个个自动化的车间，走马灯式的参观，我实在记不清楚了。记得清楚的是印刷厂经理和我们的一番谈话。

经理说他在两年前应邀去过中国，到中国南方的一个省，到过福州、广州、上海、北京，他对中国印象最深的是下面几点：

在中国感觉到人民有礼貌，是几千年的文明古国，见到的人都笑容满面。见到很多有智慧的人。

在中国休息得很好，空闲时间特别多，八点钟就没事可干，人们都上床睡觉了。

中国人目前还贫穷落后，但吃的方面富甲天下，谁也比不了。

他到中国是去干什么的呢？是应这个南方省的要求，协助中国开设一个现代化的印刷厂。他也参观过中国现在的印刷厂，接触到中国的印刷工人，在手工技术方面，中国工人技术很高。至于打算新建厂的现代化程度，中国人表示要慢慢来，用十年时间过渡到全部现代化。说到这里，他的表情严肃了，说：“对我们西方而言，十年时间很长；对中国，十年很短。”看来这是他对中国的一个评价。

这个印刷厂的业务情况是承印自己出版社的二十五种定期刊物，承印外来的刊物则有一百多种。从他们接待室里书架上摆着的印刷样品看来，大都是十六开本的大型彩色有光纸的期刊。因此我提出了一个我所关心的问题：一本期刊编写完稿从送到工厂到排印出版需要多长时间？

经理回答说：“一本二百八十页左右图文并重的刊物，从发稿到印刷装订完成——其中还包括一次校对的时间，共须四十八小时，也就是两天。”

呵！这难道不是传奇吗？

我们的书刊从发稿到出书，定期刊物快的大约是三个月，出书则一年两年也说不定，即使快的也超过人家印刷厂四十几倍的时间。从日本传来的消息，华国锋同志访问日本的图片是在访问四个月以后出版的《人民画报》上刊载出来的，画报到了日本之后，日本朋友说：“呵！华国锋又来了！”

人家的速度，我们听到认为是“传奇”；我们的速度，人家听到应该是“神话”！

记得在40年代的旧中国，我们也办过带有彩色图片的期刊，从发稿到出书一般半个月左右，抓紧一些，十天、一个星期时间也够了。据说今天我们一些大印刷厂的机器也都是从国外进口的现代化设备，条件不比上述的西方印刷厂差，我们之所以这么心安理得地缓慢爬行完全是官僚主义的恶果。

不能再这样自暴自弃甘居下游了。

（十）“绝命诗”

在北戴河海滨遇到十多年未见的诗人陈迩冬，彼此都是劫后余生，相见恍如隔世。他问我："你在欧洲作诗没有？"

我回答说："作了一首。"

就说说作了一首诗的经过吧。

威尼斯是我们去意大利的最后一站，也是全部行程的最后一站。威尼斯大名鼎鼎，我早已非常向往，从少年时读莎士比亚的《威尼斯商人》时就向往她了。城里的里拉尔多桥就是莎翁写《威尼斯商人》的地方，人走到桥上感到特别亲切。威尼斯和我们的苏州是姐妹城市，因为她们都是水城，但是见面胜似闻名，她的多水的程度，苏州可比不上。威尼斯城里水巷纵横，很多人家和店铺跨出大门就是水，几乎家家都有自备的船只。船的形式大都是一样的，非常漂亮俏皮，两头尖尖地向上翘，看上去觉得轻快。

我们住的旅馆有两个大门：一个大门出门是陆地；另一个大门本身是一个码头，出门就上船。我们乘的这条船是一艘汽艇，比上述的一般家庭用船要大一些，船舱里对面两排座椅可以坐八个人，船头是司机的位子，船尾是一张长椅，可以并排坐三个人。

第一次乘船出海的经历是非常新奇的。船离开码头在水巷子里行驶时是相当缓慢的，但是驶出水巷进入亚得里亚海离岸渐远时，司机忽然加快了速度。

在七月的阳光里，我坐在船尾三个位子的当中。威尼斯的天气比法国热一些，然而海风拂面，觉得很舒服……船速的改变来得过于突然，司机事先没有任何暗示，我们也没有经验。原来缓缓而行的游船，使人感到"春水船如天上坐"，十分优闲潇洒，现在一家伙突然变成了离弦之箭！机器加快了转动，响声大作，飞驶的船身激起大量的水花向身上扑了过来。坐在我左侧的伙伴被水激得猛然跳起来，极其敏捷地一眨眼已经进入了船舱。剩下我们两人没有动，我不知道右侧的同志有什么思想活动，而我可立即产生了联想：会不会翻船呢？假如翻了船便将如何？有个念头猛然浮到心上，后悔自己在年轻的时候少下了点功夫，以致造成了终生的两大遗憾。

第一是我没有学会游泳。其实当年尽有游泳的机会，也不止一次下过水。但是泡泡水就算了，我始终没有正经学一学，直到如今，大概只能游个二三十米就得逐渐下沉了。如果翻船，则必死无疑。

第二是我没有学好外文。其实我很早就学法文，也有许多很好的法文老师，但是就是不用功，懒得背生字，学到复杂的文法和人称的变化更头疼。加上四十多年从来用不上法文，我就把当年学到的一点也忘光了。何况这回又到了意大利，假如见到了意大利阴间的阎王老爷，连说都说不清楚自己是从哪儿来的、为什么死于此地、是怎么回事。

于是就得诗一首，五言绝句。是一首“遗诗”“绝命诗”。诗曰：

生长中华国，
葬身威尼斯；
平川六十载，
水底一刹时。

其实我今年六十三岁，说“六十载”，四舍五入，取其成数耳。

我读给陈迩冬兄听时，他连声叫好。在这之前我也念给严文井同志听，他也说好，让我写出来。

其实这完全是一首没用的诗，真要是翻了船，死了，谁也不知道。现在是船也没翻，人也健在，就更纯属废话，毫无意义了。只因为代表一刹那，像电子计算机那么快的思想和感想，又得到朋友们的支持，就写下来了。

因此我要对孩子和年轻的同志们说句正经话：你们要学会游泳，还要学好至少一门外语。别学我少不努力，老来后悔。

（十一）在法国的女儿

飞机从巴黎起飞，在美丽的地中海滨山明水秀的尼斯降落。飞机场有一群来迎接我们的法国朋友已经站在机场海关的出口等着我们了。

远远就看见一位身段修长、面貌娟秀、微微含笑站在人群后面的年轻妇女。更使人注目的是，由于正是夏天，肩臂赤裸，她周身被太阳晒成发红发黑的颜色，给人头一个印象，好像是我们熟悉的第三世界热带国家的女人。但是走近来，便看出她是中国人，说的是带点南方口音的中国话。

很快我们就熟识了。尼斯有一个中国人家，主人是在当地居留多年的车医生，但是医生在两年前去世了。由于是闻名的医生，所以留下了当地闻名的“车家”。车夫人是一位温柔娴静的法国夫人，她有两个儿子一个女儿，长子益世、次子益国、小女儿名叫益家。到飞机场来接我们的有益世夫妇和益国，那位中国少女是益世的妻子，名叫王昭。

王昭的名字好记，她比王昭君少一个君字。更与巴黎大不相同的是，她是我们在尼斯很少见到的一个中国人，而巴黎的中国人很多。

同样是中国人的车益世兄妹，则看上去更像法国人一些，益国在1980年末或1981年初则将回到中国来进修大学课程。

车夫人全家怀有对祖国亲人的无限深情。我们到尼斯的当天下午，他们举行了一次家宴，显然是经过很长久的充分准备的。有几位中年的法国夫人——看来是她家的最好的亲友，到厨房帮助车夫人亲手制作食品。客人纷纷来到，其中有从几百里外的城市驱车赶来的，而且还特为我们邀请到从中国派遣来法工作和学习的科技工作者，在法国的东南利古里亚海边风景胜地遇见祖国同胞真是感到意外的欢喜。车家具有浓烈中国风格的客厅里坐满了客人，充满了欢声笑语，安静的王昭却始终坐在我的身边。我们的一位同行者问她：“你为什么总和吴祖光坐在一起呢？”她在这之前已经告诉我了：“因为你很像我的父亲。”

王昭的父母多年分居，父亲在美国经商，母亲一人住在香港，而她自己远嫁尼斯。显然，这个看上去还很年轻的女孩子这样长久地和我坐在一起，是出自她对父亲的怀念。她对我的亲热自然使我也想起我自己的从小便对爸爸最亲热的女儿小双双。我非常希望有一天王昭和小双双成为一双好姐妹。

坐在王昭另一边的是她的丈夫益世。这也可能是法国青年的习惯，年轻的益世留了一丛小胡子，但却掩不住脸上还留着的稚气。他们带我去参观了车夫人的卧室，里面摆设许多东西方的小古董、中国字画，车医生生前一定是一个风雅之士，能写能画，墙上挂着他书写的古诗条幅。他们又带我去看了他们自己的卧室，用兽皮铺着的卧榻，使人感到舒适和温暖。他们的弟弟益国正在恋爱，爱上了外地来尼斯就学的女学生，长得活泼美丽。小妹妹益家，法国名字叫玛丽克莱，还在读中学，和她妈妈一样，也这么温柔娴静。

来到车家做客的人，谁都会感觉到这是一个值得艳羡的、和平而幸福的家庭，正如室外花园里的绿树红花放出的一阵阵清香般地使人沉醉。尤其是经历了二十多年的动乱之后，我们每一个人都会感到，假如有这样一个安宁幽美的环境来读书写作，那是多么理想，这使我为这一家的主人车医生的不幸早逝感到很大的惋惜和遗憾。尤其是一位来客提到车医生精通中西医道，而且还能用中国的传统针灸治病，在当地享有很高的声望，永为他生前的病人所怀念。我想，现在的车家全家是在当地人民的崇高、温暖的友谊中生活的。

因此，当我听到王昭对我讲，她和益世将在半年左右就要离家远行，并且将长期定居异乡时，我实在感觉意外，十分惊讶。

王昭说，他俩已经决定移居太平洋中部的塔希提岛，到那里去工作，去生活……我问她："为什么到那里去？有什么人在那里？去做什么工作？"她的回答是，那里没有认识的人，也没有计划做什么具体的工作，就是想去一个人少的、远离城市的、有待于开发建设的、自然风景美丽的地方。因此他俩首先在地图上找到这块远处太平洋中部的幽静小岛，然后去做了一番实地观察，最后做了长远移居的决定。

一对年轻夫妇就这样决定了自己的前途。至于工作呢，她说得同样轻松：由于这是一个有待开发的地方，全岛人口也不过几万人，应该做、需要做的事情很多，工作的选择对他们说来似乎也不是什么问题。

在尼斯只留了不足两天，王昭小两口和益国一直没有离开我们，陪我们去了海滨浴场，去了著名的摩纳哥公园，以及更著名的蒙特卡罗大赌场……一直到第二天下午我们离开法国边境的飞机场。他们站在检票口外面，看我们走出很远。一直到视线已经看不清的远处，我们回头仍看到他们伫立的身影。

益国将到中国来读大学，这总要几年的时间吧。益世和王昭将要离家远行，那么车家这所房子里将只剩下车夫人葳妮安娜和她的小女儿玛丽克莱了。这在我们国家将是难以想象的，除非像那些年的政治运动一样用暴力驱使骨肉分离。

我不知道王昭此刻是否已经移居塔希提，也不知道他们的生活和工作的情况。从他们自身极为轻松自如地谈着这样的安排和设想来看，看来用不着我为这个远在法国的女儿瞎担什么心，他们只凭自己的理想就完全可以主宰自身的命运。但这毕竟是我到尼斯两天当中感到新奇的事件，所以记下来说给我们的年轻人知道。

（十二）欧洲人的趣味

"仓廪实而后知礼义，衣食足而后知荣辱"，这句话是两千多年前的大政治家管子说的，他说出了一个真理，就是经济基础决定人的思想和生活面貌。人假如连衣服都穿不暖，肚子都吃不饱，还能懂什么礼貌、道德、光荣和耻辱？还能有什么闲情逸致、生活趣味？文学艺术中的很大一部分是从物质基础上创造出来的，当然，贫困和不幸也创造文学。

一个多世纪以来，饱经忧患、备受摧残的中国人民，由于愚昧反动的封建统治，尝尽了丧权辱国的苦楚，而且几乎是普遍地沦为贫民和难民。到了20世纪40年代的末期，全国基本获得了解放，迅速地医治了战争的创伤，进入休养生息、兴旺富强的道路。不幸的是，另一种愚昧狭隘的偏见，早在“四人帮”肆虐之前便宣传一种“贫穷社会主义”的谬论，阻碍中国人民普遍向往的发家致富的道路。先是盲目叫嚷社会主义已经来到，号召大家吃饭不要钱，把能吃的都给吃光；然后“大炼钢铁”，把已有的钢铁拿来烧掉，把能砍下来的木头砍光烧光……到了“史无前例”的时期，甚至发动了一场疯狂的全面彻底的大破坏……这些使得我们本来就穷得可怕的十亿人口从而不更穷不更苦安可得乎？

这一番感慨是看见巴黎、尼斯、罗马、米兰、威尼斯等地的街头巷尾纷纷攘攘、极为活跃的男女老少的汹涌人流而有感而发的。在我的眼睛里看来，这些人当中，有的是匆匆赶路，大致是在工作着的人；有的是闲适地散步，在街头漫游的人；有的是互相依偎搂抱得很紧的青年情侣；有的是追逐嬉笑的少年和孩子；还有老年人或肥肥胖胖的太太牵着形形色色不同品种的狗……

在欧洲将近一个月的时间里，我们没有一天不在街头路上经过。总的说来，我没有看到过一次争吵打架的，没有听到哭声，没有看到眼泪，没有看见愁苦，没有看见乞丐，没有看见流氓调戏妇女——只在威尼斯碰到一个醉汉到处追人纠缠，不理他也就罢了。

有一次我问一位法国朋友：“巴黎有没有贫民窟？你能不能带我去

看看？”

他皱着眉头想了一想，回答说：“以前是有的，现在……”他摇头。

我们听到过的资本主义“正在一天天烂下去……”这样的话太多了。我不相信事实和我们听到的情况相反，甚至相反到如此之甚。西方的通货膨胀、经济危机、失业队伍的增大……应该都是事实。当然，我没有计划做一次关于这方面的社会调查，但我确实没有看到什么这方面的现象。

恐怖的凶杀，这也是有的。意大利大使馆的翻译同志谈起，华国锋同志访意时，在威尼斯和我方工作人员一起商谈安排保卫工作的意大利警官，一个很精明能干又很友好的官员，在不久以前被恐怖分子杀死了。

人们都是文质彬彬很有礼貌的。譬如在地下铁道或商店，要经过许多弹簧开关的玻璃门，前面的人把门推开走进去，发现后面有人时，一定会用手把门推着让后面的人走过来才松开手——不管白人、黑人，年老人、年轻人，都是这样。在上下班时间的地下铁道站或马路上的公共汽车站，乘客也是十分拥挤的，但是谁也不挤谁，和和气气地上车，偶尔互碰了一下，马上都说“对不起”“请原谅”。在商店买东西付钱时，顾客和售货员都说“谢谢”。

在这里，吵架、争先恐后、占便宜都被认为是可耻的，所以没有人这样做。人与人的关系是融洽的、和睦的。因而使人觉得，生活是值得留恋的。

巴黎的香舍丽榭大街是世界著名的繁华街道之一，越到晚上越热闹，每天十一点钟，汽车还和白天一样流星般地鱼贯驶过。这时街上打扮得漂漂亮亮的男男女女就越发多了起来，兴高采烈地拥上街头。电影院和戏院门口都排着长队，跳舞场、酒吧间里一片欢腾，巴黎人好像天天在过年。就在大街两旁宽阔的人行道上，三两个青年男女拿着乐器弹奏，歌唱。自然地就有一圈人围上，一曲奏罢鼓掌喝彩，有人还掏出钱来送给音乐家。这些年轻的音乐家采用这样的表演形式，一方面挣点钱，另一方面也锻炼自己的演奏技巧。

越到夜深，香舍丽榭大街越活跃，到处都是寻欢取乐的人群，据说一直要到凌晨三四点钟以后人才逐渐稀少，我们可就没有奉陪到底的精神了。但是，心里不免涌起一个疑问：巴黎人好像是不睡觉的？

后来我们去了法国地中海的滨海城市尼斯和戛纳，路经一个叫作松树的小市镇，这个地方每年从五月到八月间竟是一个二十四小时常明不夜之城，商店日夜都不关门的。还有意大利的几个城市，每个城市都有群众集会的广场，夜深还有欢乐的人群，乐队奏着音乐，人们在街头跳舞。

道经这些城市，处处看到欧洲人追求趣味的痕迹。给我留下很深印象的是，有一次经过路旁一家人家，我看见屋顶阳台上的四个角落，每个角落都有一个滑稽小丑的头部雕像，形象非常可笑，叫人一看就会高兴得笑起来。可惜汽车一下就开过去了，我本想停下来看看，但是犹豫之间，车已开过很远，只得算了。再如甚至男女厕所门上的标记，也能使人感受到欧洲人的趣味：男厕所门上画一个男人的裤衩或一个烟斗，女厕所门上画一条短裙或一只高跟鞋。在威罗纳——这是莎士比亚名剧《罗密欧与朱丽叶》的家乡，那里一家饭馆的男女厕所门上各画一幅罗密欧与朱丽叶的剪影。

这个美丽的小城里还有传说是朱丽叶和罗密欧幽会的卧室和阳台，各国游客都到这里来观光凭吊这一对多情男女。就在这个房屋窗下有两个售卖纪念品的货摊，卖一些当地出产的小巧的工艺品。游客们买得最多的是罗密欧与朱丽叶在阳台上见面的画片和彩画的瓷盘。陪同我们去的安娜说，每天都有很多人痴情地写信给朱丽叶寄到这里来，莎翁笔下的这对情人在广大观众的心里始终保留着不老的青春。来信是如此之多，以至于当地政府特派了一位官员负责看信和代朱丽叶回信。

留给我深刻印象的还有一样东西：鸽子。

世人历来把鸽子叫作和平鸽。为什么呢？她起源于圣经故事，《创世纪》里记载说：世界末日发生了特大洪水，诺亚造了一个方舟在水上漂流。有一天他放出一只鸽子，要它去探问洪水涨落的消息。鸽子飞回的时候嘴里衔着一根新鲜的橄榄枝，诺亚高兴地知道洪水已在开始退去，陆地出现了。

以上是鸽子和橄榄枝成为和平象征的由来。但是鸽子之所以为和平鸽，我在所经过的这些欧洲城市才得到了具有说服力的解答。无论在法国还是在意大利，广场上、小巷里、屋顶、墙头、窗子上，随处都有鸽子翩翩降落。广场上人越多的地方，鸽子降落得也越多，它们咕咕地叫着等人喂食，和人和平共处，在人们脚下穿行。但你想逮住它却很不容易，手刚挨近它，它便跳开了。鸽子给我留下的是一片和平景象。

看了一遍上头写的，我对自己也感到怀疑了。看你是怎么的，把资本主义国家写得这样太平，是不是中了毒，故意美化她？凭着我过去先入为主的印象，我也想找一些黑暗面，但我没有时间专程去找，所以也没有找到。幸好有个"实事求是"的标准在，我只能据实而写。

我相信中国人也有在生活中处处充满情趣的一天，我们中国本也有这样的传统的。只是不知犯了什么傻病，把自己糟蹋了个够。古代的孔子也说过"不患贫而患不均"，我们现是又贫又不均，甚至越贫越不均，这是吃了封建专制、特权思想的大亏！但是现在终于看到了生活的曙光，拨乱反正，一切都会渐渐好起来。如今我们举国奋发，有理想，有志气，有勇气，有胆有识，一定能把国家搞好。我们也不会忽视，生活还应当有点趣味，有点幽默感，不要一天到晚板着面孔，否则生活将是枯燥乏味的。

1980 年 8 月 25 日　于北戴河西山六十楼

半夜跌跤记

这个题目叫我琢磨了一阵子。用口语说，应是“摔跤”或“摔了一跤”，没有说“跌跤”或“跌了一跤”的。但说“摔跤”不合适，因为“摔跤”在目前是一种体育项目。半夜三更，这七十五岁的老头子还跟人家摔跤，难道是疯了？神经病。

我要说的是，在刚过去的1992年12月13日深夜，亦即12月14日凌晨2时我真的摔了一跤，摔得很厉害，很危险，弄不好真会送命。

我的生活习惯数十年如一日，改不了，就是每晚就寝，大都在凌晨2时左右。奇怪的是每到深夜，我精神更好，写点东西，做点正经事都在晚上8点到深夜2点这段时间。到了这时候其实仍无睡意，而是心想：这时还不睡，到明天得什么时候才起来呀？这才不得不睡的。

就在13日晚上11点左右，我正在写一篇小文章的时候，忽然电话响起来，我拿起电话就听到是熟悉的香港《明报》记者林翠芬的声音。她说:“吴老，你听说一件和你有关的新闻了吗？”我说:“什么新闻？我没有听说啊。”她说:“我读给你听吧。”这是一则香港中国通讯社电讯，标题是“北京国贸中心起诉吴祖光”。里头说，北京国贸中心的法律顾问韩小京日前透露，国贸中心已以吴祖光侵害其名誉权向北京市朝阳区法院起诉，法院业已立案受理。据韩律师介绍，在几个月前的一场涉及惠康超级市场侵害名誉权的诉讼案中，吴祖光在一家报纸上发表一篇署名文章。国贸中心方面认为，该文仅依据某些报纸所载与事实严重不符的单方面的陈述，有些语言带有侮辱性，已构成侵害国贸中心名誉的事实。所以，国贸中心以侵害名誉权起诉吴祖光。

我谢过小林对我的关心，把电话挂了。开始我确实有点生气，但马上就觉得滑稽可笑了。显然这个“国贸”怕报纸，因为这件案子北京很多报纸都有披露，谁都知道你“国贸”赔礼道歉又自动认罚了。所以在此后多次被记者提问“国贸”为何不控告那些所载与事实严重不符的报纸而控告吴祖光时，这位律师先生一贯答曰：“我们有选择被告的自由。”因此他们选了我。

我要去睡觉的时候已经是深夜两点钟了。我到洗手间去匆匆洗漱之后，把日常衣服脱下来换睡衣。怎么换法呢？这已经是终生的习惯了，即在最后穿睡裤时从来不是坐着而是采取金鸡独立的姿势——左脚站在地上穿右裤腿，然后右脚站在地上穿左裤腿。但是这一回出乎意料的是，我在右腿独立时，突然一下向右歪倒了，闪电一般的急速，根本来不及做任何抢救和纠正，整个身体就倒到右侧去了。右侧是书桌的左角，书桌下面放着一只圆凳，右侧胯骨猛磕在圆凳边上，而右侧眉梢偏上一点更猛地撞在书桌上的玻璃边上。我只觉得头撞得非常疼，赶快跑到洗手间，开亮灯才看见右眉梢上裂开了约为半寸长的口子，而鲜血正如开了水龙头那样流下来，经过嘴唇流到脸盆里。

这下子我真害怕了，妻子早在三个小时前就在北边卧室睡着了，两个小姑娘亦都早已入睡。我本想收拾一下便在小书房里睡觉的，但这回不行了。我按住头敲隔壁山东小芹的房门叫她快来，小芹睡眼朦胧地爬起来，一看见我就吓傻了。我才想起她最怕血，一个多月以前，由于凤霞不慎摔倒骨折，去医院复诊，打开石膏时，她看到血迹时竟然当场休克。这下子她见我血流满面，脸都变青了。我说：“小芹，快去打开大书桌后面的柜子，把里头的云南白药拿给我！”小芹慌慌张张地跑去把书柜打开，但是什么也找不到，说：“什么白药呀？哪个是白药呀？”这当然难怪她，书柜里上下三层，每层靠外边都是药瓶子，大大小小的，她怎么知道哪个是云南白药呀？我只好再次按住伤口跑过去拿了一小瓶白药，又回到洗手间的面盆前，叫小芹赶快把药瓶打开。我把头横向左边，叫她把药粉洒在正在流血的伤口上，她战战兢兢地做了……“啊！”我和小芹同时叫起来，出现了奇迹，不停涌出的一股鲜血立即止住了，出血的部分只留下个圆圆的淡黄粉迹。

我们伟大的祖国居然有这样神奇的止血药，怎不教人感激！这下子我的灾难结束了，否则我该怎么办？我必须再把衣服穿上，然后下楼出门，有幸拦到出租车最好，不然我就得跑步去附近朝阳医院挂急诊。这还是我的有利条件，朝阳医院就在我家不远，但即使跑步总也得十分钟，真要跑的话，这顿跑也得把我累个半死。

而这瓶云南白药还是我十多年前偶然一次去友谊商店时买的，那是一大盒，大概装着十小瓶，这么多年过去大部分都送了人，只剩下这两小瓶了。不久前忽然发现它们就摆在身后的书柜里，不想这回用上了。

这一下问题解决了，我把脸上的血洗净，伤口贴了一张创可贴，真心感激医务工作者发明这么好的药，这么方便的“可贴”，真正是造福无穷呀！这一闹腾，快三点了，居然一点也没有惊动妻子，否则我倒没事，她会吓个半死。

奇怪的是，伤处始终没再疼过。而躺到床上时，我才突然感觉右侧胯骨撞在圆凳边上的部位疼得好厉害。又想到，肯定这一部分是和眉梢部分同时撞上的，因此它至少也分担了一半的冲撞力，否则额角被撞处也许会把头骨撞裂。它接触的地方是书桌上玻璃板的边沿，假如稍靠右方正是太阳穴，假如稍靠下边则是右眼珠，则其后果定是非死即瞎。

终于平安无事，我倒在床上就睡着了。第二天见到妻子，她问我这是怎么回事，我简单一说，正好来客了，她没再深问，否则她那个唠叨埋怨劲儿比跌一大跤还难受。

头上贴这么一块异物终是不大好看，但是却无处藏躲。过了一天就是 12 月 15 日，天津的风流人物、文艺班头冯骥才在中国美术馆举行的画展开幕。又是请帖，又是电话，还有大将小田的面邀，再是什么缘由也得参加呀！而伤处显然肿起了一块，这还不说，在右眼梢处和眼皮下边各青了一片，都超过了五分钱币大小，实在难看。这就不得不求助于妻子了，她取出了二十年前由于绝迹舞台而弃置无用的化装油彩，轻轻一抹，便盖住了这两块青。因此那十多天我一直没离开这盒油彩。

在大冯画展上，四方八面的英雄豪杰纷纷涌到，很可能是近年少有的热闹画展了。我遇见了好多的新知旧友，无法避免的是，大多数人都注意到了右眉梢上的这块胶纸“可贴”。于是我不得不解说一下这块创疤的来历，于是也不得不受到一些比我更年长者的训诫。譬如说：“都这么大年纪了，还采取这样的姿势穿裤子。”连年轻人都说：“我们都没这样干，您可真是……”

不过一天多点的时间，我成了国贸中心被告的消息也在展览会上被人说到了。真感激舆论立即倒向了我这边，而且立即有一位我叫不出名字的朋友告诉我：“一位年轻律师明天会来看你，愿意帮你打这场官司！”

人总是同情弱者的，不论在什么时代，这也叫作得道多助吧。现在已经至少有六位律师表示愿帮我打官司，我已经具备条件组织一个律师团了。

我的头一个律师彭学军正赶上看见我半夜跌跤的狼狈相，他建议我应当去照张相，将来打官司提出赔偿时，这是一个重要项目。到底是律师，想得全面周到，而我怎么就没想到呢？可也是呀，我从来都这样脱裤穿裤，可就从来没有摔过一次。而这次摔这一跤正是香港《明报》记者小林打电话告诉我这一场国贸中心的官司之后的两小时，可能我走了点神。在中国美术馆我提到十几年前买来的云南白药的神奇功能时，围着我的几位老朋友不约而同地叫起来："啊！十几年前买的，那是真的！"

1993 年 1 月 20 日夜

撞车记

1993 年 1 月 18 日我接到最为尊敬的好友杨宪益的电话，约我在两天以后即 20 日去他家吃晚饭，并且在电话里申明：请了一位四川厨师来做这顿饭。 那就更得去了。

但是我马上就明白了，这位“四川名厨”原来就是每个星期一都会到我家来的中国文研院话剧研究所的贺黎女士。“啊！”我说，“我今天才知道你是四川名厨！怎么一次也没有给我做过饭？”

从去年年底开始的这场又可笑又可气的“国贸官司”，搅得我居无宁日，至今来人采访、电话采访，每天不断，所以能跑到西郊和老朋友一起过一晚也算难得。 然而到了杨家，无论主客关心的也还是这个问题，不免又是从头到尾再说一遍，引得大家气一阵、笑一阵：只有咱们这个地方才会发生这样的事情！

然而今天晚上我有个约会，上午“国贸”案的当事人之一——被搜身的倪培璐和她的母亲王士安女士打电话给我，要一起来看我。 由于有杨家的晚宴，我把时间定在当晚九点钟，我估计一般的晚餐在八点钟一定可以结束了，从宪益住的西郊百万庄到我住的东郊东大桥，路尽管不近，九点到家当无问题，并且约好了老朋友出版家范用和大师傅、我的学生贺黎一同回家。 因为范、我、贺住的是一条线路，可以先到范家，再到我家，最后贺黎到家，叫一部出租车就全解决了。然而事前没想到，贺黎这位烧菜师傅，吃完饭还有洗刷碗筷锅盘的劳动，这一下花去了将近半小时之久，待我们离开杨府，已经到了八点二十分左右。辞别主人，走出百万庄，拦住一辆出租车，时间已到了八点半钟。

看起来已很难在九点以前赶回家，但还是应当绕点路先送范老到雅宝路北牌坊胡同，然后再送我到东大桥。在还没有到达我家之前，我把车钱全交给了贺黎，关照司机送这位女客人去到再北面的展览中心，车近我家门前便叫车停了下来。

我家在体育场路西，但车只能停在路东。本来我可以叫车子往西转弯把我送到门口，但一般我都是自己走过马路，不劳别人，只关照司机把车上的女客人送走就是。这时我看过表，时间已是九点过了十分，马路上行人车辆都已稀少。身后的十字路口正亮着红灯，从南到北已没有车辆过来，而北面有一辆车离我还很远，根据经验我完全有时间走过去。然而奇怪的事出现了，我正走到马路当中的那两条黄色中线上，而且走的又是划着白线的行人过街道上，突然右脚外侧受到一下猛撞，同时听到急刹车的声音。我全身倒在地上，看见一辆黑色轿车停在身旁，两侧的车门同时开了，一个中年女人，还有一个较老年的司机跑过来，几乎同时说："老先生，我们撞了你……"他俩一边一个把我搀扶起来，女人说："快，快，快上车！我们送你去医院……"然而我心里想到的只是上午约定的那母女两位客人的来访，我说："不行，我家里约了客人，时间已经过了……"他两个只是说："去吧，去医院吧……"我坚决不去，虽然已经感觉右脚疼得厉害。这时已经有后来的几部车停在后面，他们俩把我搀过了马路，我只是说："我就到家了……"我蹲了下来，用手摸一摸被撞剧痛的右脚外侧部分，发现没有出血，也放了心。虽然疼痛异常，想来没有大碍。这时他们已把我搀进了楼门，走到楼梯下了。

他们要把我搀上楼，送我到家，但我拒绝了。这时我最害怕的是，这事让妻子知道了。这一阵子她对我的监管越来越严，经常唠叨说我不知照顾自己，我要出门时她总是要叫小姑娘陪我出去，而且每天至少有两次到三次叫小姑娘送药给我吃，大多为维生素、蚂蚁粉、丹参片、维脑路通之类的保健药品……我反正是送来就吃，一切唯命是从。所以我马上想到的是：假如妻子知道我竟被汽车撞倒在马路上，那还得了！我今后的行动自由定将被全部剥夺，那我还怎么活？

这位中年妇女是非常文明负责的。由于我坚决不要她送我，她就问我这条路名、楼号和我的居室号，我一一告诉了她。又问我姓名，我也告诉了她，当时我想她可能会知道我，但她的表情却似知而又似不知，只是点了点头。因此我也就知道了自己的“知名度”也不过一般而已，真是没啥了不起的。而我心里只是想着怎样瞒过我家女主人，这样的恐惧心理抑制了伤痛。

我已扶住了楼梯栏杆，再三说自己能够爬上四楼，叫她放心，心里觉得她真是好人。我一生中也确实碰见过不少好人，不知如何感谢。当时我的感受真如一位叙述此事的作者所说：“倒像我撞了她似的……”她临去时对我说：“明天上午我们来看您……”两人慢慢走出我家的单元门口时，我真是十分抱歉，感觉温暖，虽然右脚面好疼好疼……

我一步步爬上四楼叫开了门，见到客厅里两位客人正在和凤霞谈话。我忍住脚疼慢慢走进去坐下来，在她们不注意时低头看我的脚，我最怕的是有血流出来，却是没有，但是发现右边裤腿的两面缝线全已裂开到腿腕处，而且在膝盖下面出现一个三角裂口。一撞之威竟然强烈至此，真叫我大吃一惊！于是我又站起走了出去，她们三位正谈得热闹都没有注意我。回到卧室，我匆匆换了一条裤子再走出来，才和我的两位客人谈了一年多以前“国贸”这一案的一些内幕情况。培璐的妈妈深以这个新中国成立后消费者告官商第一案没有打出个“说法”，表示遗憾。这只是由于其女儿和表姐都很年轻缺少经验，和律师一起“撤诉”了事，上了那个“国贸”的当。

大约半小时以后，客人告辞去了，我送她们母女到房门口。妻子回屋休息，我才得以到书房里脱下鞋袜，发现右脚右侧正中部分有一块一寸直径的圆形血迹，表皮已经撞碎，虽然没有碰破血管，但整个右脚肿得像个馒头一样。我用手摸摸捏捏，都不见有骨折现象，轻轻洗过脚睡了。对妻子，我只有决心隐瞒，但家里的两位小姑娘都看见了，见血就晕的小芹这回看见的只是干了的血迹，没有上次见我额角流血那么紧张，却也掩面不敢看。小群胆大，却也见我脚肿得这么厉害而感到害怕。

由于走路吃力，我悄悄打电话给朝阳医院神医张立新大夫，他来看过我，给我扎针、按摩，确定没有骨折现象，但亦十分震动，并向我详细询问当时撞车的情况。我告诉他我是在人行过道上行走的，但我明明看见由北开来的汽车确实离我很远，因此在这时候我就没有注意右侧的来车。据我的估计，那辆黑车是开得太快了，发现了我急刹车时已离我很近，假如再近丝毫，我必然粉身碎骨了。

张大夫问我曾否看见车牌号码，这种情况之下，我哪里顾及这些……

凤霞夫人当然会问我为什么走路一拐一拐的，我只用非常平淡的口气说:“走路不当心，一下踩到路旁土坑里，把脚崴了。”

张大夫为我治疗三四次后，脚肿大见消退，但是消退到一定程度就消不下去了，至今已过一个月又二十天仍未完全消肿，而且显红色，据医生说是软组织挫伤，并可能伤及骨膜之故。当时张大夫要回哈尔滨家里去过春节，他委托他的另一个病人好友小贾陪我去协和医院照一张右脚透视。小贾热情地陪着我，并找来另一位年轻朋友搀扶我。更想不到的是，他把医院的骨科主任都请了来，否则见到那排着长队的等待拍照的病人，我真不知还要受多少罪。我很快就拿到了照片，主任诊断，右脚骨丝毫无损。

尽管彻底消肿至今尚难以做到，但走路却是日见自如，基本恢复到被撞之前的模样，只是人容易疲倦了些，不敢走太长的路了。当然，这只能是暂时现象，“伤筋动骨一百天”，这还只不过五十天啊。

对妻子的隐瞒两个月来一直未露破绽，这是我对任何一个知情者再三关照的成果。但是忽然，我们的好友，朝阳医院另一位康复大夫任小姐，打了一个电话给凤霞，对她朗诵一篇《北京青年报》的文章，题目是“吴祖光受人尊敬”，稿子不长，谈的却恰恰是我被汽车撞伤的事。我是随时注意这一事故对妻子保密封锁的情况的，看到妻子接电话时表情有异，赶紧到隔壁房间拿起电话分机去听，却是在读的这事，只有暗暗叫苦。然而事有出乎意料者，凤霞听了之后，竟没有太多责备，我就算过了关了。

那位曾经以其热情、负责而深深感动过我并问了我的住址、姓名、声称明天定来看我的女士，是多真诚、说话多好听的女士啊！但最后她终于只是说说而已，她根本没来……

于是，有好多位好朋友听说此事后埋怨我糊涂。为什么不记住汽车牌号？为什么不问车主的姓名、身份、住址？……

我也问，即便来了又怎样？已经撞了，又不是故意撞的。让她负担医药费吧，我除去付了点照片费，医生来看我，我也没处交费去。至今没消肿，只有等它消肿吧。唉！算了，算了……再说，我还真怕她来，她一来，我的秘密就全部曝光……虽然后来还是曝光了。

总而言之，在我七十六岁之年，在右额眉梢重创之后，右脚骨又经受一次更为强烈的冲撞考验。结论是：汽车也没撞坏我。

1993 年 3 月 12 日补记

丙编

影剧生涯

释“一批影片禁止放映”

——致国民党的官僚党棍们

本月18日香港《华侨日报》载有标题为“一批影片禁止放映”的一则新闻：

> 广州17日消息：军政当局顷据国民党港、澳总支部报告，以香港影剧界分子白杨、吴祖光等百余人，于4月16日在香港签名发表拥护所谓世界和平宣言，显为中共帮凶，自应予以制裁。特饬令各有关机关及各县政府、县党部命令各电影院严禁放映该签名演员之一批影片，以杜流传；及遇彼辈入境时，言论行动，尤须严密监视。

你们国民党的官僚党棍们！看到这段消息，老实说，我连笑都懒得笑了。你们的滑稽戏已经演得太多，演得太臭，演得太滥。假如，我仅只是作为一个观众的话，我对你们也只有一种可怜不足惜的感觉。有一句俗话说：“苍蝇掉在夜壶里——人家看它可怜，它还以为自己在游湖(壶)呢。”我把你们好有一比，你们就好比是一群掉在夜壶里的苍蝇，在这种作法自毙、死到临头的时候，居然还恬不知耻地玩这套分明命令不了、禁止不了的“命令禁止”的把戏。

时候已经晚了，人民的力量已经扭转了时代，粉碎了你们的暴力。你们什么把戏也玩不成了。我知道你们今天还会缅怀你们已逝的所谓“黄金时代”，你们曾经横行过一段时期，对于属于人民的影剧以及一切艺术，用尽所有卑鄙无耻的手段加以摧残污辱。你们经年累月逐日开列你们禁止的书目，封闭报馆、书店，检查窜改戏剧电影的内容；用特务武力来扼杀文化艺术，对凡是追求真理正义的人士都视为眼中钉，务期置之死地而后快。你们这样做过，而且做得很长久，为此你们曾经很得意，很神气；但是你们所最痛恨的人民，今天站起来了。真理和正义终于战胜。你们现在已经倒了霉，而且要永远永远地倒霉下去了。

就“禁止”而论“禁止”，以我自己的写作经历来说，十余年来在你们的压力之下工作，但是一开头我就看出了你们没有前途了，只以“禁止”来说，你们日夜不休地禁止这个、禁止那个，其实你们何尝有个禁止的标准？你们这个所谓“党”不过只是一个大奴才之下一群中奴才、小奴才的乌合之众罢了。你们禁止的标准不过只是看到一个光头的流氓便想到是你们的总裁，看到一个风骚的姨太太便想到是你们的第一夫人罢了……你们有什么主义，有什么原则，只是媚上欺下做贼心虚，把男盗女娼掩饰在礼义廉耻之下的一伙无耻之徒而已。

是不是“上帝要他死亡，必先使他疯狂”？从前你们对要禁止的对象还用尽心思虚构一些冠冕堂皇的罪名，但这一次你们“自应予以制裁”的“百余人”竟是因为他们签名发表了《拥护世界和平宣言》。谁不要和平？谁不拥护和平？就是暴虐如你们、反动如你们不是一向也以“和平”为你们最美丽的谎言之一么？为什么“拥护世界和平”便是“显为中共帮凶”？杀人可以“帮凶”，放火可以“帮凶”，“拥护和平”的“凶”（？）如何“帮”法？假如你们对“中共”的认识便是“拥护世界和平”，你们更有什么理由反对“中共”？而且这样的判断还不够教训你们自己么？和平的力量是不可征服的！人民的力量是所向无敌的！就因为“中共”和人民拥护和平，你们落得今天的悲惨收场！这还不够清楚而明白么？

你们更应当知道，签署了拥护世界和平宣言的“香港影剧界分子百余人”正是全中国追求进步的艺术工作者的代表人物，也正足以代表全中国争自由、求解放的善良人民。如今人民的战争胜利了，一个新的中国诞生了，新的为人民的艺术正在蓬勃兴起，在全中国充溢新的希望。这岂是你们这些坐井观天的井底之蛙所能理解的事情。艺术自来就与真理正义不可分，你们未尝没有组织你们自己反动的剧团、影厂、书店，可是你们曾经做出过什么成绩？你们曾经企图拉拢过若干优秀的艺术人才为你们的私图工作，可是有哪一次达到过你们的目的？如今你们又来叫嚣什么“制裁”“禁止”“监视”了，但是纵使别人不讥笑你们，你们自己真的就不脸红吗？你们就不脸红，你们早已是日暮途穷的一群丧家之犬？你们还有多少“县政府”？还有多少“电影院”？“彼辈入境时，言论行动，尤须严密监视”，可是你们还有多少“境”？无耻啊！无耻啊！你们来“禁止”吧！“命令”吧！“严密监视”吧！“制裁”吧！而我们的戏剧、电影，以及一切人民的艺术，正在北平、在天津、在武汉、在全东北，并且马上在上海、在广州、在四川、在广西，在全国人民土地上演出、放映、展览、生根、滋长，无所不在，无往不利。形势比人强！留给你们的，恐怕只有叹息和流泪了。

你们国民党的官僚党棍们！再告诉你们一声，新的中国将不再有什么“禁止”“命令”这一套把戏。人民是大量的，新中国将大开门户不怕你们“入境”。只要你们有脸回来，中国人民是毋庸“严密监视”你们的。好在你们从来脸比城墙还厚，不知羞耻为何物，凭着这套本领，为今之计，还是趁早想想自己将来的出路吧！

（原载1949年5月21日香港《文汇报》）

为审查制度送终

影剧版编者先生要我写一篇讨论剧本审查问题的文章，这是一个老题目，七八年以来，我们几乎不断地在写这同一的题目——少说我也写过七八篇了。现在再写，无非仍是那些说过的老话。但是如今形势不同了，今天读报，知道那个卑鄙无耻、专制独裁、毒害中国二十几年的贼首蒋介石，已经滚下了他的魔王宝座，无论在目前他还企图用什么手腕维持残局，而人民解放的全面胜利到底即将实现。审查制度自然将告结束，所以今天再来讨论剧本审查问题，已经可以说是在作清算功夫，对将要来到的新国家中的新制度来说，也庶几可备参考之一格。

在国民党统治之下的审查制度，一言足以蔽之，就是奴才的审查制度。

我以眼见的事实来证实我的见解。

二十九年(1940)春天国立戏剧学校到重夫演出曹禺的《蜕变》，是我第一次接触到国民党审查剧本的情形，那是曹禺头一个有关抗战的剧本(实际上谁都会直觉到这个剧本过分夸张了这个政府的好处,这个政府怎么会有这样的好专员？这个政府如何容得这样的大夫存在?)所以蒋家鹰犬陈立夫、潘公展之流都亲自出席这个戏的彩排。那天的“惟一戏院”里，他们带着一群更小的奴才，都拿着纸簿、铅笔眈眈虎视，时而交头接耳，时而暗递眼色。彩排结果判定禁演，当时剧校校长余上沅，急得要命，百般疏通，潘等提出修改多点，还记得的是：

(1) 丁昌去打游击，取消了。

(2) 医院院长的小太太“伪组织”，不许说，以伸小拇指代替。

(3) 丁大夫送别军队出征，摇动小兵送她的红兜肚，被潘公展拍桌大骂，说是“摇红旗”，结果大概是改了颜色。

其余的已记不清楚，游击队被删，我们可以想得到这道理。“伪组织”都不许说，就叫人觉得南京的“伪组织”和重庆的“抗战政府”的“交情”之深了。而后来打听内幕，据说是当今的第一夫人也不是原配，而是“小太太”之辈，因此侮“小太太”为“伪组织”自然应在禁止之列了。

此外，张天翼有一篇童话叫《秃秃大王》，写的一个魔王残暴不仁，后来被奴隶打倒的故事。由凌鹤改编成剧本，孩子剧团演出，戏是修改后准予上演，但题目被改成了“猴儿大王”，这理由是谁也猜不出的。后来由知道内情的人透露出来，才晓得审查会的意思是蒋介石是个秃头，因此这个独裁魔王不许叫“秃秃大王”。独裁为蒋，移祸于猴，知道这内幕的，至今为猴儿不平。

别人的剧本略举二例于上，下面说我自己的剧本。

中宣部的中电剧团由陈鲤庭导演，演出我的《正气歌》，被删掉了四分之一以上。凡是贾似道的专权，朝廷的昏庸全被删去了。演期一个月，每天都有新的删节，演员每天要背诵新的剧词，一天演出一个不同的样子，没有演满期便草草结束了。我当然不再去看戏，只记得有时深夜走过国泰戏院门口，曾经两次看见张道藩和潘公展在剧场门外两个头凑在一起咬耳朵，鬼鬼祟祟不知捣什么鬼。那时候这两个好像一个是中宣部长，一个是审查会主任委员。

我的《牛郎织女》是一个神话的幻想的剧本，出版、上演都通过了。但是我看到审查会的鲁觉吾时，他来买好说：“你这个戏几乎通不过，说是迷信，后来由我坚持才通过的。”我才知道审查会原来是还反对迷信呢。但是何至于无知到连“牛郎织女”的传说都被认为迷信，当然这只是作态而已，表示他们的尺度并不仅在于政治问题，还要废除迷信呢。

《风雪夜归人》，依照鲁觉吾所说，也是经过他的帮忙才能通过的。当中的一句“大官都是强盗”是当然删掉了的。朋友 H 君告诉我，在演出时看见钱大钧同他的姨太太在看戏，看到一半便拂袖而去。在后两排看见 H 君，H 君问他为何不看，他气冲冲地说:“诲盗诲淫！”接着潘公展便写信给演出者应云卫讨戏票(他连买张票都不肯的)，云卫故意送了他最后一场的票，而在第一期的二十几场演过后，正准备重演时，审查会的又一道公事来了，宣布禁演，同时也禁止出版。潘公展并在一次招待会上大骂这个剧本。

这时又有一个朋友告诉我，说一个被某显宦拖住不终席而退的姨太太(不知是否钱某)，事后独自去看了三次。这是个不能证实的传说，却证实了《风雪夜归人》应被禁演的理由。国民党的显宦豪门之中哪一个没有三妻四妾，这样的戏其不被认为“诲盗诲淫”者，其岂可得乎？

接着我的《林冲夜奔》被禁演、禁出版，罪名是“题材不妥”，这就越发直截了当，连枝枝节节都嫌麻烦了。

胜利之后，我写了两个新戏在上海上演，一个是《捉鬼传》，一个是《嫦娥》，这样的戏居然上演，观众无不认为奇迹。但《捉鬼传》演出正巧在召开政协之时，国民党也在叫“民主”叫得震天响，这戏的演出算是被我们投了机，然而我仍被上海社会局传去问了一次话。《嫦娥》则碰上一个与特务有关系的人做老板，他说只要能赚钱，别的都没有问题，虽然戏一上演便被上海警备司令部和社会局每天跑来麻烦，但都被这位老板以他的特殊力量挡住了。之后，我到了香港才知道这位老板受了党的处罚，关在苏州受训三年不得任用，在他真是无妄之灾了。同时，孙景璐小姐告诉我，有警察、宪兵跑到我们在上海常去吃茶的维多利咖啡馆去捉我，因为咖啡馆里的一个年轻人搭了一句话，被拉去关了一天，便更是莫名其妙的事了。

《嫦娥》虽然演出，但被强迫修改十六点之多，详细我已记不清楚，当时我曾写了一篇文章，被《文萃》编者王坪拿去，不两天“文萃社”被查抄，主持人被捕，刊物被禁，我的文章便不知下落，且曾为此惊慌甚久。现在大约记得有以下几点是当时谁都说起来就忍不住会笑的。

主要的、笼统的一点是说：自有话剧以来，有批评政府的，有责备贪官污吏的，有攻击奸商的，有揭破社会黑幕的，但从未有这样显明地从头至尾骂“老头子”——老头子蒋某也。

此外，审查官指出：剧中嫦娥十六岁，逢蒙反抗后羿离去，分明指的民国十六年国共分裂。

剧中的光明分子逢蒙穿红袍，坏人吴刚穿绿袍，不可，将两人衣服换穿。（按：这是审查到服装上去了）

剧中后羿一统天下二十年，然后被人民打倒，分明指的是蒋某执政二十年。

剧中四姊妹嫦娥最幼，分明影射宋家姐妹。

剧中许多对话分明是蒋某平常说的话。

剧中说到嫦娥吃的“炸酱面”（按：此处引用鲁迅先生《故事新编》中《奔月》原句）分明暗指“炸蒋”！

有这几点，已叹观止。

用不着解释，这些奴才“做贼心虚”的心理已经活灵活现。国民党的宣传、审查，哪有一点方针、一点政策？彻头彻尾都是战战兢兢的奴才心理，生怕他们的领袖，以及上级长官降罪下来。连姨太太都会通报到那个“海上女妖”宋美龄头上去，连炸酱面都会想到他们的蒋总统会被“炸”。更有一点特色就是凡是剧中被否定、被讽刺、被责骂的，他们都牵扯到自己头上，说是骂了自己。从来就不把那些光明的、好的，认为是在捧自己，反之都说是共产党，那就何怪今天共产党领导人民革掉了国民党的命，把他们的大总统赶下了台，昨天作威作福的审查正是他们自己为自己挖掘了坟墓。

一个新的中国就要出现了，新的、为人民的制度将会替代了过去的黑暗与不合理。新的中国将是民主的、自由的国度，这是不复令人置疑的事情。

以后是否仍应当有审查制度呢？这是一个新的问题，近来有许多朋友都在讨论这个问题，有人主张审查制度应当继续，因为在新中国的初期仍不免有封建的、倒退的残余力量与思想存在，这些东西混杂在文艺、戏剧里面仍是有毒害的。

我以为过去的政府是扶持黑暗的，而新的、人民的政府是打倒黑暗的，在一个民主合理的制度之下，魑魅魍魉将无所遁形，任何有毒的东西都将难逃人民的制裁。人民都是追求真理、向往进步的，亦将没有人敢于宣传危害人民的思想。追求真理的力量足以击退任何敌人，足以击退任何阴谋与毒害。一个民主的国家，所贵就在言论、学术、思想的自由。操之于少数人的事前审查，远不如交给广大的读者与观众予以公平的裁判。好的必然被传诵推广，坏的必然遭受到唾骂与淘汰，而唯有通得过广大读者观众的作品才是经得起考验的好作品，这将远较被少数人传观否决公平合理得多，这其间的得失是很明显的。

中国人将获得真正的言论、思想、身体的自由了。这不再是梦想而是铁般的现实。每一个有血有肉、有一腔追求真理之情的，有正义感、责任感的中国的演剧工作者，谁能不振奋精神全力来迎接这个新的中国！新的中国是个大有可为、前途不可限量的中国，而我们就将在广大的人民之前，演出我们发自良知与良心的、为人民的戏剧了。

（原载1949年1月24日香港《文汇报·影剧周刊》第9期）

《凤凰城》始末

——二十岁写的头一个剧本

我原籍江苏常州，但是却生在北京，1936 年十九岁的时候在北京的中法大学先理科后文科读了两年，那时父母亲在一年前携带我的姐姐及弟妹们已经离开北京去南京，孩子里只留我一人仍在北京。暑假里我回南京家里去度假，父亲说："你回来正好，你的四表姑夫昨天来找我商量，要你去他的学校做他的校长秘书，你去不去自己决定。"

父亲一向是让孩子们自己管自己的事情。那时候他刚刚离开他酷爱的、自己参加创办的北平故宫博物院负重要责任的职务，转到南京新成立的农本局负责总务工作。我的四表姑夫是在美国学成回国的戏剧专家余上沅先生，刚刚就职两年的南京国立戏剧学校的校长。

在亲戚朋友当中，我不是一个循规蹈矩的老实学生，相反是个任性的自由派，尤其是一个京剧迷，曾经逃学将近一年，每天下午去看富连成科班的京戏演出，这是许多长亲都知道的。余上沅先生在北京创办"小剧院"，定期在协和礼堂演出话剧，历来都送票给我去看戏，现在要我去做他的秘书也并不出我意料。我见到余先生时，提到我原来计划暑假过后，仍要回到中法大学去上学的。他说，欧美的大学生很多都是在学习期中做一两年工作，取得一些生活经验，再回去读书会学得更好。他一下就说服了我，首先是我从小进幼儿园按部就班读完大学二年，实在也有些"腻歪"了，其次是这个戏剧学校对我有很大的诱惑力。我当时就同意了校长的要求，第二天就去南京薛家巷国立戏剧学校做了校长室秘书。

上班头一天得知：学校正在举行第一届学生毕业公演。头两届学生都是两年毕业，这一届毕业公演剧目是莎士比亚的《威尼斯商人》。现在还记得女主角是叶仲寅(即现在北京人民艺术剧院的老演员叶子)，男主角是陈健，现在仍在银幕发挥威力的老导演凌子风扮演摩洛哥亲王，在学校时他原名凌风。所以上班头一天，白天八小时下班以后，当晚我就去了剧场。我非常适应这种生活，在中学时候，我就在前台、后台跑惯了，只是那是在传统的京戏舞台。

就这样我开始了平生第一次坐办公室的秘书工作。说来工作十分轻松，只是做校务会议的记录，拟发校长室的布告，为校长草拟有关公务的信稿。日常接触的是学校的专任教师，有陈治策、马彦祥、王家齐、阎哲吾、曹禺等，这里面年纪最轻的大概就是曹禺了，当时他才二十六岁。

30 年代是中华民族多灾多难的年头，长期在北平生活最叫人烦恼的就是经常会看见那些骄横野蛮的日本兵和俯首帖耳、奴性十足的国民党当局，相比之下在南京的生活就要自由得多了。然而，日本强盗连这点自由也不会给你，我在南京不到一年就发生了日军炮击宛平的卢沟桥“七七”事变，从而激起了实际上全国人民期待已久的全民抗日战争。一个月以后的 8 月 13 日，日军进攻上海，南京政府大举向西南大后方迁移。国立剧校也立即做出内迁的安排，由于交通工具的困难，剧校全体师生和员工雇了五六只木船，沿长江西行，过洞庭湖，迁到长沙。这是一次原始方式的旅行，也是我此生唯一的一次木船旅行。由南京到长沙走了二十几天，横过洞庭湖全靠人力划桨，行近江边逆水而上时则要登岸拉纤。我们坐船的高兴了也和船工们一起划桨背纤，只是不得不惊诧船工们的铁脚板，他们一年四季光着脚，拉纤时就是踩在尖利如刀刃的石头缝上也是一踩而过。他们平时坐在船头上聊天时，嘴里抽着香烟，抽完了把烟头扔在脚下，竟是用光脚丫子一下把烟头踩灭，真叫人挢舌不下、目瞪口呆。

学校在 1937 年的暑假期间到了长沙。在这之前已经租下了一所有亭台楼阁的书卷气浓烈的房舍，地址在稻谷仓。门牌号数现在不记得了，只记得房主人姓王，前代是长沙著名的学者。现在我很后悔没有考察一下他的沿革传统，记忆早已模糊了。

到了长沙，学校发生了新的情况，原来在南京可以聘请到的来校兼课的学者、专家和一些专职教师都没有了，甚至一些非戏剧专业的普通课程的教师也难以找到。这一来作为四姑夫的校长就给他做侄儿的我连续下达了兼课教师的任务。头一个任务是“国语发音”，这对于从小在北京生长的我是没有困难的，而以前在南京录取的第三届新生正陆续来长沙报到，由于来自四面八方，自不免南腔北调，发音成为很重要的课程。不久学校就给我增加了国文课，由于我从小在亲友之中就以文字浪博虚名，这门功课亦能粗粗胜任，不成为重大负担。而到了 1937 年末，由于战争逐渐深入，学校西迁重庆，再迁长江边南岸小城江安，我担任的教课任务就又增加了《文艺概论》和《中国戏剧史》，这两门学问我就只能靠跑图书馆找参考书临时抱佛脚了，而我的学生年岁大都和我相仿佛，有一些同学甚至比我年长。

到长沙使我完全离开了家庭，从此我开始了一个人的长途行路。这时父亲携同一家人已早离开南京去湖北武昌调换了新的工作，由主持湖北省政的张群和主持豫鄂皖三省军政的张学良安排他在湖北政务研究会和区政研究所做会长和所长工作。由于任务的性质，他掌握了一些国内形势的文字材料。我到长沙不久，就接到他从武昌寄来的挂号邮件，是一份关于东北抗日“少年铁血军”司令苗可秀被俘不屈殉国的史料，附有父亲的来信，说故事很感人，希望我考虑写一个剧本。

现在回想当年，父亲实在天真，也十分可爱：他怎么会想起他的儿子凭空就会写起剧本来？在这之前我写过什么？但是儿子也是糊涂胆大，收到父亲的信之后立刻就动起脑筋来，立刻就开始作分幕的结构。首先我觉得材料单薄了些，组成一个大戏还远远不够。我首先到学校图书馆收集材料，找报纸，但没有什么收获。第二天我上街去逛书摊，真是好运气，一下子就看见一本薄薄的小册子《义勇军》，我翻了翻就买回来了，里面是十来个短短的小故事，全是描写“九一八”以后东北沦陷区人民的抗日事迹，正好弥补全剧的空白。这样我不太费力地把苗可秀抗日的全部故事编成了一个四幕剧：第一场是别家；第二场是战地的指挥所与敌人展开的激烈斗争；第三场写战败出走与群众的密切关系；第四场是被俘和负伤治疗中与朝鲜地下党接触，在义军攻入监管所拯救时因伤重牺牲，临终为铁血军接班人留下继续战斗的遗嘱。

戏都是我在每天下班之后回到那间楼上卧室去写的，一幕戏写一个月，用了四个月时间写完全剧。苗可秀战败死难的地方是辽宁的凤城县①，地在丹东以北，当地人称“凤凰城”，正好做了剧本漂亮的名字。

凭我现在的记忆，在此之前我只在1935年应上海刊物《宇宙风》的征文，在林语堂、陶亢德主编的“宇宙风丛书”第一辑《北平一顾》中发表过我的具有忏悔录性质的第一篇随笔《广和楼的捧角家》。1936年春天我还在南京王平陵主编的《文艺月刊》上发表散文《睡与梦》。这个四幕剧的《凤凰城》应该是我的第三篇文章了。

剧本写好以后，第二天上班我就拿去给余校长看，因为在四个月中我从来没有对任何人说过我在写剧本，所以姑夫看到十分惊讶，说：“啊！你写了一个剧本！”他翻了翻，厚厚的，更加意外，我说：“很幼稚，你有空看看……”他说：“好，好。”说着，打开书桌的旁边抽屉放在里面，把抽屉关上了。

---

① 现已改为凤城市。——编者注

校长日常事务确实很忙，除了忙于公务，还要开会、上课、排戏……而我关心的就是盼着他看我的剧本。然而一天、两天、三天、四天过去了……我发现他竟然没有动过那个抽屉，他已经把这件事完全忘记了。于是我终于自己打开抽屉，把我的剧本取了出来，拿到隔壁房间的教务处，交给了曹禺先生。在长沙开学时，原任教务主任的陈治策先生已经离校，曹禺是新任的教务主任。

曹禺拿到剧本，和校长同样地吃了一惊，他翻开看了几页，对我说："现在最需要的就是剧本，我马上就看。"

第二天一早，曹禺就来找我了。他非常兴奋，说："太好了，四幕每幕都有戏，正是我们最需要的。"他立刻把第一届毕业生刚组成的国立剧校校友剧团的负责人余师龙和汪德找来，叫他们赶快油印，定为立即排练上演的剧目。他连连对我说："这是当前最需要的剧本。"这时全民抗日战争刚刚开始，抗敌救国宣传是当前最主要的任务，但是关于抗日战争的剧目在全国境内也还没有一个，上街头宣传的节目只有短短的街头剧——《放下你的鞭子》《香姐》《松花江上》和《流亡三部曲》……

当时的前线战争形势迅速变化，日军步步进逼，剧校再度西迁陪都重庆。1938年《凤凰城》在重庆国泰大戏院上演，演出是十分隆重的，四幕戏的四个导演是：余上沅、曹禺、黄佐临、阎哲吾。黄佐临和夫人金韵之(后更名丹妮)刚从英国回来到剧校任教，金韵之扮演剧中夏川菊子，主演苗可秀的是蔡松龄，苗夫人扮演者夏易初，耿震扮演苗可秀的继承人赵侗，朱平康扮演苗可英，杨育英扮演小老韩，张生由郭兰田扮演，王卓然由陈永倞扮演，刘壮飞由何治安扮演，田大娘由沈蔚德扮演，朝鲜志士人见绢枝由赵韫如扮演。由于"文革"期间把保存了半个世纪的唯一一张《凤凰城》初演的说明书毁掉，其他的演员我不记得了。戏在重庆上演时，正值东北大学校长王卓然先生到达陪都，更巧的中国少年铁血军苗可秀牺牲后继任司令员的赵侗也来到重庆。首场演出王、赵登台和观众见了面，满场观众热烈鼓掌欢迎他们。演出当中发生了很有趣的现象。有一次在剧场门口，检票人不许我进去，我不得已告诉他我就是剧作者，他一笑说:“你是他的儿子吧。”正巧剧团来了人，做了证明，才许我进去了。我生来个子小，可能是不太像个大人，这使我苦恼。后来我对外人讲述自己或填写表格时都故意多报两岁，怕人家看不起我。不久生活书店出版了《凤凰城》剧本，两篇序言是余上沅和父亲吴景洲写的。很快地连续再版，我看到过第六版。我至今还留着唯一的初版本，封面只留下一半，头几页也残破了。经过“反右”“文革”的形同抢劫的抄家，这个本子居然存在真是难得。国立剧专的校友剧团在四川地区进行了广泛的巡回演出。当时交通梗阻，但我却得到上海业余剧人协会旅行剧团在香港演出的消息，著名的演员陶金、白杨、施超等都参加了演出。由于国立剧校的演出开了头，《凤凰城》迅速在前线、后方未沦陷的国土上，以至港、澳、东南亚等广大的地区普遍上演。之所以造成这样的情况，近年来我多次回答记者的采访时说了以下的话:

1937 年曹禺先生是审阅初稿的第一人，立即进行上演的决定也是曹禺的作用。没有多久，剧校的一位同学郭兰田(已故，曾任中国戏剧学院教授)告诉我，曹禺在学校讲“编剧”课时，曾讲到《凤凰城》男主角苗可秀一人贯穿全剧，而四幕剧每幕都有一个女主角，构思独特，全剧“剧情强烈”。这四个字他也对我说过。我认为苗可秀的素材本身就很感人，而那本小册子《义勇军》几个人物和事迹亦充满生活气息，这是“剧情强烈”的主要原因。然而另外两个重要因素是:（1）全民抗日战争形式的宣传极需这个题材;（2）所有当代的写剧大家还都来不及创作这样的剧本，因此给了我二十岁的小青年一个“投机取巧”的机会——投全民抗日战争之机，取大剧作家还不及创作抗日战争题材剧目之巧。

抗战八年中写作甚丰的著名戏剧评论家刘念渠曾在战后做过统计:

《凤凰城》是八年中演出最多的剧本。还有一个情况，就是当代剧作家竟没有一个写过描写抗日战争的剧本，因此《凤凰城》是唯一的。在战争中以至战后，不止一次两次，新结识的朋友在听到我的名字时，对我说："我演过你的《凤凰城》……"1946年我在香港第一次见到画家黄永玉时，他说："我演过《凤凰城》的小老韩……"

我写的剧中插曲《流亡之歌》由张定和先生作曲，抗战八年唱遍前线后方。1993年中国音协主编的全国唯一的五线谱刊物《音乐创作》第三期重新发表了这个五十五年前流行全国的抗战歌曲。

新中国成立后的50年代初期，中国戏剧出版社主持编务的陈北鸥先生专程来访，要出版《凤凰城》。刚一提出之时，我吃了一惊，因为时间过去十多年，竟已恍如隔世。当时我就拒绝了，说这个剧很幼稚。北鸥说："你不要谦虚，它是八年抗战中的一个纪录，作为戏剧出版社，应当出版这个剧本。"我同意回去找剧本看看考虑一下再说。待我找到剧本时，没有看完一幕，我就看不下去了：毕竟是二十岁时的头一个习作，实在是过分幼稚。简直难以想象，这个戏居然在抗战期间演得这么多、这么久……后来北鸥又找我谈过两次，我都拒绝了。他表示遗憾，我也只有遗憾。北鸥是我的老朋友，已辞世多年，我至今觉得对不起他。

从40年代初期我在重庆接触了中国共产党起，我就好像在沉沉长夜里见到了阳光，心里充满了对共产党的一片热爱。这主要是对国民党的腐化、堕落，达到了不能容忍的地步。新中国建立，我认为是比天还大的喜事。我在两年前是因为在国统区连写了讽刺国民党的两个剧本，受到有关方面的警告而出走香港从事电影工作的。1949年9月大量赴香港"避秦"的文艺界朋友纷纷买舟北上，为了参加并庆祝新中国的开国大典。唯独我手边一部电影占着手，我紧赶慢赶做了结束，10月1日赶到青岛，只在青岛参加了开国盛典，2日换乘火车才抵达新的首都北京，开始了新的生活。用一句现成的话来形容我的心情那就是“如鱼得水”。我一心向往的就是这样的自由天地、清白世界。我亦自愿参加一系列的政治学习，但是觉得学得非常吃力。到了1957年毛主席号召帮助党整风，我高兴地听从召唤，把自己的意见提出来，后来我才知道那竟是“向党进攻”，我是“被引出洞之蛇”(我正是属蛇的)，是不可饶恕的“右派”分子。当然，后来我才又知道，那个打倒五十万人以上的“右派”分子的运动是打错了，而我一点也没有错，另外的五十万人也没有错，但是死伤枕藉。我得到“彻底平反”的文件是1980年1月，已经过了二十三年，青春已经消磨干净，我已经进入暮年。

说这个是为什么呢？就是因为从事近代文学的专家们把我这半个世纪从事文学写作的事迹全部抹掉了。1979年“第四次文代会筹备组起草组”和“文化部文学艺术研究院理论政策研究室”在这年10月出版了一本《六十年文艺大事记》，“六十年”是从1919年到1979年，其中当然会记下抗战八年中重要的戏剧成就。但是对这个唯一表现抗战题材的、写作时间最早的、演出次数最多的、影响最大的《凤凰城》却一字不提。这八年中我的作品也不仅是一个《凤凰城》，我也自知《凤凰城》的艺术水平不高，但它的影响却超过一切，而且我的作品中比《凤凰城》影响大、水平高的也并不是一个、两个！这本《大事记》里面也是一笔抹掉。

历史证明，我的一生是认真地、严肃地、勤奋地从事写作的，仅在剧本写作方面我所创造的“第一”，远远不仅是一个《凤凰城》而已。还有不止两个、三个类似如此的纪录，难道因为曾经被划“右派”，便把成绩全部抹煞了吗？何况大家都早已知道“右派”不是“右派分子”的错误，而是时代造成的呀！直到80年代后期，我还在创造新的“第一”，当时它们的命运与《凤凰城》完全一样。既然文学史家“奉命”或是“自发”地抹煞我，我决定陆续自己来说明我的成绩，因为这是真实情况。

这篇小文是我经过认真思考而写的关于我的第一个创作剧本《凤凰城》的记录。在这以前的半个世纪以来，我从未炫耀过自己。我现在这样写，只由于一个动机和目的，就是尊重历史。

1995 年 9 月 8 日　北京

记《风雪夜归人》

我为什么著作？

主要的是因为我憎恶浪费与无用的暴力，这两种坏脾气都是由于愚昧生来的；我试着著书给一般男女和小孩子读，好让他或她懂得一些关于他们生长在世界上的历史、地理与美术的背景……

——房龙

我的文艺启蒙老师曾经告诉我说：每一部文艺作品就是那作者的性格的表现，也就是说，每一部文艺作品所表现的都是作者自己。我们欣赏了、了解了一部文艺作品，也就是认识了那作者，并且接触了那作者。

因之文艺作品本身只是一个媒介，借了它，我们可以跃过了时代同地域的藩篱，结识许多新的朋友——伟大的、不朽的文学家，以至于音乐家、美术家。千年瞬息，天涯咫尺，都可以同我们共处一室，共同体味人生的苦乐，共同地颤动着彼此的心弦。

我想没有一件事再比别人说过的道理而在自己身上得到证实更值得惊喜的了吧？今天，由于一部作品，我又结识了一个新朋友，那作品就是自己的这部《风雪夜归人》，所以那朋友也不是外人，正是我自己。

说到直到今天才认识自己，才跟自己做起朋友来，似乎是颇为离奇的事。其实这道理也并不新鲜，就因为我一向过日子都是迷迷糊糊的，二十几年的光阴虽不算短，然而却是从来没有为自己的生活定过计划，就是偶尔想到我明天该做什么事，后天该到哪里去，也常常是临时就忘了，或者因为别的事就改了主意。譬如这部剧本，也何尝不是无意中立意，无意中想想，更在毫无计划、毫无预算的无意中，连自己也似乎始料不及地把它完成了。

我羡慕许多人，常会给自己下“考语”，说“我这个人一向是怎么样，怎么怎么样”，或者说“我的为人你是知道的……”我呢，说真的，我是怎样的人，自己是弄不清楚的，只是有时候，下意识地忽然觉得：我还好；或者，我很好；或者，我很不好……那想来就是我时常在变，不是自己所能把握、所能捉摸的。

我向来不愿重读自己写过了的东西，那总是会给我以无限的后悔与愧怍。然而今天我是多么惊奇，重读这部《风雪夜归人》，却破题儿给了我前所未有的亲切的感觉。我惊奇于那些人物对我如此熟悉，有我，有你，有他，竟是一些同我熟悉的人们的再现。从这里找到我的朋友，并不致使我太出意外——我写的原该是我熟悉的，或者是我爱好的，意外的却是在这里面看见了自己，我才知道是自己原来就隐藏在这每一角落里。

因为从不计算到将来，所以也就很少回想到过去；但是由于今天的这个“无意为文”的小小的剧本，却引我回味起多少逝去的风光。

首先让我怀念的，是那北国的无边的风雪——

在初级中学读书的时候，曾记得有一个冬天的早晨，醒来拉开窗帘，看见外面大雪纷飞，狂风怒卷，就不觉心中欢喜。想着：好呀！可以到学校跟同学们堆雪人，打雪仗，把雪团塞到围着炉火的女同学的脖子里去吓她们一大跳……穿好了衣服，围好围巾，披上斗篷，戴上绒线帽和手套，就跑到车夫小冯的窗底下。我捶着窗子叫：“小冯！小冯！送我上学去。”

过了半天，我急得在窗外跺脚了，小冯才慢腾腾地走出来。他刚起床，揉着眼睛很不高兴的样子，外面的冷空气一激，便不由得打了一个寒战。他斜了我一眼，说："还早得很呢。"

我说："要早去，到学校打雪仗去。"小冯不再多说，开了街门，把车子拖了出去，我便跳进车子。他又给我围上了车毯，放下了棉帘子，把车拉起就走。

我喊："小冯！快呀！快呀！快跑呀！"

小冯低低哼了一声，只不过快走了几步。

然而，天呀！我现在看见了什么呢？前面高高插云的牌楼同路旁的枯柳，都变成了风雪里的一片模糊。从正面棉棚子上的小玻璃窗里，看见车夫小冯弯着腰、低着头，向前攒劲。路滑风大，车子又是逆着风走，大风夹着雪在他全身鞭打。小冯连帽子都没有戴，从颈子到光光的头顶都冻得通红。

"站住！站住！"我叫，"小冯，你站住。"

车子正在下坡，小冯又冲出几步才站住了，费力地回过头来，他的耳朵同鼻子已经变成了紫红紫红的颜色，鼻孔同嘴里冒出来的气同风雪搅在一起，几乎教我看不清他的面孔了。

我已经取下了自己的帽子同围巾，就从帘子缝里递了出去。

小冯睁圆了眼睛，满脸的惊奇。

"这干吗？少爷。"他问。

"给你……"我再也不能多说一个字。

小冯笑了，我看见在风雪中受苦难的小冯笑了，傻傻的，酸酸的，又是多么善良的笑啊！

小冯伸出他的一只大手，往棉棚里推，说："不要。我不冷。"

我说："拿去，拿去，那帽子能松紧，你戴得下的……"

然而小冯终于不要。他说着"真不冷"，硬将"我的"帽子、"我的"围巾——那算是"我的"么——仍旧塞回车子里来。随后，他转面向前，一声不响，迎着风雪，一路佝偻着背脊，拉我到学校。

车子一到，我就跳了出来，帽子同围巾还是拿在手里的，我真是难为情，只低着头往学校里跑，虽然小冯在后面喊着“为什么不戴上……”我怕听他的声音，我也不能回身看他一眼。

看见校园中同学们已经在雪里玩得不亦乐乎，我便把这档子事忘记了，便也加入进去玩作一团。然而当天晚上在家里偶尔经过“下人”的窗下时，小冯的声音又送到耳边来，他在对李妈说话。他说：“少爷待我真好。今天早上我拉他上学，他怕我冷，还把他的帽子跟围脖儿给我戴。”静了一会儿，李妈说：“少爷是好，心眼儿好。”

我不敢再听，我年纪还小，还想不出什么道理来，只觉得心里有点难言之味，就悄悄地回到我的小屋子里去睡了。

现在想想，可耻啊！流血汗的奴隶们从不抱怨自己所受的不公平的苦难。只消一丝一毫的不值钱的“慈悲”，便使他们觉得这就是人类的温暖与恩典；而那些“幸福的人们”是连这一点点的“慈悲”也还吝于施舍的。

过了几年，我将要在高中毕业的时候，有一次祖母指着我说：“这个小孩学坏了。”不错，我确是学坏了，我一天到晚在戏园子里混，经常逃课，总是跑到戏园子去，把书包往柜台上一丢，便在楼上包厢里从白天闹到晚上，从这个戏园子闹到另一个戏园子。说是“闹”，决不过分，我们(不只我一个)并不正经听戏，而是在后台乱钻，在前台怪声叫好，甚至还打架。

不仅如此，还有更“坏”的事，我还在捧“戏子”——那动机何在，是一直也想不明白的。现在我却略有所悟，大半是由于戏剧特有的魔力，有如现在也有一班人迷于“话剧”一样。我捧的是一个男孩，唱花旦，名叫刘盛莲的，他年岁与我相仿，所工的专是风骚泼辣的戏。我待他真好，我觉得这是我最好的朋友。我和他谈天，我同他在北海划船，我把自己最喜欢的小玩意儿都送给他，并且把他约到家里来。我骗母亲说:“这是我的同学，我要留他吃饭。”

母亲很高兴，母亲也喜欢这眉清目秀的年轻人，母亲就说:“我自己去给你们做几样菜。”

母亲一向是这样的，我同姐姐弟妹们留同学在家里吃饭时，她总自己去做几样菜给我们吃的。

后来母亲知道了，母亲说:“你那个同学我看着面熟……”我没有说话，笑了。母亲又想了想，说:“他是那个唱九花娘的花旦吧?前天晚上不是我们才看的戏?我知道你是骗我。”可是母亲也并没有生气，母亲也喜欢盛莲呢。

有一次，白天的戏散了场，我到后台去约了盛莲一同出来，走过戏园子那条长甬道，将要到大街上时，后面忽然跑过来一群“野孩子”(那时候我们管街上的那些衣衫褴褛的孩子都叫野孩子的)围住我们乱嚷:“刘盛莲骚娘们儿……”

“刘盛莲不要脸，不要脸的……”

……

我气得站住了脚，意识上我是以盛莲的保护人自居的。那群孩子就一边嚷一边跑开了。赶走了那群“野孩子”，看盛莲时已经走出去老远。我追了过去，多少还带点英雄似的骄傲，我说:“这群混账东西……”盛莲没有响，只低着头走路，我从旁边偷看他，看见他眼泪流了满脸……

我就说:“盛莲别难过……”我又说:“盛莲，不理他们……”此外我还能说什么呢?盛莲一边走着，一边流着不止的眼泪。我心里才真装满了阴沉，我想陪着盛莲哭吧，哭不出来。我平常除去跌伤、跌痛或是受了冤枉之外，是哭不出来的。

我才真恨自己了，恨自己的无能，没有比看见朋友痛苦而自己毫无办法解除朋友的痛苦再痛苦的了。朋友，朋友，都是说得好听，想得美丽罢了，事到临头，朋友有什么用呢?我蛮想分担盛莲的痛苦，而这是根本不可能的事呀！

我没有力量打开那比黄昏还要沉重的忧郁，那天终于不欢而散。

过后我知道了盛莲的身世，盛莲是穷孩子，他得把他每天所得到的微少的“戏份儿”养活他年老的父母同多病的哥哥。尽管他在年轻演员中已经名噪一时、红极一时，然而他在科班里还没有出师，是没有多少报酬的。在大红大紫的背后，是世上所看不见的贫苦；在轻颦浅笑的底面，是世人体会不出的辛酸。艺术变成了谋生的工具，这本身就该是个悲剧吧？盛莲的眼泪不是无故而流的。然而在当时，我只是一块顽石耳，我还想不到这些，我也懂不了这多。

之后，我的生活起了“变化”，我进了大学，“福至心灵”，觉得该用功了，便常常埋头在图书馆里，做起“像煞有介事”的好学生来。其间我曾接到盛莲的结婚请帖，参加过他的婚礼。我坐在贺客席里，看见盛莲忙于应酬来宾，盛莲本来瘦弱，那天的面色也不大好，贺客中有人议论，似乎是说因为盛莲的爸爸或妈妈生了病，结婚是为了“冲喜”，我记不清楚了。在行礼以前的几分钟，盛莲在人群里看见我，便走过来，我学着那些大人们跟他拱手说：“恭喜。”红烛的光照着他，喜气中是带着忧郁的。他微笑，笑中也杂着苦味。他只抓着我的手，他说不出话来，我也不知说什么好。赶好新娘子到了，执事们过来把盛莲蜂拥而去，盛莲只说：“你多玩儿会儿再走……”

挤在贺客中间，我看盛莲同新娘子交拜，盛莲是漠然毫无表情的；新娘子也一直低着头，我也没看见她长得什么样子。到了司仪人高喊“谢亲友”时，新夫妇转身要对来宾叩头，我就从混乱之间溜了出来。我也许很想多“玩儿会儿”，然而礼堂中的空气让我不舒服，我还是早走了。

从此我不再看见盛莲，偶尔去看他的戏，也没有到后台去找他过。他出了科，名声日上，去过上海，一天天更红起来。一年后我到了汉口，又到南京，再偶尔地得到消息，说是：“盛莲死了。”

我知道这消息已经迟了，盛莲已经死了半年。

盛莲死了，死了，正像长夜的天空坠下的一颗流星，生也茫茫，死不知归于何所。几年来没有人再提起他，就是我也几乎不再想起他——虽然现在我眼前又可以幻出他轻盈流走的影像，耳边仍恍然荡漾他舞台上微微沙哑的声音。虽然他那句“你多玩儿会儿再走”的话也使我永不忘记。

人生的遭际是不可思议的，我又过了将近六年的流浪生活：我到过许多地方，见了许多人物；我知道了许多“人类”的风俗，我冒过险，探过奇；我曾到“火山”口边去窥探其中奥秘，我也试在纠缠不清的“人鼠之间”打过转身。

我不得不窃喜于自己的幸运，由于这战争，由于它给我的这份机缘——我仍旧引用“机缘”二字，虽然似曾有人说我的这部作品近乎“宿命论”，我是不能同意的——从一些世相，从一些朋友那里，我或多或少地清楚了为人的价值，也认识了自己前途的方向，并且试着开始摸索前进了。更因之写了这本戏，我也因此重得反省部分的自己。

只以这两件事作一个例子似乎已经够了，我不想再写下去，因为现在我还无心来记载这些生活的琐屑——虽然剧本所写，正由此种种琐屑而来。我想，到了我六十岁以后，我会写一部使人消愁解闷、粲然而笑的自己同朋友们的传记，那当然不是现在的事。

我为什么要写以上的这些字呢？其初意是为了让我的读者和观众更了解我这本小作品。那是怨我写得太含蓄而不明朗吧？朋友们很多已经读过我这个剧本，他们似乎常常只把注意力集中在这两个男女主角身上，他们希望莲生该怎样，玉春该怎样，他们不愿意莲生死得那么惨淡，不同意玉春嫁给徐辅成……

我所要回答的，莲生死得并不惨淡。我想我们活在现代，最主要的任务该是去找朋友吧？找穷朋友，找同我们一样受苦受难的人做朋友，那才会活得安逸，过得放心。天下有什么事比能把自己的同情与力量赋予需要我们的同情与力量的朋友身上更快乐的呢？再有什么比在接受朋友的同情的一瞥更教人觉得安慰的呢？在目前世界上大多数的人都在受苦的时候，最紧要的事莫过于去与朋友共甘苦了吧？莲生为朋友而生，为朋友而死，该算是最幸福的死吧！

我的多情的朋友们不赞成玉春嫁给徐辅成，想来是囿于“郎才女貌”的成见。然而从真实的人生里去看罢，我们能找到几对铢两悉称的配偶？人生是很平凡的，出人意料的事究竟不多，“奇女子”云云到底只是传奇中的人物罢了。

请恕我的大胆与狂妄：这部戏里没有主角与非主角之分。所有的人物，甚至全场只叫了一句“妈”的二傻子，都是不可或缺的主角。我的原意只是写一群“不自知”的好人和几个“自知”的坏人在现实的人生中的形形色色。说到这戏的主题，也正表现在全剧的每个人物的表现之中，难以一言而定，如果定要撮要地说出来，那么剧中莲生所唱的《思凡》的几句词：

昔日有个目莲僧，
救母亲临地狱门；
借问灵山多少路？
十万八千有余零……

这几句词也许勉强可以把剧本的用意包括了。

再有可以使我自负的，是我无意中写成的这个剧本，无意中安排就的这个故事，无意中设计的这些人物，在现在重读一遍之后，我可以说这全是我见过的，我生活中经过的。哪怕是一丝一毫的穿插，每一句对话，都能找得到我生活的痕迹。所以虽然“敝帚”耳，我却有无限“享之千金”之感。

为自己的这部小作品，下如许多的注解，这正证明了我的写作技巧的差池，也毋宁是一件极愚蠢的事。我只求我的贤明的读者们在闲着没有事读到它时，稍稍细心，多给它点时间，我就很感谢了。这无非是为了求得对自己的更多的认识，请原谅我的自私。

有人说文艺作品是为了发抒心中苦闷，苦闷也许也可算作忧愁吧？我很爱辛稼轩的一首小词，是：

少年不识愁滋味，
爱上层楼，
爱上层楼，
为赋新词强说愁。

而今识得愁滋味，
欲说还休，
欲说还休，
却道天凉好个秋。

说起来我该还是“不识愁滋味”的年纪，朋友们也常笑着说：“年纪轻轻，哪儿来的这一脑门子官司？”这在我也正是无可奈何而又莫明其妙的事，然而都是很自然的，我自信没有造作，我在写我今日之所见所感耳。说不定比起十五六岁时做的些什么“寂寞”呀、“悲哀”呀之类的无病而呻的文章，并没有什么进步。但是我可能进步的，因为我还会很久很久地活下去，我也正准备好好地、结结实实地活下去。我安排去找更多的朋友，去接近更真的世相，去承受更大的痛苦，相信总有“识得愁滋味”的一天。

最后，关于这本戏的名字，是引自唐诗“日暮苍山远，天寒白屋贫；柴门闻犬吠，风雪夜归人”的最后一句。只因为它适合于这情调，而且字面巧合，便用了它。假使硬来附会一些道理，我们也不该不承认现世界还是个“日暮苍山远，天寒白屋贫”的世界；我们又何等企盼着听一声“柴门”外的“犬吠”，期待那“风雪夜”里的“归人”呵！

1942 年夏　重庆北碚

对开明的依恋

从 1937 年卢沟桥“七七事变”以后，我在长沙写出我的第一个话剧剧本、东北抗日义勇军战争题材的四幕剧《凤凰城》开始，到 1947 年夏天这整整十年当中，我一共写了十二个剧本。其中《孩子军》是独幕剧，《画角春声》是据苏联剧本《蓝手帕》改编的，《胜利号》是一个集体创作的剧本，还有一个话剧本《牛郎织女》，以上五个剧本是在生活书店等五个出版社出版的。其他七个剧本——《正气歌》《风雪夜归人》《牛郎织女》(话剧和诗剧两部)、《少年游》《林冲夜奔》《捉鬼传》和《嫦娥奔月》，都是在上海的开明书店出版的。

事情已经过去将近五十年了，我几乎完全想不起来自己和开明书店是怎样开始联系起来的了。只记得大约是在 1939 年前后，由于日本侵略者的空袭日见加剧，战时陪都重庆遭到逐日狂轰滥炸，我所工作的国立戏剧学校原是从南京迁往长沙再迁重庆的，这时便三迁而至长江上游南岸的一个小城江安。这里有大江小河和青翠的竹林，清静无哗，听不见枪炮轰炸之声。我那时还十分年轻，但由于学校内迁，请不到专家学者来做兼职教师，学校当局便把我这个和学生年龄相仿的青年职员滥竽充数，当了几门课程的老师。在江安的两年里我还写出了我的头一部历史剧，是为宋末状元宰相文天祥作传的《正气歌》。

虽然《凤凰城》在当时已经演遍了前线后方，甚至远及港澳海外，然而我仍是毫无资历的一名新兵，和剧校以外的世界很少联系，可以说还没有进入文艺界的大门。这时候戏剧家张骏祥先生从美国耶鲁大学学成归国，被剧校校长余上沅先生聘请来校做专任导师。当时剧校的教务主任是曹禺先生，曹和张的年龄也都还不满三十岁，都是风华正茂的时代。凭我的记忆，第一个读《凤凰城》初稿给以肯定的是曹禺，而首先披阅《正气歌》给以肯定的是张骏祥，当时他就由我手里要去一份抄稿给我寄到上海李健吾先生那里。过了两三个月，我被通知，上海的大型戏剧刊物《剧场艺术》征求剧本，给了《正气歌》一等奖，发了一笔奖金，并在《剧场艺术》上分两期发表了全剧。

那时抗战已经进入中期，上海早已成为孤岛，但是可敬的具有光荣传统的中国邮务人员依旧保持着邮政往来——日本侵略者比起现在的台湾死硬派似乎还要开明一些，因此在那以后我的《风雪夜归人》《牛郎织女》《林冲夜奔》《少年游》都是从大后方寄去上海，在上海上演、发表、出版的，并都由李健吾先生经手。健吾先生成了我的上海代理人，这对我这个后辈小弟兄说来，应是一个光荣的记录。

1945 年 8 月抗日战争胜利，日寇无条件投降。1946 年元旦我由重庆乘飞机去上海，担任上海《新民报晚刊》副刊编辑，当时已经看到上海开明书店出版的冠以《吴祖光戏剧集》总名的第一本《正气歌》了。其他的四本《风雪夜归人》《林冲夜奔》《少年游》《牛郎织女》(话剧和诗剧两部)也在那一年里陆续出版，记得《少年游》还出了一本重庆版。

在上海的一年又八个月当中，抗战终结，内战又起，结合当时的政治局势、社会情况，我先后接受两个演出团体的要求，写了讽刺现实和批评国民党执政者的两部戏《捉鬼传》和《嫦娥奔月》，也都由开明书店在当年出版。

解放战争进入白热化，国民党图穷匕见，撕破民主的假面具动手抓人了，大批文艺界人士纷纷去到香港，我也在 1947 年秋天去香港做了电影编导。十年的话剧编剧生涯暂告结束，开明书店总共出了我七个剧本的《吴祖光戏剧集》也到此结束了。

但是我对开明书店的怀念和感激却是永远也不会结束的。将之和新中国成立后给我发表文章或出版著作的报纸、杂志、出版社做个对比，开明书店特别引起我的依恋。

在开明出书，我觉得作者和出版社彼此都不成为负担。稿子交去之后不久便能看到成书，保证质量，很少错字。两年时间，七本书，没听见出版家给作者提一个意见，改一句话、一个字。这说明什么呢？是对作者的绝对信任。当然，有过一次修改，是《风雪夜归人》出版之前，被删掉了一句话："王新贵：大官？大官都是他妈的强盗！"但是这句话却是国民党的中央图书杂志审查委员会勒令删掉的。而在1947年夏天《嫦娥奔月》演出时，虽然又是这个审查委员会下令必须修改十六处情节和对话，但在剧本出版时却一个字也没有改。

在"左"的路线严重影响和管制之下的我们的文艺界，由于当领导的主导思想就是管人，因此形成了一种几乎是根深蒂固的观念：当编辑的总要修改别人的作品，而修改的着眼点则是在这篇作品里有没有会"招灾惹祸"的内容。譬如讽刺了什么社会现象呀，冒犯了哪位达官显贵呀，对某些已成为定论的事物提出不同的意见呀，遣词造句语涉刻薄呀……这都是不能允许的。口气最好不要肯定，棱角最好都给磨光，这就是一般做编辑的必须具备的本领。但是也应当承认，在那些连创作都不得自由的日子里，编辑工作也同样是顾虑重重，要冒风险的。争取创作自由，同时也要争编辑自由，这也都是可以理解的。

另外一个给我留下深刻印象的是从交稿到出书的时间，一般是三两个月，甚至更快一些就出书了，书不知不觉就被送到作者手上了。可是现在呢，稿子交出几年书还出不来，甚至石沉大海杳无音讯，千呼万唤，还要托人情、走后门、送戏票……更难以容忍的是，错字太多，几乎难以避免，每个环节都可能出问题，经常出现教人啼笑皆非的现象。

经过了约近半个世纪的风云变幻，我的书籍稿件大部散失，但是有如奇迹一般，我手里居然还留有五份从1946年到1947年与上海开明书店签订的《出版权授予契约》。版权授予人都是我自己的签名，保证人分别为叶圣陶先生和徐调孚先生，版权让受人开明书店的代表则都是范洗人先生。契约上刊载着共计三十一条有关双方的权利与义务的条规，书店都是严格遵守的。而新中国成立后的近几十年来，就我个人说来，虽然出版了更多的书，却一份“契约”也没有签订过。使人感觉遗憾的是，多少年千呼万唤的出版法至今还不见公布出来。

今年是开明书店创建的六十周年。回想当年，我作为一个青年话剧作者，曾经备受前辈作家和出版家叶圣陶、徐调孚、傅彬然、范洗人等先生的教导和爱护。他们的关心和指引，曾经培育了几代的文学写作者，为祖国的文化事业做出巨大的贡献，开明书店在这方面的功绩是有目共见的。我写这篇短文是为表示对尊敬的前辈区区怀念之忱。今昔对比，无非是希望在结束了那一场空前绝后的巨大灾难之后，拨乱反正，把包括出版事业在内的文化事业振兴起来，继承前辈的优良传统，结束长时期以来极“左”路线的干扰，在党中央明确提出保障创作自由的大好形势下，为祖国提早实现四个现代化的宏伟目标做出应有的贡献。

1985年1月30日

“悠悠流恨似长淮”

——《吴祖光新剧集》后记

从 1980 年初开始，到 1990 年末，在这十年里我本来没有写作的计划，甚至也没有写作的打算，然而却就在这种没有打算和没有计划之中写了六部电影和电视剧本。

六部剧本之中有三部是根据古典文学名著改写新编的。另一部是根据大量的民间传说、神话、歌谣、弹词进行编写的。另外两部则是取材自现代人生活素材的传记，与前者有所不同，而且可能还要源源不断地写下去。

香港繁荣集团安定出版社将要把我上述的电影电视剧本中古代题材的四个合为一集出版，前面由祝肇年教授写了一篇十分渊博精辟的序言，为我添色不少。后面我也把四个剧本的写作缘起和写成后的经历作个说明，否则再过一些时日，这些烦事琐事连我自己都会忘记了。

1982 年冬天我曾经为我自己写过一首小诗，五言绝句。是：

一生争被动，
半世欠东风；
临老难知命，
何年大道通？

真是小诗，只有二十个字，但却是我生活真实的写照，是我有感而发的。就简单的道理来说，头一句就不通。在生活里，有点出息的人，有点理想的人，即使是仅仅从个人的目的出发，不是也得处处争取主动吗？如果不幸而至被动，那只是无可奈何，又何争之有哉？然而我不能说假话，就我说来，前半生我不是这样的心情，说“一生”乃极而言之也。

那是在1957年我经历了那场至今还无从理解的所谓“反右派”的政治运动之后，一腔报国之忱恍如跌入冰窟，就一下子失去了生活的依据，再也提不起劲来写什么皇皇作品了。而且好长一段时间，自己好像成了一个罪犯，虽然自己不知道犯了什么罪，也没有被关进监狱，然而在冰天雪地、极北边疆的三年流放生涯，动辄挨批挨斗，恐怕囚犯也不会被这么折腾吧？当然，在这三年的后期我也曾奉命进行剧本的写作，乃是被动写作的开始，但在这种充满威胁的压力之下又能写出什么东西来？

60年代初期，我好歹蒙赦还家，三年北地风沙的锻炼，却把我的气喘宿疾治愈了，这倒是个意外收获，而且不久之后竟接受了一个创作古典戏曲剧本的任务。任务当然是被动的，但是被动之中有主动，我写什么，怎么写，却没有人干涉我。虽然后来终于发生过有一个“上级”联合了两个演员对我施加压力之事——要我把一个已经写好的剧本加进“学雷锋”的内容，但我严词拒绝了。在那以后我再也没有接受过任何类似的“领导”了。在不过五年的时间里，我竟写出了十一个戏曲剧本，该算是“被动”的成果。

下面我就说说这里的四个剧本：

1979年年底，北京电影制片厂的导演成荫突然来找我。成荫是新中国成立后的三十几年中很有成就的导演，和我有着一点与别人不同的关系，就是他是我在1949年10月从香港奉召回到北京头一个结识的来自延安的电影导演，当时我被分配到北京电影厂工作，住在西单舍饭寺花园饭店里。但是后来的三十年间，我和他却很少来往，这主要是由于我们的工作性质都属于个体活动，很少交流之故。因此成荫的突然造访，使我很感意外。

我至今记得成荫那天兴奋的神情，因为在我印象中，他平素甚是沉着稳重的。他高兴地告诉我，一家美国制片人计划以巨额投资，与我国合作拍摄《西游记》这部伟大的神话小说。由于这部戏的特殊需要，对方愿意提供一切高难度特技的摄影器材设备，而且负责训练北影厂的摄影工作人员先期去美国做技术上的学习和实践。由于这部影片在美术设计方面的特殊性，已决定聘请当代的装饰美术大师、中央工艺美术学院院长张仃先生担任美术总设计。成荫喜气洋洋地和我谈了他的许多美好的设想，提出要我担任这部系列连续影片的编剧，并且要我用一个月的期限先把第一集写出来。

成荫的喜悦之情立即感染了我，不用考虑我就答应了。紧接着我就和张仃先生一起去看了日本拍摄的《西游记》参考片，这部影片水平之低出人意料，这就给了我们更大的信心和鼓舞。我摒除了一切闲杂事务，集中力量重读了本就熟悉的《西游记》原著及一些与之有关的资料，完全按照成荫的愿望，只用了不足一个月的时间，写出了电影剧本《西游记》的第一部《闹天宫》。

接着，北影厂迅速成立了《西游记》的摄制组，工作人员也已配备齐全，大家都兴高采烈地进行筹备工作，而且联系了北京体育学校少年武术队的孩子们，扮演那成千上万的猴子、小妖们……

谁也没预料到的是：上头忽然下来一个指示，文化部一位主管电影的副部长突然通知北影厂，说《西游记》乃是我国的经典之作，利用外资拍摄有损国家民族的尊严，因此不予批准。又说，这部影片仍是要拍的，但将由本国独资拍摄。于是已经开展的如此热火朝天的准备工作立即停止了，摄制组也随之而解散。

副部长政治觉悟如此之高，维护“国家民族尊严”如此坚决，实在无可非议。大家只有服从命令，无话可说。在一向沉稳的成荫不得不向我通知这项意外的决定时，我也感觉到他难以抑制的怒火。一生唯一可以和他合作的机会付之东流了。

在那以后不久，一次在北京饭店的聚会中，我忽然被一只手拉了一下，回头看时，却是久违了的王副部长。他轻轻把我引到人群外边，对我说:“听说你对《西游记》的停拍很有意见。我要告诉你，这部电影一定要拍，由国家出钱，独力拍，不用外资。”

但他的语气并不是很坚决的，他不过是为了安抚我。其实很没必要，我的“意见”算个什么？我想他亦知道自己说的是一句空话。如今十年过去了，电影《西游记》不仍是踪影全无吗？而中国利用的外资谁能统计有多少？今天的国家领导人不是一再声明欢迎外商投资吗？《西游记》影片拍不成了，成荫已成为古人，部长亦已久无声息，不知是否尚在人间，而唯一完成了的是《西游记》第一部《闹天宫》的剧本初稿。1980 年 10 月号的香港《海洋文艺》发表了这个剧本，算是为这个在十年前曾经设想并且进行过热烈的筹备工作的美好的愿望留下了一点痕迹。

1987 年初，新结识的香港顾小姐经人介绍来找到我，提出美国一家很大的电影公司要我为他们写一个有关万里长城和秦始皇故事的电影剧本。但是我当时就表示自己兴趣不大。万里长城和秦始皇都是中国乃至全世界耳熟能详的故事，对此我没有太大的兴趣。但是顾小姐意志坚决，不断地来找我，而且后来又增加了美国的一位萧先生，乃至北京实业界的活跃人物黄先生，都向我提出写这个剧本的要求……再若拒绝就是太不识抬举了。

我一向是意志薄弱的，总不愿教好心的朋友失望，虽然也并无把握准能把剧本写好。但是却因此想到：这样鼎鼎大名的秦始皇和他的万里长城——其实远在秦始皇之前便有了长城——却没有产生一部像

“三国”“水浒”“红楼”“西游”那样的文学名作，而民间流传的最广最盛的乃是那个不见经传却能喧腾众口的孟姜女。但是人人皆知的孟姜女亦只见于弹词、小曲之中，也未形成一部文学名著……催我写剧本的压力频频加在身上，使我决心着手写这个题材，于是我求助于民间文学研究会的老朋友老同学贾芝先生，希望由他那里提供一些文字资料。热心的贾老立即送给我一大摞万里长城的民间文学的印本，我这才知道全中国有如许多的地区都流行着万里长城和秦始皇的传说，而比秦始皇更为重要的人物又是那个可怜的受害者孟姜女。

读了如许多的关于孟姜女的材料之后，我自然把孟姜女当成剧本的主要人物。扫平六合、称雄一世的封建帝王秦始皇为了维持他万世一系的王朝基业，修建了举世无双的万里长城，但却从来没有抵制住北方敌人的进犯，徒然牺牲了无数为他造城的平民百姓。孟姜女就是受害者的典型，而万里长城却成为长期自我封闭的象征。

今天的世界，办成一事首要的条件乃是快捷，要和时间赛跑，但我的写作适应不了这种速度。《孟姜女传奇》被我一再耽搁，一再拖延。半年过去，显然那笔待用的资金早已移做别用了，而且不仅如此而已，传来对剧本的意见是：投资方对剧本的要求是主要表现战争场面，写秦始皇如何使用武力扫平六国，一统天下。而我呢，对这样的浴血沙场、尸横遍野……反而写不出戏来。

和《闹天宫》一样，这个剧本发表于在北京出版的 1988 年第四期《人民文学》月刊上。大约在一年多以后，中国作家协会领导下的刊物大改组，《人民文学》主编、正当壮年的作家刘心武先生，被我的 40 年代老友、年近八十的老作家刘白羽先生所取代。据知刘心武被撤职的罪状之一是发表吴祖光的电影剧本《孟姜女传奇》。这使我吃了一惊，真觉得罪孽深重。然而又真不明白：《人民文学》为什么不能发表吴祖光的剧本呢？难道连替民女孟姜女喊冤，责秦始皇残暴都犯法吗？

同在 1987 年 6 月，上海电视台专派作家傅歆女士来找我，要我把明代汤显祖名作《牡丹亭还魂记》改写为电视连续剧。这个想法出我意料，但我愿意试一试，并且由于上海是我的旧居之地，我与上海原有深厚的感情，我高兴地与傅女士约定 1988 年 3 月交稿。但是最后我直写到这年 12 月才写完，历时一年又半。屡屡爽约是由于以下的原因：首先是我的轻敌思想。我以为汤若士先生珠玉在前，新编改写并非难事。但一经握笔便觉绝非容易。汤先生恢宏恣肆，奇思妙想，盖不能以常理度之。把这出戏写成给现代人看的电视剧，绝不可能是轻松的工作，我常常被一个细节、一句对话难住。

第二个原因是，1987 年 8 月 1 日我生活里发生一桩奇遇，虽属个人遭际，却歆动上下中外，竟使我身不由己地走出了九霄云外，万水千山。由于交稿时间已过，我不得不在远走他乡之时都把稿纸随身携带。从在北京书房的灯下写起，历经美国、日本、澳大利亚二十余城市以及香港、武汉、川江轮船、重庆、杭州、黄岩、雁荡山、广州……最后于 1988 年 12 月 25 日凌晨四时在北京家居灯下写完全剧。虽是屡易其稿，时写时辍，而情绪始终未断，这是一气呵成的。

第三，要说说这部原作。约为四百年前，《牡丹亭还魂记》问世，立即震惊文坛。当代名家纷纷据此改编，然而均未能望汤氏之项背。四百年来仅此一本名扬中外，睥睨后世。然而近世舞台上演出的却只不过是“闹学”“惊梦”“拾画叫画”等三五短折片段而已，一般舞台观众无法窥其全豹。如今如能通过电视屏幕通观全剧，诚为一大快事。

第四，还要说说这位天才原作者汤显祖先生。即是以现代人的眼光看来，他也是一个现代派。“情不知所起，一往而深。生者可以死，死可以生。生而不可与死，死而不可复生者，皆非情之至也。梦中之情，何必非真？天下岂少梦中之人耶！”把汤氏的梦话讲给现代人听，谈何容易呀！照直翻译是不行的，如何理解亦必因人而异。所以这个要演给现代人看的剧本就不能不忠实于汤显祖，但又只能按照我的理解来写。因此，这个电视剧本是翻译，又不是翻译；不是创作，有时亦不得不创作。此本之高难度大出我意料，比我创作一个剧本难得多了，否则我何至于缠缠绵绵地写了一年又半。

当然，由于我的拖拖拉拉，异乎寻常地迟迟不能交稿，最后待我交稿时，连一年来不断催稿的傅歆女士也已杳如黄鹤，不见影踪了。料想原来的拍戏资金也早已发生变化，移作他用了，贻误战机，只能怪我自己。但是和前两个剧本一样，北京的大型文学双月刊《十月》在 1989 年第三期上发表了这个剧本。

1989 年 9 月间天津电视台派古典文学专家佟德真先生来访，转告我天津台将进行一项颇有见地的创作计划，要把元曲大家关汉卿的六部作品拍摄成给现代人看的系列电视剧。他们把新编《感天动地窦娥冤》的任务给了我。

自称为“普天下郎君领袖，盖世界浪子班头”“蒸不烂、煮不熟、捶不扁、炒不爆，响当当一粒铜豌豆”的关汉卿，“生而倜傥，博学能文，滑稽多智，蕴藉风流，为一时之冠”，所做杂剧存目六十七种，现存仅十八种，题材广阔，感人肺腑，不愧为元杂剧第一大家，而《窦娥冤》是他的代表作。

天津是我出身贫民窟的妻子新凤霞成名的地方，和我有亲人般的感情。但是这个任务难度不小，我只是在听到佟德真说是祝肇年教授的极力推荐时才答应下来。然而人事倥偬，不觉又快一年过去了，电视台多次来催才拿起笔来，却又是多次开了头就写不下去了。古典的传统戏曲和给现代人看的电视剧毕竟是不同的表现方式，但是这一次的写作却使我深深体会到我们传统戏曲剧本的恢宏气概，这种独特的高级的写意的表现手法确实是不同凡响。

剧中一个至为关键性的事件，即是张驴儿买来毒药预谋借窦娥之手杀死婆婆的情节。假如略作思量，便会发现这个情节是不合理的：张家父子流浪天涯，走投无路，巧遇蔡婆婆于危难之顷，误打误撞，竟成了蔡婆婆的救命恩人。到蔡家后，流浪汉成为座上客，有住有吃有喝；而且一对光身父子投身一对单身婆媳之家，尽管小媳妇冷若冰霜，可是老婆婆温情脉脉，大有和老汉结亲的可能。假以时日，未必不能双双燕好，何至于出此下策，竟致设下毒计假手窦娥药杀婆婆酿成重大命案？这个安排太过牵强，但这却是窦娥冤案的主线。

其次，张驴儿父子的来历如何？天生的流浪汉也该有个来踪去迹——为什么天涯漂泊，四海无家？

现代戏剧，无论是电影、电视或舞台剧，都要求细节的真实。而属于大写意的中国古典戏曲却无须被一些具体的生活事件所限制。读者和观众从来不会去追查上述情节的合理性，否则窦娥的冤枉亦就不能成立了。这就是中国戏曲艺术的气派。浪子班头的关汉卿一生写了这么多的剧本，帝王将相、才子佳人、贩夫走卒、市井儿女……都写到了，而这个情节牵强的《窦娥冤》却在有元一代戏曲杰作中成为最脍炙人口的抡元之作。正是他一腔赤忱对受害弱者的同情和对贪官污吏、奸邪小人的痛恨，使他的剧作成为他满怀义愤的宣泄：

> 呀！这的是衙门从古向南开，就中无个不冤哉！痛杀我娇姿弱体闭泉台，早三年以外，则落得悠悠流恨似长淮。

人世间的冤屈无论在一种什么制度的专政之下都是难以避免、不能消失的。这是无可更改的现实，关汉卿看透了这一点。怎么办呢？只有在文学领域里白日做梦，幻想冤魂化为厉鬼索命。可怜！这只能是幻想，不可能是人世的实情。《窦娥冤》只是对这个灾难人间完全失望的绝叫。“只落得悠悠流恨似长淮”，一直流恨到今天。

关汉卿先生凭他对苦难人间的无限爱心写出了不朽杰作《感天动地窦娥冤》。如今我又为之改写新编为这部电视剧，虽然费尽心力，恐难免点金成铁之诮。即使如此，却不仅是窦娥的悲剧感动着我，我们传统戏曲的高度写意达到随心所欲的大手笔也给了我更进一步的体会和认识。因此，我除在上述情节上给予合理的安排之外，在原作这五句交代题旨的“收江南”之后，再加上两句：

编一出鬼魂灵显实无奈，全凭你关夫子生花妙笔，一腔仁爱纾解愁怀。

和《牡丹亭还魂记》一样，《感天动地窦娥冤》电视剧本也已在今年8月间的《十月》上发表。4月初天津电视台召开了关汉卿杂剧新编系列电视剧本座谈会，邀请来自全国各地的戏剧专家和六个剧本的作者举行了三天的讨论，并做出今年进行准备、明年进行摄制的决定。

以上是我在80年代中写作的四个古典题材电影和电视剧本的大致情况，都是“争被动”的成果，说来令人感慨不尽。祝肇年先生对于我的剧本至今未得搬上屏幕深致遗憾，这里面当然有许多微妙的、偶然的原因，但是使我安慰的是四个剧本都得到了在刊物上公开发表的机会，而电影与电视剧本在大型文学刊物上的发表素来是不多见的，对我说来，这倒是一种特殊待遇。因此我也必须说明，我写的剧本都是文学剧本，是仅供阅读的剧本，凡属于导演分内的工作我都不做，譬如连分集之类的处理我都留待导演去安排。由于是文学剧本，因此必须具有可读性，这是读者需要的，也是我必须做到的。

最后，我要提一下，我的学生贺黎女士，她既有才华又有功力。《牡丹亭还魂记》和《窦娥冤》的写作，我都曾请她为我搜集材料，精读原作，并为我做出初步的改写提纲，使我在动笔之前有了比较全面的参考和依据。我非常感谢她。

1991年5月22日　北京

电影从业十年

题头语

客观形势的发展，常是不以人们的意志为转移的。“四人帮”被粉碎以后，灾难深重的中国大陆进入了恢复创伤重整河山的新生时期。就我个人说来，浪掷了几十年的宝贵光阴，忽然发现自己已经进入了老年，我怀着一种对逝水年华无限惆怅的惋惜心情，唯一的想法就是抓紧一切时间，多写几个剧本——首先是话剧剧本，然后是电影剧本和戏曲剧本。因此，我在前年冬天写完了话剧《闯江湖》之后，立即着手为上影写同名的电影剧本，并准备接着就写话剧《吹皱一池春水》；同时接受了为北影写电影剧本《红梅记》，为珠影写《凤求凰》，为香港长城写《三打陶三春》等。之所以敢于接下这么多的任务，不是由于我好大喜功、不自量力，而是因为：第一是辱承看重我，约我写剧本是对我的信任，于理不能拒绝；第二是对商定或指定的上述题材，度德量力，我认为自己是能够写好的。

然而使我烦恼的是，时间太不够用了，而我创作以外的“工作”又是那么多。首先是约写短文的太多了，现在刊物出得这么多，即使是五十个刊物和报纸当中有一个来约稿就写不过来了。其次是多少学习班、讲习会都约去做报告，天知道我有什么可“报告”的。我自知读书甚少，不学无术，由于固辞不获，只好硬着头皮上场。连事先的准备时间都没有，我就把这一套讲给年轻的同志，信口开河，只有误人子弟。这个任务是最为使我感觉惶恐和烦恼的。

再次就是开会多，很多会一开就是十天半月。而依我的愚见，属于文艺工作的会议，最好是让做领导工作的人和搞理论工作的人参加，搞创作的人还是全力以赴地搞好创作为好。

最后一点，就是来访者太多，甚至有很多来客是不相识者。二十多年来，我们一家的不幸遭遇博得这么众多的识者与不识者的同情，他们的友好情谊是对我们的最大鼓励和支持，对此我只有感激。友谊是值得珍视的，交谈中也常常能够得到有益的启发和教益，但是苦于时间太少，往往这么一天过去，就剩不下什么时间来搞创作了。

至于每天都会收到的大量的来信，以及不断收到的这么多向我征求意见的剧本手稿，在桌上已经摞起了几尺高。看到今天有这么多热情的同志进行剧本创作，肯定里面会有佳作，以至巨作、杰作，但我实在腾不出手来看它们，我哪里有这么多的时间和精力呢？我感觉惭愧、心疼，至今不知怎么好。连信都不能回，知道人家会很失望，很不高兴，会以为我架子大，虽然我实在不是那样的人。

我只能在每天晚上，一般不大会再有客人来的情况下从事写作，经常是从八点开始工作到深夜一两点钟。我又有个不睡懒觉的习惯，早晨六点多钟就起床了，因此我是一个长年的睡眠不足者。

为报纸和杂志写的短篇文章，大都是在绝对推辞不掉的情况下才答应下来的。而我并不像一般朋友认为的那样是一个文思非常敏捷的人，即使是千把字的短文，我也得付出狮子搏兔的力量，苦苦思索，有时甚至会几天几夜也写不出一字。

由于这样的原因，虽然我自己在主观上要全力以赴地赶写完的电影和话剧剧本，开了头，却再也没有时间写完它。不写剧本，我算什么剧作者呢？写剧本是不宜中途被打断的，可我就是没有整块的时间。有人劝我离开家躲起来写，而有病不良于行的妻子需要照顾。

我躲开了，她怎么办？因此我又没法躲。

还没有写入正文，就先说这么多的废话。这是为了我老早有这样一种愿望，要借一个地方——最好又是一个不太显眼的地方，说说自己的隐衷，吐吐苦水。据我知道，有我这样难处的远远不是我一个，很多人都是这样。

底下才说到正文，《电影文化》的两位编辑又来约稿了，在无法推掉的情况下，我才答应下来；然而偏偏我就是缺少文化，尤其是电影文化。说来我倒是干过整整十年电影编导，从1947年至1957年。然而我是电影战线的一名败将，尤其是从1949年秋天由香港回到北京以后，受了“服从组织分配”的约束，我决非出自本心地又做了八年的电影导演工作。正如我自己的预料，我没有做出成绩，徒然在消灭不掉的胶片上留下了永恒的后悔。直到乌云盖顶的1957年，以一场飞来的横祸结束了这十年的电影生涯。

两位编辑要我写的，可能就是这个黯然无色的十年。做一个失败的记录本来没有什么意义，但对我个人说来，却应当吸取教训，让比我年轻的人知道：假如你所从事的是属于文学艺术的创作，你首先要从自知之明出发选择工作，决不能盲目服从。当然，生活是复杂的，什么事情都不能绝对化，容许在不同的情况下，有不同的处理方式。但是，艺术不同于科学、军事，甚至工农业，它在很大意义上是一种个体劳动，不能随意地采取指示，甚或命令的方式来做硬性的决定。就我个人说来，由此而走的弯路，在我的艺术生命中，带来的损失是巨大的。

在几个剧本都完成不了的情况下，这两位编辑又给我添了这样一重负担，要我写这个十年的从事电影的经历。当然，这应是一生回忆中的一章，我本不想现在就写它的，可如今一写下去就没有个完了。因此我先做一个声明，不能保证每期一定要交稿，只能写到哪里是哪里。

在上海写《国魂》和《公子落难》

我参加电影工作，并不是从 1947 年秋天由上海去香港才开始的。在去香港之前，我已经写了两个电影剧本。

抗日战争当中，中国的电影事业发生了很大的困难。在这之前，电影的根据地是上海，但是由于上海的沦陷，电影事业随之而全面崩溃，原在上海的大批电影工作者大都撤往内地，其中的大部来到陪都重庆，很多人都转为话剧演员或舞台工作人员，一时形成了话剧在重庆十分繁荣的局面。大家都知道，这种现象是暂时的，在战争结束之后，电影事业必将迅速恢复。因此，不少的人在抗战的末期都开始做一些从事电影编导的准备，多年来和我接触最多的如黄佐临、张骏祥、曹禺、陈鲤庭这些老大哥们就都在积极着手电影创作了。在 1946 年的上海，他们都参加了电影厂的工作，各自拍摄了自行编导的影片。当时我虽然也在上海，但我从事的是报纸副刊和一本杂志的编辑工作。即使如此，在 1946 年底和 1947 年上半年我也写了两部大型电影的剧本——《正气歌》(后来电影公司改名为《国魂》)和《公子落难》。

现在我完全回忆不起这两个剧本孰先孰后了。先说《国魂》吧，大约在 1946 年底，上海人最熟悉的报刊编辑龚之方兄偕同一位生客来到我家，经他介绍，乃是著名的电影导演卜万苍先生。卜万苍曾经拍过一些场景宏伟的影片，有东方西席地密尔的称号。之方向我讲述他们来访的目的，是有一位资本家李祖永投资一笔巨额美元筹建一家电影厂，第一部影片决定出产场面宏伟的豪华巨片，因此他们选中了我在 1940 年写成的宋代名相文天祥殉国的话剧《正气歌》，要求我改写成电影剧本。由于这个剧本场景多，人物多，正合乎他们的设想，他们希望我把场景更拉开，而人物多正好尽量选用众多的著名演员，即所谓“明星大会串”是也。

尝试写头一个电影剧本，我是很有兴趣的。但是写文天祥，我觉得有些过时了。1940 年我写话剧本时，完全出于针对当时正在进行的一场民族战争，而现在日本帝国主义已经战败投降了，再来写它就没有当年的那股劲头了。我说了自己的这种看法，客人对我说，这一段南宋抗元的历史表现了中华民族的浩然正气，不应受时代的限制，拍摄电影由于不受舞台的局限，更有助于剧旨的发挥。最后我答应了这个要求。

这是我去香港之前从事电影编剧的第一个创作。永华公司在香港成立，由卜万苍导演了第一部影片，就是这部《国魂》。文天祥一角由刘琼扮演，他是当时最红的男演员。其他角色如陶金、顾而已、王元龙、姜明、王熙春、孙景璐、高占非、钱千里、殷秀岑、乔奇、徐立、韩兰根、袁美云、徐莘园、王斑、尤光照、顾也鲁、罗维……都是一时之选。至于影片的名字，则是电影公司根据我的话剧本《正气歌》中最后一句的最后两个字“国魂”而选定的。

提到这部影片，我不得不说一说闷在心里三十多年的一些情况。时至今日，许多历史都应该还它一个本来面目了，虽然这只能算是一件小事。

前面说过了，开始约我写这个剧本是 1946 年底。从那时到影片摄制完成上映，用了差不多一年半的时间。而这一年半的时间当中，中国大陆上的政治情况发生了很大的变化。1946 年 7 月蒋介石依靠美帝国主义的援助，自恃军力强大，发动了对解放区的全面进攻，在半年多的时间内，强占了解放区的大片土地，到 1947 年 3 月甚至占领了延安。但是到 1947 年下半年人民解放军就从劣势转为优势，进入了战略反攻阶段，直至 1949 年解放了中国大陆。

《国魂》影片摄制完成上映之时，正是国民党蒋介石濒临崩溃的前夜。据当时报载，蒋介石曾经将此片加印拷贝，在前线放映以“激励士气”。但是谁都知道，文天祥是抗御外侮、被俘不屈、以死殉国的民族英雄，而蒋介石却是一贯奴颜婢膝、采取不抵抗主义、出卖国家土地主权的独夫民贼。这部影片不仅不能鼓舞他的士气，对比之下，只能更加暴露他的丑恶面貌。蒋介石妄图自比文天祥，只能贻笑千古。

我之所以要提一下这一问题，是因为读到1961年出版的《中国电影发展史》一书，其在评论《国魂》这部影片时，说："由于舞台剧(《正气歌》)多少写出了一些文天祥的爱国思想和民族气节，因而在抗日战争时期还具有一定的鼓吹反抗民族侵略的积极意义。但是，改编为电影后的《国魂》，不但没有发扬舞台剧积极的一面，相反，却露骨地宣传了反动的正统观念。在整部影片中，作者不是强调文天祥反抗民族侵略的爱国思想，而是强调他对腐朽了的、行将死亡的赵宋皇朝的赤胆忠心。在影片中文天祥的观念里，占主要地位的不是祖国和人民，而是大宋的天下……作者是站在反动统治阶级立场来评价文天祥的……其反动的性质，是很明显的……"

文中对剧本的评价可以争辩的地方很多，但不在此文范围之内，我不想议论它了。只是《国魂》是根据我的话剧本《正气歌》改编的，当然，拍成影片难免加进了导演的东西。可是两个本子的内容情节和主题思想却是一致的，原始材料同样大部分取自《宋史》和文天祥的著作《指南录》。但是为什么抗战初期在孤岛上海和大后方同时上演时受到广大观众热烈欢迎的话剧，拍成电影之后却变成了“反动”“反动”“再反动”呢？这除了受当时极“左”的文艺思潮影响之外，1957年吴祖光变成了“右派分子”恐怕也是一个主要原因。那么，当年的右派冤错案件，现在已经得到全部改正了，是不是这个《国魂》一案也可以得到昭雪呢？任何一部文艺作品都应有它的客观评价，政治形势富有朝秦暮楚、稀奇古怪的变化，但是以这样的态度来评价文艺作品，这种评价就经不起历史的推敲了。《中国电影发展史》的主要作者是我素来所尊敬的老朋友、好同志，这部书也是承他送给我的，提出以上的看法只是为了澄清是非，盖不得已耳。我相信他是会原谅我的。就他自己而言，不是在接踵而来的十年浩劫中也经受了莫须有的磨难吗?

这个令人不愉快的《国魂》就谈到这里。但是不得不再谈一下《中国电影发展史》中在此后的一段话是:“吴祖光在《国魂》受到正直的社会舆论的批评后，经过进步电影工作者的帮助，先后又导演了《山河泪》和《春风秋雨》……”承作者好意，对我做了少许“基本”的肯定。但是必须说明，当时我在香港并没有看到和知道有什么“正直的社会舆论的批评”，也没有看到国内的批评文章。此外，几十年来在不短的一段时间里，我常常是个人奋斗，在写作方面我从来就是一个单干户，从来没有接受过任何人的“帮助”与“领导”，这或许是我很大的不幸。否则我本应该“进步”一些，把工作做得好一些的。至于《中国电影发展史》中提到我把《山河泪》的结尾“硬把故事年代拉长到抗日战争胜利以后”，从而“歪曲了原著”，则有待我写到拍摄《山河泪》的时候再做说明。

我写的第二部电影剧本是《公子落难》。

时间是1947年上半年，黄佐临兄来找我。当时他是上海文华公司的导演，他找我为的是要专为著名的演员刘琼写一个剧本。刘琼生就一副修长英俊的仪表，平时极有风度。佐临和我商量写一个完全适合刘琼条件的剧本，我们一起商定了一个剧情梗概，写一个阔少爷接受了父亲的遗产后，由于一场豪赌，输光了全部家财，沦为乞丐，参加了一个小偷集团，历尽艰难，最后得到醒悟的故事。我和佐临一起做了详细的分场，然后由我写成剧本。

现在我已完全忘记了是由于什么原因这个剧本未能在文华公司拍摄，而在1949年转让给香港永华公司，并决定由李萍倩先生担任导演。但是不知由于什么原因又没有拍成。后来我就离开香港回到北京。所幸这个剧本历劫犹存，我至今还有一份永华公司的油印本留在手里，成为一个纪念品了。

1947 年，我在上海还写了两个多幕讽刺喜剧《捉鬼传》和《嫦娥奔月》。

这两个话剧本的写作和上演给我招来了麻烦。先是国民党上海社会局召我去谈话，一名官员板着面孔警告我，说今后绝对不许再写《捉鬼传》这样的剧本。而第二年，亦即 1947 年《嫦娥奔月》上演的时候，第一场演出，前后台便如临大敌，布满了宪兵特务。我们虽然想尽办法把一个月的演期演完，但这回却是受到朋友及自己人的警告，让我尽早离开上海……

在香港，做电影编导

就在《嫦娥奔月》上演的日子里，我的老朋友、前辈画家张正宇介绍当时香港大中华影片公司的老板蒋伯英先生和我约见。蒋向我提出，聘我到香港签订一年合同，导演两部影片，并且希望第一部拍摄我的同名话剧《风雪夜归人》。

蒋的建议曾经使我犹豫了一阵。我对电影事业是有兴趣的，而且在这之前我已经写了两个电影剧本了，但是我的兴趣只是止于编剧，至于导演，不要说电影导演，即是舞台导演，我也望而却步。过去我已经做过三四次舞台剧导演，但我始终觉得我缺少做导演的才能，我不会做组织工作，更不会做领导工作，我也极度缺乏耐性。我之所以选择了编剧的职业，主要是由于这是个体劳动，可以自由驰骋，独往独来，不受别人的拘束和影响，而且不必组织领导别人。而电影导演需要领导一个集体，其复杂性和困难度显然都要远远超过舞台剧的导演工作。另一方面，在这之前我还没有做过电影导演，即使最起码的电影摄影棚的基本知识，我亦属一无所知。然而我终于还是接受了蒋伯英先生的聘约，除去当时我正要离开上海的原因，主要是我认为假如我能就此取得一些电影导演工作的经验，从而熟悉电影艺术性能及特点的话，这将会有利于我今后从事电影剧本的写作。

因此我向蒋伯英说明了我的情况，提出一个要求，即是我要物色一个副导演协助我的工作，否则我就难以胜任。蒋氏接受了我的要求，我请来的这位副导演是绰号“小广东”的卢珏同志，他是老导演苏怡的徒弟，但在那些年已经离开电影厂从事剧团事务和报社的编辑工作了。我一找到他，说明来意，他便欣然答应。大约是在九、十月间我和卢珏一起由上海飞香港，一同住在九龙界限街蒋伯英家。

在正常情况下，副导演是导演的助手或学生，协助执行导演任务。但我却是一个例外，副导演是我的老师，电影的分镜头本也是卢珏搞的，我的一点电影导演的知识也都是从副导演那里学来的。后来我和第二个副导演岑范同志的关系也属于同样的情况，他们后来独立导片都有出色的成就。卢珏以导演反特侦探片见长，他的《羊城暗哨》《跟踪追击》等都是脍炙人口的佳作。

这里要补充一下的是，我抵达香港不久，就收到上海友人来信，说在我走后次日，国民党警宪人员曾到当时我们常去休息和洽谈工作的一家咖啡馆搜捕我，由于扑空而将咖啡馆经理带走。不久之后他们又逮捕了《嫦娥奔月》的演出者胡先生，据传胡被关押在苏州监狱，后来下落不明。

香港是一个陌生而又熟悉的地方。说它陌生，是我以前从未去过；说它熟悉，是由于它是我们自己的国土，它的格调有如过去的上海租界，但言论比国民党统治区自由。然而电影的摄制与国内初无二致，因为国语片主要还是在内地放映，仍须接受当时国民党政府的检查。

到香港的第一步工作是把《风雪夜归人》话剧改编为电影剧本，我用的时间不少、力量不小，可是改写得很不满意。舞台剧结构严谨，事件集中，是以对话为主的语言艺术，而电影却不是这样。我改写出来的电影本没有很好地脱出舞台的束缚，简单说，没有写出水平来。剧中男女主角则是吕玉坤和孙景璐，都是优秀的舞台与银幕的著名演员，他们的任务都完成得不错，但是缺点在于剧本，则是我的责任。这是我头一部学习导演的影片，她是一只丑小鸭。

我导演的第二部影片是《莫负青春》。剧本也是我自己写的，是根据《聊斋志异》中《阿翠》编成的电影剧本，这是我写的第四个电影本，摸索到了一些电影特性与表现方法，掌握了有限的一些驾驭电影语言的手段。我写的是一个小品，一对青年男女的恋爱喜剧，试图表现出一种轻松明快的风格。

影片中的男主角仍是吕玉坤，饰演阿翠的女主角是鼎鼎大名的周璇。千万影迷喜欢周璇天真的、诚挚而朴实的表演，尤其是她唱的歌。这部影片由于需要，我写了三支歌：《山南山北》《两个斑鸠》《小小洞房》。我选择的背景是北方小镇和农村草屋，所以这三支歌的风格借用了陕北民歌的色调。作曲者是我的好朋友、才华横溢的作曲家陈歌辛，我要求他也尽量采用陕北民间小调的旋律。周璇唱起来娓娓动听，据我所知，影片公映以后，这几首歌很受欢迎，风行一时。

《风雪夜归人》和《莫负青春》是在一年的时间里拍摄完成的，即从 1947 年下半年到 1948 年上半年，包括写剧本的时间，这是当时一般比较正规的制片厂出片的标准速度。而在当时的香港，有的导演能够一个月编导一部影片，那速度真是惊人，实在难以想象。

在《莫负青春》里担任其他角色的还有姜明、金彼得、侯景夫、周伟、吴家骧等，都是有经验的演员。和周璇的合作至今给我留下很深刻的印象，她是当时深受观众欢迎的红演员，据说也是收入最多的女演员之一，许多人背地称她为“富婆”。但她生活非常俭朴，衣着素净无华，平时不多言笑，十分温静，最值得称道的是她对待工作严肃认真，每次拍戏，她总是进入化妆室最早的一个，一般都要比规定的时间提早半个到一个小时之多，进入摄影现场也从不需人催请。她拍戏时安静地接受导演的指挥，而且在镜头面前很容易入戏，是个让导演放心的演员。

使我最不能忘记的是她给我的一个极大的意外。在《莫负青春》拍摄结束，后期制作完成，全摄制组一起看试片时，周璇完全像一个普通观众看一部新片那样新鲜地、非常天真地为片中的情节和表演所感动，不住笑出声来。全片看完时，她对我说："啊！原来是这样！早知道是这样的，我会演得更好一点。"

啊！我也被她的诚实所震惊了。所谓"这样的"是指这样的故事情节。原来她根本没有看过剧本，或者是每天拍哪个镜头看哪个镜头而没有从头到尾把剧本看一遍。这真是不可思议！这叫我怎能想象，难道周璇小姐一贯就是这样拍戏的？

后来我把这件事向陈歌辛讲起，因为他是在上海沦陷时期就一直留在孤岛，长期在电影圈里工作，是熟悉情况的人。歌辛对我说，这不奇怪，在30年代的上海电影界，由于电影公司之间的营业竞争，大家抢拍一些民间传说故事的影片，内容和片名一律要严格保密。在进行拍摄期间，除公司老板及影片编导之外，一律禁止任何人知道全片是什么情节和什么片名。演员在每天拍片的当时才由导演向他交待他该知道的这一天的镜头内容，因此演员根本无法也无须知道自己拍摄的影片全貌。这种情况可能是个别的，但却是确实存在的。见我对此种解释感觉很不可信，歌辛为我举过一个实例。他说某家公司打听到另一家公司正在拍一部民间故事的古装影片，便赶写同一题材脚本组成班子，加紧赶拍，并且抢先拍成放映。结果头一家片厂的出品反而落后了，生意全被别家抢去，遭致惨败。这种情况，对我说来也属闻所未闻，今天年轻一代的电影从业者恐怕更是难以想象。

天赋绝佳而秉性忠厚的周璇在私生活方面却非常不幸，她受了一个薄情者的欺骗，那人和她结婚又抛弃了她，并骗去了她的全部存款。周璇出身贫苦，平日私蓄甚丰而自奉甚俭，遭受这样的打击遂致重病。

我从 1949 年离开香港回到北京之后，再也没有见到过她，知道她回上海后病体稍好时还曾经拍摄新片，终以脑病不治，是非常令人惋惜的。“寄言生小人家女，慎勿将身轻许人”，这是白居易的著名诗句。一代红星周璇，命运竟复如此。周璇太老实了，太善良了。我至今还记得，那时我们都住在九龙蒋伯英先生家里，常常和她同乘一部“的士”去片厂，车上计程表的底价是港币一元，每跑一公里表上跳一个字即加两角钱，每次总是距片厂几十步远时跳这一个字，而周璇也总是在这之前叫司机停下来，把一元港币塞在司机手里。这一块钱车钱她总是抢着付，坚决不许我付，但她也绝对不愿多出那两角钱。她说:“宁可走这几步路也不多出这两角冤枉钱！”很多人笑话她，议论她小气，但这个细节正显现了周璇的性格，她只不过是节俭，对朋友却是大方的。

另一个女演员孙景璐可全不这样，恰恰相反，她永远精力充沛，一身欢笑，口若悬河，热情奔放，关心人，照顾人，爱请客，爱把好吃、好玩、好用的东西，与朋友同享。她生命力极强，三十年如一日，近年看到她，好像说得更多，笑得也更多了。据说她血压偏高，患有多种病，但她采取的是满不在乎的态度。十年灾难中，她受的打击也十分沉重，但用这种态度熬过来了。这两种不同性格的映衬更使人为周璇的软弱痛惜不已。

当然，孙景璐还有一个好条件，她有一个好家庭，好演员乔奇同时也是一个好丈夫。

在香港大中华影片公司我就拍了这两部影片，距今已经三十三年。这两部影片我自以为成绩不佳，在离开香港以后我再也没看到过，也不想再看它，但唯一怀念的是周璇唱的那三支歌。因为我自己已经记忆不全，歌辛于 1957 年被错划“右派”，又在“文化大革命”中被迫害致死，而我原来留着的一份歌谱又在“文革”中被抄家时抄掉了。我想过，我永远不会再看到这两部影片，也听不到这三首歌了。

但是，生活里就会有这样出人意料的奇事。1980 年夏天我跟随中国作家代表团到法国开会，讨论“抗日战争时期的中国文学”，并进行访问。我在巴黎结识了许多热情可爱的朋友。有一天，法国朋友玛丽克莱・姬可美女士对我说：“我这里有两部你编导的影片拷贝，你想看吗？”这可真叫我非常非常惊讶！而这两部影片就是《风雪夜归人》和《莫负青春》，这真是编戏也编不出这样的情节呀！

讨论会最后一个晚上安排的节目就是为大家放映这两部影片，我得以重新看了一遍这两部十分幼稚可笑的旧作。《风雪夜归人》实在教我自己也看不下去，我只觉得一阵阵地感到无地自容，假如亮了灯，人们会看见我面红耳赤的。《莫负青春》稍好一些，但又太粗糙、潦草，有些戏只不过做了五六分便打住了，远远没有做足，看来如隔靴搔痒，十分难过。这使我想到，这两部影片现在假如容许我重拍一下，将会好得多。尤其是后来我看到了一些宣传品，才知道这两部影片曾在 1979 年 5 月参加了在巴黎举行的“第三世界国家国际影片联合献映”，就越发使我感到难为情了。

高兴的是玛丽克莱送给我影片剧照以及周璇的唱片，使我回到北京之后还能听到周璇唱的这三首《莫负青春》的插曲，得以对死去的朋友陈歌辛和周璇找回来三十年前的深深回忆。但更多的是，作为一个电影导演，我由于能力和水平的限制，未能充分发挥他们的艺术才能，因而感到愧悔。

谈到《莫负青春》，我又回忆起这部影片 1948 年秋在上海放映时所引起的上海文艺界朋友的一些议论。当时在香港永华影业公司担任编剧职务的欧阳予倩先生从香港回上海又回香港，曾到我家来看我，对我说，有人很不同意我在解放战争正激烈进行的时候，居然编导了这样一部谈情说爱的喜剧影片，其中有我素所尊敬的前辈洪深先生，这使我听到之后深感不安。尽管当时并无自我检查之说，但我确实检查了自己一下：我离开斗争的上海不过一年光景，在香港的一片笙歌的承平景象中便忘记了内地的血腥和哭泣了吗？诚然我自来就有自己的看法，认为人生太多苦难，深望我所从事的影剧生涯，能给苦难的人们一些欢乐，使他们感到生活当中还有着生趣和希望……然而忽视了斗争总是不好的。我因此感到内疚，我觉得洪老生我的气是应该的。他在一年多以前那样热情地支持并赞美过我在上海写的讽刺国民党反动统治的话剧《捉鬼传》和《嫦娥奔月》，如今看到这样的《莫负青春》，无怪一向爱憎分明、坦率爽直的洪老会对我发怒的。欧阳老还对我说到，也有另一种意见，说祖光拍这部影片，看得出他是在追求某种形式的喜剧影片的风格……说这样话的是我同样尊重的老大哥黄佐临，我感到温暖，也非常感激，佐临是理解我的。但即使这样也没有完全消除我的不安。

还需补记一笔的是，在大中华影片公司拍摄的这最初两部电影的美术设计都是正宇的大哥、著名的画家张光宇先生，他的素有独特的装饰性的、富有东方幻想风格的绘画是久负盛名的，同他在一起合作是很大的幸福和愉快。

在大中华公司合同期满之后，我接受了永华公司的聘请，那是1948 年的夏末秋初。

永华公司的总经理李祖永是浙江人，记得抗战时期的陪都重庆曾经闹过一场十分轰动的所谓“黄金案”，李祖永是这一案的主角，此案后来不了了之，局外人弄不清楚。此外，他是一家印刷企业大业公司的老板，这个公司专门承印当时政府发行的钞票。总之，作为一个资本家，李祖永不是等闲之辈。1947 年他创办永华影业公司，号称投资二百万美元，据说在中国电影史上这笔投资的数额之巨是空前的。另一位从事电影事业多年的巨头吴性栽先生对我说过，李祖永完全是阔少爷作风。吴认为电影事业最需要精打细算，科学管理，它是可以赚大钱的事业，但更是容易赔钱的事业，弄得不好就成了个无底洞，多少钱也会赔光，像李的这种做法他就绝对不干。看来吴性栽先生的话是经验之谈，永华公司自建厂棚，从美国进口新式器材，声势汹汹，但没有几年便由盛而衰。50 年代后期在北京听到香港传来的消息，据说作为大老板的李祖永，资财荡尽，每况愈下，后来自任编导，再后便出卖了厂房器材……永华公司是什么时候结束的，李祖永先生是什么时候去世的，我全不知道了。

永华创业时，这个公司是雄心勃勃的，当时公司里的导演有卜万苍、朱石麟、李萍倩、程步高等，大都是 30 年代上海联华公司有声望的老导演。我初到香港为大中华拍戏时，《国魂》已经在永华筹备拍摄，李祖永便邀请我在大中华的一年合同期满之后参加永华公司，并且要我代为邀请张骏祥、白杨、柯灵参加工作。后来张骏祥等应邀从上海来到香港，骏祥导演了陈西禾编剧、白杨和陶金主演的《火葬》；柯灵编剧《春城花落》，由程步高导演、舒绣文主演；另一部《海誓》也由程步高导演、陶金主演。

永华公司有一个专职的编剧班子，是著名的三位老戏剧家，即欧阳予倩、周贻白和顾仲彝先生。李祖永深以得此三老的参加为荣，曾不止一次对我提到过。在我记忆中，这三位前辈都没有为永华写出剧本，但还是经常为公司审阅和组稿。我到永华公司导演的第一部影片《山河泪》，就是顾仲彝先生组织来并推荐给我拍摄的剧本。

《山河泪》是从小说《脱缰的马》改编的，作者穗青，电影剧本改编者唐漠。据仲彝先生介绍，说唐漠是他的学生，唐漠同志本人则是我在新中国成立后回到北京才相识的，他们是在编辑一本电影刊物，但“文化大革命”以来再也没有他的消息了。他稳重深沉，谦虚有风度，给我的印象极好，至今使我念念不忘。电影剧本我曾做了小小的改动，并取名为《乡愁》，我认为这个名字是与情节和主题、格调比较贴切的，但是公司当局和我商量，改为《山河泪》，认为气魄大一些，票房价值会高一些，反复和我磋商，我只好同意了。资本家要赚钱是天经地义，最后提出的这个理由是我无法驳倒的，虽然我很可惜“乡愁”这两个字是一部很好的文艺片的名字。

事隔三十余年，手边找不到《脱缰的马》这本小说，电影剧本也早已丢失，剧情内容记不清楚了。大意是描写旧中国北方农村的地主阶级对农民一家的迫害，农民成庆根被抓壮丁当兵去了，但是后来参加了八路军。而在他出外的时候，他的妻子被地主少爷污辱含愤自尽，妹妹被强迫嫁到另一个地主家，深夜逃出投河死去，老父老母亦都被害致死。庆根回到被解放后的家乡，看到的只是家破人亡的惨相。

这部影片的角色分配是：陶金饰成庆根，白杨饰庆根的妹妹，吕恩饰庆根的妻子，父母由姜明和严斐扮演，两个地主少爷是岑范和殷秀岑扮演。按我原来的设想是由白杨扮演成妻玉娃，吕恩扮演成妹。但是白杨提出她在舞台和银幕扮演这种温顺软弱的角色太多了，希望担任比较坚强、开朗、天真的妹妹，因此她和吕恩调换了角色。白杨扮演的这个天真未凿纯朴活泼的农村少女，在她一生创作的众多人物典型中，应是别具一格的形象。

这里需要补记一笔的是，影片完成以后，国民党政府审查机关认为影片中地主压迫农民的情节是宣扬共产党挑拨阶级斗争的思想，不予通过。而香港拍摄的国语片主要收入还是依靠内地的市场，最后由片厂和审查机关达成协议，将片中没有指明身份而实际是红军战士的成庆根改为国民党政府的下级军官。这个改动对剧本原有的情节和主题没有影响，实际上是一种掩耳盗铃的手段。据公司方面与南京政府交涉的谈判使者回来说，不做这样的改动，片子只有禁演。至今还记得结尾的镜头是陶金饰演的成庆根穿一身崭新的国民党军队的美式军装半跪在一座坟前悼念死去的亲人，和全片的风格全不调和，看上去有点不伦不类。然而这就是国民党的审查方式。

1947年在香港《华商报》上连载的广东作家黄谷柳的小说《虾球传》，描写穷孩子流浪少年虾球在香港下层社会富有传奇性的苦难经历，以它的地方色彩和生活的魅力，暴露黑社会阴暗面，描绘香港以外的国统区、解放区的广阔天地，受压迫的人民群众、革命志士和反动派的斗争……引起广大读者的注意，轰动了南中国。这部小说同样深深吸引了我，我决定把它改编成电影剧本，作为我在永华公司的第二部影片。

由夏衍同志介绍，我和谷柳见了面，他的朴实恳挚的性格和他的小说一样地吸引我。《虾球传》由三部曲组成，即《春风秋雨》《白云珠海》和《山长水远》。我原来的计划是想把这三部曲连续拍摄，但是由于当时政治局势的迅速发展，国民党由猖狂进攻和大片占领解放区而在人民解放军奋起反击的一年以后，形势逆转而节节败退，这场遍及全国的解放战争眼看将以远比预期为早的时间取得完全彻底的胜利了。我将和一年多以前被迫离开国统区来到香港的许多文艺界同志们一样返回江南，因此我只拍摄了其中的第一部《春风秋雨》，而不得不中止了完成三部曲的计划。

《春风秋雨》从小说改编成电影剧本是我征得谷柳的同意而拟订的方案。由于对香港的黑社会以及下层生活比较生疏，我曾要求谷柳自己改编这个剧本，但谷柳谦虚地说他对电影比较生疏，而给予我全部的信任，我也只好勉为其难了。使我感到不太费力的是小说本身所具有的瑰丽曲折的丰富的故事情节、戏剧性俯拾即是，这是改编成电影剧本最优越的条件。

使我感到困难的是演员的选择，主要是剧中主人翁少年虾球的人选，使我束手无策。我在香港环顾左右，显然没有一个理想的“虾球”。这时年轻的音乐家叶纯志向我推荐他的弟弟叶小珠，据说小珠已经拍摄过几部影片，年龄是合适的，表演是能胜任的。音乐家陈歌辛也十分支持，因此我同意了叶的推荐，把小珠从上海请来香港。

见到上海来客我却不由得失望了。小珠年纪十四五岁，正是虾球的年龄，他长得眉清目秀，一派斯文，举止言谈也是温顺典雅，他是一个学生，一个富家公子，但绝对不是香港街头的流浪儿虾球。

可他是我专程从上海邀请来的小演员，将要担任这样一部影片的主要角色，我看得出他满怀高兴欢悦的心情，包括他的哥哥叶纯志和我的朋友陈歌辛都为小珠高兴呢！这该怎么好？我的心里打起鼓来。从工作、事业、艺术标准出发，我必须重新物色扮演虾球的演员，但这不容易，要花费很大的气力，很难找到，我很怕这个麻烦。而更主要的是我不能叫小珠和他的哥哥失望：由于条件不够、没有选中而叫他回上海去，这样的话我说不出口。就是由于上述的情况，我让小珠担任了虾球的角色。这部影片人物众多，色彩丰富，我尽可能请一批有经验的演员围绕在虾球的周围，如舒适、杨薇、赵恕、吕恩、林静、金彼得，等等。特别应当指出的是，片中扮演虾球的小伙伴——只有十一二岁的牛仔——是由北京来的儿童演员牛犇扮演的。他是张骏祥为了导演《火葬》从北京当时的中电三厂挑选来香港的，小牛是三厂职工子弟，虽然年纪小，但憨厚质朴，同时还具有一种顽强的泼辣的性格，他才是最适合扮演虾球的人，可惜的是他小了几岁，虽然只有三两岁的差距，化妆师也是无能为力的。

这样，我在永华拍摄了在香港两年的第四部影片《春风秋雨》。叶小珠在扮演虾球这个角色中尽了他的力量，戏演得还是感人的，至于气质和外形上的差距，小珠无能为力，那全是做导演的我的责任。

回想三十二年前的往事，仅以上述《春风秋雨》一片中选演员这一件事而言，我就不符合作为一个电影导演的起码资格。拘于情面，迁就敷衍，躲懒怕事也都不符合电影导演的条件。尽管我在香港的两年当中拍了四部影片，但我早就下定决心：我绝不再做电影导演了。

《山河泪》和《春风秋雨》的副导演都是岑范，和大中华两部戏的卢珏一样，岑范是我的第二个电影导演老师。

解放战争已经进入第三年，接近尾声，《春风秋雨》从筹备到拍摄期间，北平、南京、上海已分别解放。7月间在北平召开了第一届全国文代会，大批文化界人士由香港转赴北平参加大会，我由于手边的工作没有结束，只好向大会请了假。

《春风秋雨》全片制作完成已是秋天9月，我向永华公司提出结束合同，和李祖永先生作别。这时我接到通知要我立即动身北上，来通知我的是香港《华商报》的吴荻舟同志，他告诉我正在为我订购由香港去青岛的船票。这时《春风秋雨》的摄影师王春泉向我提出，希望我能和他一路回返北京，参加解放后的电影工作。我请荻舟给买了他全家四人——他的爱人和两个女儿——的船票，另一个和我同行的是叶小珠。

当我在香港九龙住处等待买到船票即将启程的时候，我家里发生了一桩预料不到的怪事，几乎影响了我返回北京。这件事因与从事电影工作没有关系，因此我将另文撰述。

从香港回到北京

多少世纪以来，仁人志士、死难的英雄梦寐以求的让人民当家做主的新中国即将成立，我怀着无法形容的激动心情登上轮船，离开生活了两年的香港，驶向内地。

我们乘坐的是一艘三千吨级的大货轮，挂的是巴拿马国旗。船上的客人除我们一行六人外，还有一位大学教授，姓名我现在想不起来了。照顾我们上船并和我们同船启行的是一位姜先生，他用的是一个化名，几年之后我再见到他，他已不叫这个名字，在外贸部门做领导工作，是一位十分精明干练的同志。

从1936年夏天开始，我离开生长的北京已经整整十三年了，“少小离家老大回”，我非常高兴。这是我生平唯一的一次乘坐海船，我们把船中央最平稳的舱位让给了有妻子、女儿的王春泉一家，我和教授及叶小珠睡在后舱。我也不记得在哪一天离开香港的了，只大约记得轮船在海上航行一个星期左右，其间曾遇到一次大风，轮船被抛上抛下，使我初尝到“晕浪”的味道。“晕浪”是广东话，一般应叫作晕船。晕船是很难受的，想呕吐又吐不出，姜先生劝我到王春泉的家庭舱躺了大约一小时就好了。但是堂堂男子汉在风口浪尖上的关键时刻却躺倒了，而且托庇于妇孺之所，终觉不甚光彩，我本应当是照顾别人的。

另外的一场惊吓是船经台湾海峡的时候，忽然发现前方驶过一艘国民党海军军舰。姜先生匆匆地过来通知我说，我们很可能受到拦截搜查，问我携带的行李中有没有对方认为违禁的书籍文件，要早做准备，免得出事。这样的书籍当然是有的，大家都紧张起来，打开书箱寻找那些反对国民党的书信，我拣出来厚厚的一堆，包了一大包放在船面上，准备在必要时丢下海去。但是就在两条船距离渐近、连国民党旗都约略可见时，这条兵船却掉头驶开了。欣幸之余，失去了重见暌违十三年美械化“中央军”的机会。

巴拿马船的终点站是青岛，到达青岛是9月的最后一天，第二天是10月1日，是中华人民共和国成立的日子。假如轮船稍快一些，我们可以提前一天赶上北京的开国大典，而现在就只能在青岛度过这个伟大的“十一”了。到青岛码头上来接我们的是当地负责交际、接待的同志，显然这一切都是姜先生的周密安排。我们被招待住在一家漂亮的饭店——招待所里，给我们准备了专用车，送我们参加了在青岛举行的开国典礼大会。赶上游行的队伍，我们不能在车里坐下去了，就下了车走进了游行的行列。这么多的人啊！看不见头也看不见尾……我平生也没有见过这样人山人海的场面，而这只不过是一个中型的滨海城市青岛。那天我们全国都在庆祝、游行，欢呼新中国的诞生，这样的狂欢场面何止成千上万。

1949 年我已经三十二岁，十五六岁开始写一些小品短篇，二十岁开始写剧本，三十岁做电影导演。而我做电影导演的目的只不过是为了熟悉电影的特点，便于我今后从事编写电影剧本，我丝毫也没有长做电影导演的打算。回到新中国我也完全没有考虑会被安排做什么工作，我的个人志愿只想做一个没有拘束的自由写作者。我过去曾做过两年的报纸和杂志编辑及两年电影导演，如果有什么目的，这都是为了取得一些生活体验。浅尝辄止，这也是我永远达不到深刻、永远表现为十分浅薄的原因。

到了青岛之后，我急于赶到久别的北京，无论青岛有多么迷人的美丽也吸引不住我了。第二天我们上了去北京的列车，火车到前门站，我立即看见站台上迎接我的人有我熟悉的面孔，我心里一紧，想到我可能难逃做电影导演的命运。果然我不久便得到通知，已被安排在中央电影局，住在西单舍饭寺电影局包下的一家旅馆里。住在我隔壁的是专拍政治大片的导演成荫同志，他是我认识的头一个来自延安的同行。

负责电影局工作的是 30 年代久已闻名的袁牧之，但给我具体交代任务的则是袁的夫人、同样大名鼎鼎的陈波儿。波儿正式通知我，我的工作岗位是电影导演，我提出一大堆理由说明我缺少做一个电影导演的条件和才能，要求只做个编剧。波儿安静地听我说完，一下子就把我的许多理由给否定了。她说:“你知道，现在我们最需要的是导演。连 ×××，一个过去只在剧团里跑跑腿的都当了导演。你已经拍过四部故事片，怎么能说干不了电影导演？”

虽是新来乍到，我也得懂得这个“服从组织分配”的道理，何况面前的陈波儿还是一位女同志呢，我不答应也得答应了。

如今事过三十余年，回想当初违背自己的意志仍是一个严重的错误。我浪费了自己的精力，也没有做好组织分配的任务，甚至于给国家人民造成损失，但悔之已晚。

电影局分配给我的第一个导演任务是到长春的东北电影制片厂拍摄电影《红旗歌》，是根据鲁煤原作话剧《红旗歌》改编的。工厂生活是我完全陌生的，是我从未经历过的世界，要熟悉它，我只有从头做起。我的第一个生活基地是石家庄的一个棉纺厂，厂名我现在不记得了，但我还能记得下厂去生活的情景。我接受任务是在一个寒冷的天气，没有助手，出发之前我的二弟祖康送给我一条灰布面的皮马裤，他告诉我里面是猴皮，保证非常暖和。我就穿着这条裤子，上身也是灰布的棉制服，背着一卷单薄的行李，乘上一列十分拥挤的散座火车。解放初期，这条线路上只有这样破旧的车辆，秩序也很混乱，经过颠簸无眠的一夜，火车到站也没有人接我。我扛着行李，走过天桥、铁道，一路打听找到棉纺厂的工会。工会的同志把我安置在一间昏暗的小屋里，让我坐下来。我说明来意，他为我安排了一个活动日程，要我稍微休息一下。在走开之前，他犹疑了一下，问我:"你是共产党员吧？"我回答说:"我不是共产党员。"他笑了，说:"我看你这身穿着，背着铺盖，是个老八路。"我也笑了。啊！这样就像个老八路了？

如同这位工会干部一样，"以貌取人，失之子羽"，我在棉纺厂短短的一段体验生活、了解人物，加上后来具体在天津国棉二厂拍摄实景和工人同志的接触，都是十分浮浅的，大都是仅凭自己的表面印象加上主观想象来创造和理解，进而刻画人物。因此《红旗歌》的拍摄是失败的，是一个失败的作品。我想，我仍旧错在自己不自量力，接受了自己不能胜任的任务，这是对我很深的教训。就我的亲身经历得出的结论，文艺创作最不宜强行命令，首先应当考虑的是作者对生活熟悉和理解的程度。否则必然是事倍功半，尤其是电影，耗资巨大，牵涉面广，连修改的可能都没有。应该谴责自己的是，从剧本到演员都被我搞坏了，而这笔欠债终生也不能偿还了。

接着给我的第二和第三个任务都有上述的类似情况。1951 年冬天，我将要导演陈明的剧本《海港生涯》，描写大连港湾工人在解放前的悲惨生活，我和陈明同志一同去了大连，生活了约两个月。但是后来不知什么缘故，剧本没有通过而改换了表现天津码头搬运工人的《六号门》，这原是一个码头工人集体创作的话剧，以它的粗犷、淳朴、具有浓郁的生活气息而轰动一时。电影剧本仍由陈明改编，我又在天津码头上生活了一个短暂的时期，之后便进入了拍摄。但仍是由于对生活的不熟悉，在拍摄当中我时刻有力不从心的感觉，另外加上选择演员的不当——由青年演员画上皱纹，粘上胡子，拍出来实在不真实——等原因，上级领导看完样片之后便宣布暂停拍摄。这回我要感谢很有魄力的中央电影局艺术委员会主任委员蔡楚生同志，他很快地对我说，经研究，认为由于我对这种类型的生活之生疏，决定把我的工作改派吕班担任。吕班同志是30年代的上海电影演员，是著名的喜剧演员，在这之前和我已经熟识，并且十分友好。蔡老和我谈话措辞十分委婉，分明是怕伤了我的自尊心，怕我不高兴。他不知道我听到这个决定真是如释重负，有如喜从天降！我不能把我的欢喜尽情表现出来，只再三表示拥护这个英明的决定。接着吕班来看我，告诉我他对这样的做法感到不安，我却感到难于叫他相信我是出自真心地支持这个紧急措施。假如从一开始就决定是别一位同志担任这一任务的话，走这一段弯路而造成的浪费也是可以避免的。

事后我也进行过自我检查，是否有我个人由于对电影导演工作之缺少信心而玩忽职守的地方？我想还不尽如此。但电影导演确是一个十分繁重的高难度工作，兼有艺术创作和行政组织的工作，再得加上团结统战和说服教育之类的事务。而我除去对编剧这一门具有专业的爱好之外，其他方面却都是低能的。再没有用非所长更使人烦恼的了。《红旗歌》拍摄时给我配备了从老解放区来的一位非常忠实可亲、纯朴厚道的老同志，做我的副导演。他也是由组织安排来参加电影工作的，希望在和我的合作中学习电影导演的本领。但是合作不久我就发现他比我还怕麻烦，在天津拍外景的时候，他接到老家来信，说家里有事，要请几天假，索性一去多时，杳无音信了。我现在已不记得他在何时回来的，总之，对任何事业，首先要热爱自己的本职工作，对一切事物，每个人的爱好是不一致的，尤其是文学艺术，具有或缺少这种热爱，将是成功或失败的关键。

吕班为了接替我的工作，认真地来和我谈过几次话，我把所有经手过的素材都给了他，并嘱咐他首先要考虑演员的选择。原舞台剧《六号门》的主角胡二，是天津的电车工人郭振清，他在舞台上表演得非常出色，外形、内心和气质上都是符合理想的演员。重新拍摄的《六号门》起用了郭振清，他的表演是成功的，从此郭进入了电影界，成为长春电影厂主要的演员，拍摄过很多给观众留下深刻印象的影片。

以上发生的这些情况深深地触动了我，我深感自己确有“改造思想”的必要。改造是个长期的过程，从1952年开始，我参加过“三反五反”运动，感到资本家“唯利是图”的确很坏，但有时却又感觉对他们斗得太过火，又因而涌起了一些同情，这又分明是自己没有改造好的表现……随后我决心去下工厂，到石景山钢铁厂工作，目的是深入生活，熟悉我不熟悉的东西。我担任的是钢铁厂炼焦部工会的副主席，时间约近半年。我的体会是：和劳动人民交朋友，和任何阶层的人交朋友，只要与人为善，将心比心，都是没有困难的。正如我在后来的很长时间又曾经和不少的农民、农工结下的很深的友谊一样。但是交了朋友是否就能写出这样人物的好剧本可就不能保证了。八十岁学吹鼓手，显然时间不够了。没有长时间的基础，无论是写思想、写性格、写生活、写一定环境中的活生生的人物都是困难的。这就是为什么作家也得分工，有人写工人，有人写农民，有人写知识分子，有人写干部，有人写小市民……没有万能的博士。就思想改造而言，我的成绩也是不好的，我还是只能写我熟悉的人物。

与大师共事的日子(之一)：拍摄《梅兰芳的舞台艺术》

1953 年春天电影局再给我安排任务，要我导演《梅兰芳的舞台艺术》，又是蔡老找我谈话的。说心里话，我唯一的愿望就是别让我做电影导演了，这个职业对我说来是如此之格格不入，我一听说就头疼。但毕竟是我尊敬的蔡老，我只能婉转地说我不愿承担这一任务。蔡老说："谁都知道你曾经是个京剧迷，这部片子没有比你再合适的人选了。"无可推辞之余，我只得答应下来。但我提出一个要求，希望这部片子拍完之后改任专业编剧，永不再做导演，蔡老居然也答应了我。虽然我知道，新社会的新风气是革命任务不能讨价还价的。但我却是无可奈何，不得不尔。谁也难于理解，当电影导演对我是多么大的负担。

我确实曾经有过一段时期的京剧戏迷的生活经历，但已经过去很久了。大约在我十六七岁的时候，我曾经不惜逃学逃课在当时北京的广和楼看了将近一年的富连成科班的京剧。凭这段生活经历和印象，在 1942 年我写过一个以京剧旦角演员为主角的话剧《风雪夜归人》。如今要我来做这位半个世纪以来照耀世界艺坛的京剧大师梅兰芳先生的舞台艺术片的导演，应当说这不仅是任务，而且也是荣誉。

从中央文化部到电影局都十分重视这部影片的拍摄，决定用最好的技术设备把这部戏拍好，决定聘请苏联的摄影和录音专家来指导这两个部门的摄录工作，并决定拍彩色影片——新中国成立初期还没有拍过一部彩色故事影片。

这年四月我去上海访问梅兰芳先生，梅先生高兴地在他思南路的住宅里接待我。我们做了多次反复磋商，决定拍摄五个剧目来概括他的表演艺术的各个不同的方面。五个剧目是：《霸王别姬》《宇宙锋》《断桥》《醉酒》《洛神》。在五个剧目之前，拍摄一部梅先生的“生活和生平”，介绍京剧演员梅兰芳的历史渊源和他的生活面貌。生活部分和四个剧目分为上下两集，《洛神》单独成为一部影片。

把高度写意的程式化的京剧表演艺术搬上银幕，美术设计是具有极其重要的一环，我聘请了当时负有盛名的几位美术家做我的美术设计顾问，分别是张光宇、张正宇、丁聪和美术史家黄苗子。我知道在美术设计方面的平面与立体、写意和写实，也即在虚和实的方面必然会产生不同的意见，相信这四位专家会和我站在一起顶住一些分歧的看法。后来的事实证明了我的安排是对头的。

电影局把富有经验的老一辈摄影师吴蔚云同志派来这个摄制组。对我说来，最重要的仍是需要一个得力的副导演。我的运气很不错，岑范同志热爱祖国内地，那时他在香港作为年轻一代的电影导演正在一帆风顺地走向事业的高峰，而且当时最红最艳的一位电影女明星对他一往情深，即将结成美满姻缘，而他却一心报效新中国，排除一切干扰回到祖国来了。但是他运气却不好，一腔热情来到北京就赶上了一场政治运动，工作、事业一时都无从谈起。他是一个性情内向、比较沉默的人，显然来得不是时候，他却决不去走回头路。于是我得到领导的同意，把他从所在的八一制片厂借到北京电影制片厂，再一次做了我的副导演。实际上他仍旧是我的老师。

这部舞台艺术片用了很长的时间从事准备工作。从各方面——主要是梅先生处——搜集大量的素材来编集他的生平与生活部分，参加这部分工作的两位重要人物是梅先生多年合作的许姬传与他的弟弟许源来先生，他们两兄弟是梅先生的活字典，对京剧艺术和梅本人有丰富的知识和无限热情。和梅先生的合作达三年之久，我深切体会到梅兰芳大师之所以伟大，首先是由于他的大度能容，所谓“有容乃大”，因此他才能把这一些有才能的、对他无限忠诚的人团结在自己的周围。为这部影片效力的人很多，远远不仅是许氏两兄弟而已。

重要的工作之一是决定除梅氏之外的演员人选。梅先生有一个自己的剧团，即梅兰芳剧团，所有准备拍摄的剧目本都有相应的演员，无须外求。其中唯有《断桥》中的许仙和《洛神》中的曹子建都是小生应工，剧团中的小生是著名的姜妙香先生，将扮演曹子建一角，因此梅先生提出《断桥》中许仙一角应由俞振飞先生扮演。振飞先生是南方昆曲大家俞粟庐先生的公子，是当代小生行的翘楚。但那时俞先生久居香港，不在内地，我找到当时任职华东文化宣传领导工作的夏衍同志和上海市副市长潘汉年同志，通过香港有关方面，把俞振飞先生接到北京。

在上海拟订了拍摄方案之后，我和摄制组一些主要成员就跟着梅剧团的行踪，尽一切可能观摩梅先生的演出。应该说老实话，我虽然在中学生时代曾经有一段时期沉醉于京剧场中，对京剧无限倾倒，但我最喜爱的是老生的唱，其次是花脸、武生，旦角当中我喜爱花旦的表演，对于着重唱工的青衣并无过多的喜爱，只是由于接受了《梅兰芳的舞台艺术》影片的导演任务，反复听了梅派正宗的唱腔，我才真正成为京剧旦角唱工的欣赏者。到 1956 年与另一位旦角唱工大师程砚秋先生的合作，我更进一步热爱上京剧青衣行当的演唱。

京剧在舞台上的表演，一般节奏比较缓慢，尤其是着重唱工的文戏。因此对每一个剧目都要做一番压缩，使之尽可能的精炼，这是我必须做的工作。在压缩剧本的同时也要顾及剧本的文学性。京剧的文学性一直是这个居全国首屈一指地位的大剧种的最为薄弱的环节，有许多在戏剧结构、思想深度、表演方面的唱做艺术上都十分完美的剧目，唯有文学性非常差劲，甚至文字不通，令人哭笑不得。但一般说来，梅先生的剧目却不这样，几十年来，有不少的文学之士是梅氏剧目的编写者或改编及润色者，我在这方面不需要再做什么加工。我只记得《霸王别姬》一剧的一场，项羽中了韩信十面埋伏之计，被困垓下。于四面楚歌声中，虞姬向大王劝酒，并舞剑为大王解忧，唱着:“……自古常言不欺我，富贵穷通一刹那……”

我对梅先生说:“项羽是西楚霸王，身经百战，与刘邦争雄天下。以‘富贵穷通’相况，所见太小了，不如改为‘兴亡成败’比较恰合身份。”

梅先生从谏如流，立即表示同意，并且他在此后演出这个剧目时，都按照这个修改过的句子来唱。

大约在1953年以后，梅先生就从上海移家北京，在西城护国寺一号定居下来了。当时有一位著名的京剧演员、梅先生的弟子、言菊朋先生的女公子言慧珠住在梅家。言慧珠演过电影，可能也演过话剧，也能写文章。她住在梅家有一个目的，就是希望能在这部影片当中和老师配戏，扮演一个角色。她的理想是饰演《断桥》中的青儿，当她知道这个角色已经由梅先生决定由自己的儿子梅葆玖担任时，她对我说:“让我演《宇宙锋》里的哑奴也行。”哑奴是一个一句话也不能说、只做一点手势的角色，由这样一位负有盛名的演员来扮演，显然是不恰当的。正在我犹豫不能决定的时候，梅夫人非常严肃地向我提出绝对不能这么做。梅师母的口气分量很重，我不能不尊重梅师母的意见。对慧珠我感到很抱歉，但在以后的1958年，已故导演许珂拍摄《游园惊梦》，言慧珠终于得到和老师合演的机会，弥补了这一缺憾。

言慧珠聪明热情，多才多艺，50年代后期与俞振飞先生结婚，双方都是有才华有成就的戏剧艺术家，是一对理想的美满夫妻。但在后来的十年浩劫的初期，慧珠不堪那些所谓革命造反派的欺侮而自杀。她的个性偏狭，易于激动，在新中国成立前后，因生活及事业上不顺利的原因曾经有过两三次自杀，都遇救生还，终于在“文革”之中自轻其生，含愤死去，令人叹惋。

梅兰芳先生出身梨园世家，他的祖父梅巧玲是清朝末年享有大名的旦角演员，在民间、在清宫都负盛望。他的父亲也是旦角演员，不幸早逝，梅先生是梅家的第三代演员，梅葆玖是第四代的旦角演员，葆玖的姐姐葆玥反而是唱老生的演员。

在这部影片中，梅先生扮演白娘子，青儿一角由葆玖扮演是理所当然的。但是见过葆玖几次之后，我们摄制组里的同仁们普遍感到葆玖并不热爱自己的事业，他之从事于京剧旦角一行，客观的因素远远大于他的主观愿望。他喜欢开汽车、摆弄录音机、照相机以及一切机械之类，对这些的爱好远远超过他所从事的京剧表演艺术。最突出的一件事是，在经过长时期准备工作、电影即将开拍之前，每个剧目都需要彩排一次，这将是正式拍摄前最重要的准备工作。就在排演《断桥》节目的那天，摄制组全体人员都准时赶到，包括特请来的两位苏联专家，而久等梅剧团的人不到。过了很久梅先生一行来到制片厂，独未见葆玖，而一向温和稳重的梅先生面有不悦之色，经向同来的某君询问，才知道葆玖到天津游玩去了……

葆玖很聪明，也有天赋，也即是遗传了作为一个旦角演员的素质。然而他对于演戏兴趣不大，是凭着聪明演戏，不像他父亲那样下过一番苦练功夫，后来的十年浩劫又浪费了他最可宝贵的演剧黄金时代。写到这里的时候，知道他初次到香港演出得到了很大的成功，使人高兴，而葆玖现在已过中年了。

影片的美术设计是一项重要工作，在这个问题上我与主持电影局艺术委员会的蔡楚生同志分歧最多。蔡老对传统戏曲表演比较生疏，总怕背景太简单，拍出的效果单调。而我坚持认为传统戏曲表演的虚拟、写意的手法是突破时间和空间，诱发观众驰骋想象力的最高明的表演方法。立体布景和笨重的道具只能束缚住演员手脚……最终行使的设计方案是经过反复商讨才得以通过执行的。苏联摄影专家雅可夫列夫对此本来也不理解，也是我做了反复的讲解才逐渐接受。在这方面费的精力实在不少。美术设计是从上海特邀参加的著名美术师韩尚义，绘制背景的是上海著名的擅长金碧山水的国画家胡若思。和他们两位的合作是十分愉快的。

聘请来的两位苏联专家，总的来说，对完成任务还是起了作用的。这一方面说明了领导对这部影片的重视，但是经过半年多时间的合作也确实感到不少不必要的浪费，包括时间、精力和经济上的浪费。经济上的浪费是显著的，两位专家都携带夫人，工资和生活方面都是很大一笔支出。工作当中事事都要通过翻译，两位翻译终日忙碌，十分劳累。其中录音工作比较简单，但是摄影方面就要复杂得多。这位专家也比较固执，常常在某一项处理方法上发生抵触，双方的道理讲不通，真是“秀才遇见兵，有理讲不清”，僵持不下，苦不堪言。其实假如不请专家，我想我们是有能力把工作做好的。何况我们拍的并非是新中国第一部彩色影片，上海电影制片厂的越剧舞台艺术片《梁山伯与祝英台》也是彩色片，拍摄在梅片之前，并没有请什么外国专家，片成之后争得了国际声誉，这足以说明问题。

由于和苏联专家在合作中有过不同意见，甚至争论——这本来应属于十分正常的现象，在 1957 年那场“反右”运动中，经我们摄制组的某些同志的“揭发”，我对苏联专家的态度是“反苏”！从而反苏必反共，反共必反苏，是我的罪状一条，这是我事先绝对未能预料的。其实我对苏联专家是十分尊重的，假如雅可夫列夫同志依然健在——他当时年纪已不轻了，他和录音专家戈尔登都会记得我们之间的友谊。我曾经在家里盛宴款待过他们，临别时又赠送他们两位各一幅白石老人的大幅绘画精品真迹。我也相信他决不会计较我们之间由于意见不合而引起的辩论。此外还有一个例子是《断桥》这个节目，我看过样片之后，总感觉焦点不实，影像不够清晰。但是因为洗印困难，重拍是更困难的。真正严格的导演是有权提出追究责任，返工重拍的。但我只提了一下，出于尊重专家，又没有别人或者上级领导提出，我也就将就了。很难想象，假如我提出重新拍摄的话，我和专家之间的关系将会紧张到何种程度。然而基于自己的责任感，二十七年过去了，我至今是耿耿于怀的。

影片经过了近两年的筹备工作，于 1955 年春天开拍，约近年底结束。应该说，工作是基本顺利的。梅兰芳先生胸襟开阔，平易近人，他的最大的过人之处、感人之处是那样谦虚、诚恳，与人为善。任何人的意见他都虚心听取，并且随时主动地征求别人的意见。拍摄《断桥》时，他自谦说对昆曲的造诣不深——其实这是他常演的剧目，人们都知道他在昆曲方面幼有师承，下过苦功——那时俞振飞先生的夫人黄蔓耘尚健在，她每天陪伴俞先生到摄影棚来。梅先生多次在拍摄之前请黄蔓耘夫人为他做示范表演，自己站在旁边专心注目地观看，像一个恭敬恳挚的年轻学生。谁能想到，这就是当代最受人崇敬的京剧表演艺术大师呢？从这里我找到了梅兰芳先生一生坚持进步、永葆艺术青春的秘密：虚怀若谷。这种动人的情景是我永远也不会忘记的。

另外的一次难以忘记的事情是拍摄《宇宙锋》中“金殿”一场。当时在拍一个全景，整个摄影棚中的电灯全部开亮，正在拍摄进行当中，突然爆炸了一个一万支光的大灯泡，声音响得吓人，碎玻璃片纷纷溅落，全场的人都大吃一惊，而正在表演中连唱带做的梅兰芳先生竟然丝毫不为所动，一心贯注地把戏做完。这才叫“泰山崩于前而色不变”，没有过人的胆量、高度的修养和对所从事的事业的责任感也是难以做到的。

与大师共事的日子（之二）：拍摄《荒山泪》

记得是在 1954 年秋天，我接到邀请，和凤霞一起到周总理家做客。总理和邓大姐高兴地接待我们，在座的还有老舍先生和曹禺同志两对夫妇。总理请我们吃螃蟹。

总理见到我时问我正在做什么事情，我说正在筹备拍摄《梅兰芳的舞台艺术》，已经进行了将近一年的准备工作，估计要到半年之后才能正式开拍。总理仔细地向我询问了全片的内容和五个剧目的情况之后，感叹地说:“可惜，可惜……”我问总理可惜什么，总理说:“可惜程砚秋不能拍电影了。”我再问为什么，总理说:“程的体形这么胖大，现在连舞台演出都停止了，还怎么拍电影?”我对总理说，胖大和瘦小都是比较而言，程虽然胖大，但是假如能找到比他更胖更大的演员与他同台，再把台上布景、门窗和道具做大，相比之下程就不大了。电影是最能“弄虚作假”的艺术，完全能够做到舞台上做不到的事情。总理听了很高兴，对我说:“在延安的时候，爱好京剧的同志很多，对梅派和程派也各有偏爱。”我问总理是哪一派，总理很认真地回答我:“是程派。”

1955年底,《梅兰芳的舞台艺术》的前后期摄制工作全部结束。我如释重负，又由于早已得到电影局领导同志对我结束电影导演职务的许诺，而感到格外的轻松愉快，在文化部审查通过完成拷贝的当晚，我回家睡了一宿好觉。但第二天一早我就接到当时的中央新闻纪录电影厂厂长兼北京电影制片厂代厂长钱筱璋同志来的电话，说有要紧事要我立即到厂里去一下。我匆匆赶到制片厂的厂长室，筱璋面带笑容地对我说:“找你来接受任务，再拍一部电影……”我没等他说完就急了，站起来说:“我不能再做导演了，领导上也早同意了……”筱璋说:“这部戏的任务你不能推，任务是总理交下来的，导演也是总理指定的。”这下子把我镇住了，总理交代的是什么任务呢?筱璋说:“让你拍一部程砚秋的戏。”这使我吃了一惊！我说:“程先生这么胖这么大！怎么拍?！”筱璋说:“任务是头一天晚上在一个宴会上，总理叫我过去亲自交代的。当时我也提出了程的体形问题，但是总理说，可以选择比程更高大的演员，做大布景和大道具，电影是有办法解决这种问题的……”这就使我想到一年前和总理的那次谈话，这叫作“即以其人之道还治其人之身”吧，还有什么可说的呢。筱璋还传达了总理的一些具体意见：关照程的影片不要像梅的拍法，不需要拍过多的节目；只拍一部戏，但要做一些丰富和充实；要求在一部戏里，发挥程在唱、念、做方面尽可能的全部专长……总理是这样细致地安排任务的，我不接受也得接受了。

第二天我就去拜访了程砚秋先生，在这之前我没有去过程家。西城报子胡同的程家是一个有三重院落的大四合宅院，程先生的客厅里字画满墙，图书盈架，充溢着书香墨气。程先生本人能写一手清秀挺拔的欧柳体楷字，谈吐文雅而坦率，言谈之间就能感到他的文化修养。当代的京剧名演员，无论是梅兰芳、程砚秋、荀慧生，还是周信芳、马连良这些先生们，都是一样的温文尔雅，具有高度的精神素养的。

和程先生一提到拍摄电影，程便抱怨自己的体形，接着就谈起任务是总理交下来的，当时程就表示了畏难情绪。但总理对程进行了说服和鼓励，告诉程，关于体形问题，将由电影的技术专长来加以克服……这一切都使我感到意外和感动，这样的国家总理应是前无古人。

经与程先生反复磋商，商定了拍摄他的代表作之一，以祈祷和平、反对战争为主题的剧目《荒山泪》。原编剧为金仲荪与程先生本人，因为剧本比较简单，而给了我们加工、充实、修改的余地。北京电影制片厂召开了艺术委员会，研究了剧本的内容与结构，讨论中发言最为热烈的是已故的崔嵬同志，对一场准备改写的戏，他激动得离席而起，边说边做，马上深入到剧情里去了。修改方案拟订之后，征得程先生的同意，由我执笔改写。程先生嘱咐我，要我在写唱词时不要受到任何格律的限制，希望我多写长短句。他对我说："你怎么写，我怎么唱；你写什么，我唱什么；你的唱词越别致，我的唱腔也就越别致。"后来的事实证明了程先生的许诺，证明了程砚秋先生不但是一个卓越的歌唱家，而且是一个卓越的作曲家。由于时间急迫，我改写的剧本只用了不足半月功夫，是写好一场送一场，他立即进行编腔度曲，剧本改写完毕的第二天，他的唱腔也编完了，已经和乐队一起合乐演唱了。而且确实如他所保证的，我写的唱词他未做一字更动。砚秋先生天资卓异，功力非凡，真是无人可及，他的做法，当时是使我吃惊的。

程先生的排戏方式我看来也十分新奇。他家里房子多，人口少，有很多空空的大房间，但他却选定了一间很狭小的餐厅做他排戏练唱的场所。他把餐桌移到屋角，把一个六七人的小乐队挤坐在另一角，屋子也就只剩下两张餐桌大小的空地了。程先生就在这片小天地里连唱带做——包括主演角色的言慧珠的——全部身段。他是剧中主要演员，又兼导演、作曲和乐队指挥，一记锣，一下鼓，都由他一人主持调度。他在这个小小的角落里走出了全剧的身段地位，在几天之后的一场舞台彩排的演出中，我的惊讶便转为叹服。程先生载歌载舞，他在台上表现出来扣人心弦的悲愁怨苦全是从那个小小角落里的“原地踏步”放大出来的。这场彩排是 1956 年 3 月 30 日，地点在北影演员剧团礼堂，那一晚程砚秋先生的表演精彩绝伦，声容并茂，可惜的是这场演出的观众大都是北影厂的职工家属，文艺界人士几乎无人到场，只是很偶然地我邀请了阎宝航、孙维世和金山同志。他们三位是那场演出仅有的来宾，而现在宝航、维世和砚秋先生都做古人了。虽然在这之前程先生便已多次表示决定退休，结束他的舞台生涯，然而凡是看过这一场演出的人都被他的独具一格、富有艺术魅力、荡气回肠的程腔，以及他的特别富有表现能力、千姿百态的水袖功夫，脸上的悲楚感人的深刻表情，变化多端的优美身段所征服了。

大家都认为程先生在舞台上的生命力正处在充沛饱满的阶段，他的表演艺术也正处于炉火纯青的时刻，人们都劝他不要就此终止他的舞台生活……但是谁也没有料到，在这场演出以及电影拍摄的两年之后的 1958 年，先生一病不起，过早地离开了我们。

无论就性格、作风和工作方法说来，程先生和梅兰芳先生都截然不同。梅先生谦虚好问，大度能容；而程先生则是一言九鼎，乾纲独断，事无大小他都要过问，都是迅速做出决定，很少犹疑不决、反复商量的情况。但是这两位大师的成就却又同样都达到了京剧旦角艺术的顶峰，可见条条大路通罗马，殊途同归也是一种规律。

程先生的性格还有另外的一面。在和程一起工作的日子里，我们常常一起挤公共汽车，一起在小饭馆吃饭。唱了一辈子旦角的程砚秋却有一种男子汉大丈夫的气派，这也表现在他的日常生活和嗜好方面。譬如他抽烈性的粗大的雪茄烟，有一次我试着吸了一口，呛得我喘不过气来；他还喝度数很高的烈性白酒，而且酒量极大，饮必豪饮。我劝他，抽这样的烟，喝这样的酒都是坏嗓子的，应当戒掉。他淡然一笑，说："嗓子不好的，不抽烟不喝酒也好不了；嗓子好的，抽烟喝酒也坏不了。"这当然是狡辩，也是由于他打算谢绝舞台的缘故，他却也就是这么任性而固执的。这种说法也显然不科学，一个演员怎能这样不爱护自己的嗓子呢？终于在录音开始后，他的声音发毛、不圆润。我向他提出，在录音工作的这一个星期里不要抽烟饮酒，他接受了我的要求。

程砚秋在大约四十年的舞台生涯中，以他独具风格的卓越的程派唱腔闻名于世。他的成就有天赋的因素，但他的勤奋是更大的决定因素。作为歌唱家，程并不具有那种最响亮的歌喉，他的声音偏于低暗，但他却凭借自己的条件，创出了独具风格的程腔。他的唱腔婉转柔韧，以凄楚幽怨见胜。唱到感情最深浓的时候，歌声细似游丝而不绝如缕，这是最见他功力的地方。唱到这里的时候，满堂听众真是屏息以待，只觉得这一线歌声似乎发自幽谷，却又百转千回升人云霄，然后一落千丈直下深潭涧底。就这样弹拨着观众的心弦，如饮醇醪，不觉自醉。几十年来，程腔风靡大江南北，直到如今还有所谓"程迷"，对程腔的喜爱几乎达到顶礼膜拜的程度。这是京剧表演艺术家程砚秋独具的光荣。

关于程氏体形的问题，这是程本人晚年最大的苦恼。虽然我在

1954年曾经向总理讲了一通“想当然”的道理，那时我完全不能想到这一艰巨的任务会落到我自己的头上。待到我接受了任务执行导演工作的时候，我就发现了自己主观臆测和客观现实是何等的不相符合。在演员的选择方面：第一，根据一般的习惯或规律，一个主要演员都有一套自己的班底，程先生自然也有自己的班底，都是几十年合作的老伙伴，极少可能在此之外去选择演员。第二，即使能由我在更大的范围内自己选择演员，也选不出比程更为胖大的演员了。程的体形之魁伟在京剧演员当中很可能是首屈一指的，选择一台像这么大个子的演员是根本不可能的。此外，由于这出戏也不尽是独角戏，很多场面都有多人同台，因此把布景和道具做大亦全无意义。看过程晚年在舞台演出的观众，都曾见到，在程出场之始，观众定会哄笑，觉得这个演员个子太大。但是只要他扮演的角色一开口，不管是说是唱，观众马上就会安静下来。接着，观众就逐渐被征服了，被吸引进入戏剧规定的情景中去了。程先生用以征服观众的武器就是他卓越的表演艺术，这时候观众完全忘记了眼前的这个“巨人”，而全被程的魔术般的喜怒哀乐的表演所倾倒。

程的表演艺术的精华不仅在于唱腔一方面。他的身段和水袖功夫都是京剧艺术的瑰宝。据程对我讲，他的水袖动作有二百多种，我在这方面是外行，就不多说了。至于《荒山泪》一剧中的舞蹈身段，表现亦十分丰富。剧中最后一场入山的全身旋转的大圆场的动作完全是一场大芭蕾舞，令人惊叹。

《荒山泪》从前期录音至拍摄完成，工作十分顺利。这与程先生豪爽泼辣的作风有很大关系，在他的剧团里，程当机立断，令出如山。终影片之完成，没有发生过任何属于剧团方面的障碍，始终严格遵守电影厂的制度，没有迟到误事的情况。我们整个摄制组的工作人员都很喜欢程砚秋先生。

身体非常健壮的程砚秋先生在拍完《荒山泪》之后两年的1958年

出人意料地不幸病逝。那时我远戍北荒，不在北京，闻此噩耗十分悲痛，想到他一代名家总算生前还留下这一部代表之作《荒山泪》，使我们至今还能看到他的声容丰采，真乃不幸中之大幸。这也不由得使我又一次想起敬爱的周总理对这部影片的细心安排：在任务下达之后，总理又关照中国京剧院必须大力协助，把过去和程先生合作过的乐队人员、现在已经参加国家剧团和调离他处的程所需要的乐师都重新集中起来，给予一切便利条件，服从影片拍摄的要求。

1957 年春天，中央文化部召开过一次全国电影工作者的会议。会议结束时在北京饭店举行了一个联欢晚会。大家正在欢聚，听说周总理即将来到这里和我们见面，接着就见总理笑容满面地从大门走了进来。出乎我意料的是总理穿过众多的与会者朝着我们这一张桌子走过来了，并在我对面坐下来。总理高兴地对我说："昨天我看了一部好电影。"我说："什么好电影呢？"总理说："我看了《荒山泪》，戏改编得不错，比以前饱满丰富得多，程砚秋的表演得到了全面的发挥。由于又发挥了电影镜头的作用，观众看到了在剧场里看不到的角度……这部片子应当宣传一下，你应当写文章，好好介绍给观众。"

没有辜负总理的期望，在程先生和他的剧团以及摄制组全体同志的团结合作下完成了总理交给的任务，并且受到总理的表扬，这是对我很大的鼓励。原来即使不是总理叫我写文章，我也该是要写文章的，但是由于不久之后开始了一个"反右"运动，我竟没有可能写这篇文章了。事隔二十三年之后，一场全民族的十年浩劫过去，像噩梦惊醒一般，我获得了新的政治生命。在 1979 年 2 月，应《人民戏剧》编辑部的要求，我写了一篇文章，题为"周公遗爱程派千秋"，记录了拍摄《荒山泪》的始末。而现在这篇从业十年的回忆片段则是这一事件的重述。当时我就此写了一首小诗也录在下面：

好事说来有万千，

周公遗爱在人间；
伤时一曲《荒山泪》，
立雪程门代代传。

《荒山泪》拍摄完成意味我的电影导演生涯的结束，我算是可以真正摆脱这个力不从心的职业了。我听到有人说过：电影是一门遗憾的艺术。因为对一个电影导演说来，每一部影片拍完之后，他总会发现这里或是那里、一处两处或是更多处总有使自己不满意的地方。但是毕竟已经摄制完成了，公映了，虽然还有许多地方最好再修改一下，却是再也不能修改了，只能留下无可弥补的遗憾，使人怅惘。其实何止电影导演是如此呢，作为一个编剧人——无论是话剧、戏曲，或是电影剧本的，每完成一部作品就留下一次遗憾。我写过不少的剧本了，每个剧本在写完以后都有使自己很不满意的地方，但是我很少改动它们。一是没有时间改，二是没有兴趣改，也知道左改右改总不会使自己完全满意的。看来这就是艺术之所以为艺术，这是艺术的特征。任何一件即使是成功的艺术品里面也不会没有作者的遗憾。

川滇行

但实际上，我的导演工作并没有完全结束，而是留下一个愉快的“尾声”。仍是中央新闻纪录片厂厂长兼北京电影制片厂代厂长的钱筱璋同志把我找到厂长室，他笑着说：“你愿意出去走走吗？出去旅行一下，拍一部风景短片好不好？”这回我一点也没有迟疑，立即同意了。我愿意有这样一个机会，沐浴大自然的阳光，冲淡一下这一长段时期关在摄影棚里的郁闷。筱璋说，至于到什么地方去由我自己决定，并且告诉我拍摄这一部风景片主要是由于有一些进口的彩色胶片已经接近于使用的有效期限。

这样我得到了一个多年来头一次可以自己选择去处的公费旅行的机会。我们的祖国大得没边没沿，我没有去过的地方不知有多少，大可以找一处难得去到的所在长一下见识，开一下思路。但是事实又一次证明我的短见和保守，我未加考虑地就决定去四川峨眉，原因是在1944年我和我的老朋友、已经逝世的剧作家宋之的曾在峨眉山双飞桥清音阁一同住过一个暑天，听了两个月牛心石上奔腾冲激的雷鸣般的流水声，也在金顶上看过彩色斑斓气象万千的日出、云海和神奇的佛光……做这样的决定完全由于我具有的那种强烈的怀旧之情，一心想回到十二年前去过的西蜀仙山寻找昔年的旧梦。但我竟自疏忽了春光已逝，序属三秋，早已不是拍摄彩色风景片的季节了。

接受了新的任务之后，我们组成了一个精干的摄制组的班子：一个制片主任，一个摄影师，两名摄影助手，加上我共为五人。那时北影有一部空军题材的故事片正在拍摄，厂里通知我们搭乘空军的便机飞往四川。我们乘坐的是一架军用飞机，第一站飞抵西安，时间大约是八月中下旬，出师不利，这个向往已久的古都阴雨绵绵，使人感觉到整个空气都是潮湿的。问题在于，因为天气的缘故，飞机一连几天竟自不能起飞，而把我们搁浅在西安了。当时曾经引起我的疑惑不解：阴雨天飞机停飞，假如是在战时，这样的连阴雨，是否一切空中活动就都该停止了呢？何况这还是空军呀！当然，西安是历代帝王的都城，遍地都是名胜古迹，借这个机会很应当到处看看走走。可惜的是，扫兴的秋雨一个劲儿地下个不停，我们住在当地空军师里，离城较远，出入也不方便，又是一心盼走，随时准备天一放晴便起飞而不敢远去。在西安的三五天里只逛了一趟孔庙里的碑林，看了看太宗的昭陵六骏。时间都在等待中消磨掉了。

好不容易起飞了。飞机过秦岭，望不尽的群山重叠，白云朵朵。立刻想起韩愈的名句："云横秦岭家何在……"非常替前古的伟大诗人们惋惜，屈原、韩愈、李白、杜甫……他们之中谁也没有坐过飞机，而我这个坐上飞机的人却连他们那样的写景诗也做不出来。

飞机降落在空军基地广汉，在古老的县城石板路上又听到睽别十多年的四川话，过去八年流浪的情景一时涌向心头。我们立即到城里小饭馆吃了一顿地道的四川饭，坐了一回茶馆，告别了壮健豪迈的热情的空军师长，驱车去了成都，做了省文化局的客人。

我用了一下午的时间去逛了曾经流连过的成都街道，为的是到旧书店里搜集一些峨眉山的资料，但却一无所得。在居停主人——省文化局长的帮助下，我们不休息便上车赶路，行近峨眉地界便已经感到大事不好，远远望见峨眉山已被烟笼雾锁，自上山至下山用了八天的时间竟没有见到一丝的阳光。从西安到峨眉，只在飞越秦岭的短暂时刻才见到一下难得的太阳，这和北京的金色的秋天何其相异乃尔。没有干过电影这行的人想象不到我们这一行拍外景等天晴的苦处。何况峨眉山只剩下一色浓绿，百花早已凋零殆尽，彩色片感光再快也是英雄无用武之地了。

我们五个人被困峨眉山，望着充塞天地的满山蒙蒙细雨，只有闷坐发愁的份儿。下一步怎么办呢？我们想到了云南。

我没有去过云南，但知道那里有四时不谢之花，有百年常青之树，是一个春光永驻的地方，所以我们决定马上动身去昆明寻找秋天里的春天。

美丽的昆明不负所望，飞机就像降落在百花丛里，飞机跑道旁边是一片花海。著名的茶花虽然谢了，然而满眼仍是万紫千红，甚至还有一种花叫作叶子花，连叶子也是花。

昆明还有很多古迹胜地，黑龙潭、大观园、金殿、五百里滇池和西山睡美人……把昆明点缀得像是神仙世界。昆明的天气又是这么好，蓝天白云，红花绿树，这样的拍摄条件哪里去找。摄影师的高兴没法提了，良辰美景目不暇接，好镜头再也拍不完。

更让人感觉欢喜的是昆明人的热情，遇到的人没有不伸出友好的双手。风景令人陶醉，热情使人融化。从1947年我在香港开始电影导演的生涯，到这时整整十年，以这样一部风光短片来做结束，这使我感到非常幸福。昆明给我留下的印象是非常美好的，做电影导演的十年里经常为拍外景等天气的不顺利所苦，“靠天吃饭”，而天往往不从人意，但昆明是个例外，她百依百顺。这部影片剪成两本，片名“春城秋色”。

这一次飞越川滇的旅行，先苦后甜，但各有情趣，在旅途当中，还没有回到北京，我就写了两篇记事的短文:《雾里峨眉》和《寻春小记》。在我的写作生涯中我很少写游记，我总觉得自然风物用文字来记述是很难的，但是峨眉的雨把人更大地难住了。而昆明却又如此教人心花怒放，写这两篇文章都出之于情不自禁。

结 语

俗话说“乐极生悲”，这是人们从生活当中的某一个方面做出的总结。在我为结束十年来一直觉得力不从心的电影导演工作而私心庆幸的时候，没有料到一场飞来横祸把我逐出了电影界。

当时，我怀着极为轻松愉快的心情迎接1957年的到来，心里感觉到，无论是从国家还是个人，无论从事业还是生活，都充满了幸福和希望。但就是这个1957年，我受到了平生没有过的一次惨重的打击!是只能挨打，绝对不能还手，甚至不能做丝毫辩解。

生活在人类社会里，我想，无论进化到什么时代，生活都不会是圆满无缺，丝毫没有遗憾吧?因此，对我们的事业、工作、人与人之间的关系提出一些希望、建议，指出缺点，讨论一下，争论一下，不应当都是正常现象吗?因此当我们可尊敬的领导号召大家提意见的时候，本着对人民事业的忠诚和责任感来响应号召，我也认为是十分正常的，并且衷心期待着我们的事业更加美好，前途更加光明。我完全不能想象，更不能理解，提出的那些意见是“反党、反社会主义”。

但是，悲惨的后果就是这样发生了。我惊异地发现，平时曾经在一起谈论过意见的人，甚至意见更多的人，只是由于没有在什么会上或其他场合或写成文字提出意见，他们就没有承担什么后果。很难想象，一句在旧社会十分流行的、完全属于消极、教人油滑的俗话——“是非只为多开口，烦恼皆因强出头”，竟应在我们这样人的身上。

总的说来，我没有什么后悔。人应当承受苦难，使自己锻炼得更深刻一些。有点后悔的只是我为什么在戏曲工作问题上提了那么多的意见，真叫作“狗拿耗子——多管闲事”，说起来我只是个电影厂的编导，而却成了戏曲界的几乎是第一名的右派。虽然正式宣布我是右派分子的千人大会是在北京电影制片厂召开的。

前面说过，我只是为了积累一些编写电影剧本的经验，加上某一些政治上的原因，很偶然地做了十年时间的电影导演，而其中的后面八年我不断地在要求解脱这个导演职务。这回好了，我被剥夺掉了一切工作的权利。真是活该，想当导演也当不成了。

1958 年一个早春时节风雪交加的夜晚，我离开北京的家去了极北边疆的北大荒，去经受三年艰苦生活的洗礼。总结自己的经历，我认为无论多大的苦难，人都是经受得了的。何况多大的冤枉总会得到多数人的同情，这就是使人能够生活下去，并且得到更大的支持和力量的原因。

以上是我从事电影事业，也即是做电影导演的十年简短的经历。我深为做一个电影导演而未能做出应有的贡献感到惭愧，虽然这不能由我个人承担全部的责任。1960 年年底我由虎林回转北京，依据组织的规定，仍回到自己原单位北京电影制片厂去报到。人情冷暖，我得不到热情的接待是理所当然的。组织上说没有什么工作给我做，叫我每周两次参加演员剧团的政治学习。我认真地去参加了两次学习，但是我发现所谓“学习”只不过是十分乏味的聊闲天，于是便没有再去，也没有人管我，这正是我希望的。

大约五个月之后，当时的中央文化部副部长齐燕铭同志约我谈话，要我从事京剧剧本的写作，并把我的工作调到中国戏曲学校实验京剧团，这使我的写作生涯展开了新的一页。

1982 年秋　追记

《夜光杯》五十周年感怀

接到永葆青春朝气的上海《新民晚报》驻京记者高汾女士的电话，命我在三两天内赶写一篇纪念《新民晚报》《夜光杯》副刊五十周年的文章，吓了我一跳！

真乃是奇谈怪事，怎么眨眼之间半个世纪竟自一去不返了？日月运行不息，山川风物依旧，只有人经不住岁月的流转，转瞬间，黑发变成了白发，青年变成了老年。

五十年前的1946年，是日本帝国主义无条件投降的第二年。抗战八年临时陪都的重庆，国民党中央政府还在陆续派出接收大员，纷纷北上南下赶赴曾经沦陷的广大地区争权夺利。那时我已经二十九岁，大概在两年前受重庆《新民报》两位老板陈铭德和邓季惺先生的邀聘，担任副刊《西方夜谭》的主编，在这段不算很长的主编副刊期间，我的自由任性、不计后果，给两位老板惹了不少大大小小的麻烦。若按常规，我这个惯于招灾惹祸的伙计早就该被老板炒了鱿鱼了。可是就在这时候，老板找我谈话，请我在上海担任刚要出版发行的上海版《新民报晚刊》的副刊《夜光杯》的主编。在这之前我虽然只去过一次上海，但它是我的家乡常州的近邻，更加使我向往的，它是现代中国新文化的中心，是多少大师、学者荟萃的地方……我毫不犹豫地便接受了邀聘。那时候久住陪都亟待还乡的人不知有多少，交通工具十分难得，很多人甚至乘坐长途汽车背着小行李长途跋涉还乡，而我的陈老板神通广大，交给我手里的竟是一张飞机票。

这在我的生活里也是头一次坐飞机。比起八九年前我跟随国立剧专从长沙乘坐木船西行入川的情景真是平步登天了。年来往事大都忘却，但是这个头一次乘坐飞机却是记忆犹新。我坐的是一架军用飞机。机舱小到只有我一个乘客的座位，飞机是绿色的，全部钢铁铸成。由于我的无知，我完全不知道这是一架做何用场的飞机，运输机？战斗机？全都不像，亦没人可问。最后，我只能认为它就是我一人的专机。

这样，我身穿一件旧式夹袍来到虽经战乱仍是花团锦簇的上海。由于在此之前，我在抗战八年中写的五个剧本《正气歌》《牛郎织女》《少年游》《林冲夜奔》《风雪夜归人》都在上海上演过，尤其《正气歌》在日本侵略军包围圈内的上海租界内三次公演共达三百场之多最为轰动。当时上海的著名话剧演员和电影明星如石挥、张伐、上官云珠、沈浩、沈敏、韩非等都演过我的戏。因此我来到上海，好客的上海朋友几乎每天都请我去吃饭，吃了一个多月，真是让我如坐春风，几乎被友情融化。

在陈铭德、邓季惺两位贤伉俪领导之下的新民报系人才济济冠绝当时，总主笔赵超构先生，几位报馆的主笔如张恨水、张慧剑、张友鸾、曹仲英、万枚子……都是声名赫赫的大家，论年资辈分都该是我的老师。从5月1日起我主编的《夜光杯》副刊随晚报一起创刊，我开始了每天按时上班的生活。而在重庆编《西方夜谭》时我只是在重庆中一路四德村家里编好版式和稿件，有通讯员来取送，我不必到远处的报社上班的。

在上海我借住在沪西租界的忆定盘路(今名江苏路)一座洋房楼下一层单元房里，距离报社的外滩圆明园路有很长一段路程。为此我买了一辆脚踏车，恢复了往年在北京中学、大学时的骑车上学的生活，上下班骑车每次在四十分钟左右。开始时我自己或约请朋友写一些短稿，不久以后，外界的投稿便日见增多，并逐渐成为稿件来源的主力。我只记得从来没有为稿件发过愁。晚报的另一个副刊叫作《夜花园》，主编是诗人李嘉，是娱乐性的刊物，刊载上海的文娱、艺术生活的稿件。我和李嘉坐在面对的书桌上班，每天上午十时左右开始工作，首先校对昨天发稿的当天晚报的清样，或增补一些空白，做一些调整，交总编辑看过便付印出报。同时编第二天的版面，有些稿件是早已从外稿或约请的来稿中选定的，还有根据现实发生情况自己临时撰写的。另有两个专栏，一个是夏衍先生的《桅灯录》，另一个是袁水拍先生的《月下小景》，这两位作者都十分紧密结合社会现象和发生的事实负责供稿。袁水拍平时就在报社附近的中国银行上班，我时常在路过银行时在柜台边一露面，他就把稿子递给我了。夏公的稿子我有时在上班或回家时，顺路到他家去取，有时他甚至自己到报社把稿件交给我。那时我和丁聪兄还在编一本叫作《清明》的杂志，有一间在"共舞台"三楼的装置非常讲究的编辑室——由于地处闹市，朋友们时常到此歇脚。夏公常到这里午休，有些文稿就是在这里写给我的，田汉、洪深先生都在这里为我写过晚报的稿件。我都不教他们白来。

编辑《夜光杯》期间，由于发稿不慎，亦曾几次为老板招来麻烦，我已记不清楚有多少次了。现在只记得有一篇《冥国国歌》是外稿，是按照当时的《民国国歌》改写的，十分尖刻辛辣地讽刺当时的国民党政府。对报社说来这是闯了一次滔天大祸，几乎让报社被封掉。铭德先生费尽心力，才得化解。然而即使如此，他亦对我连一句抱怨的话都没有。真的，"士为知己死"，这样的老板哪里去找！

说心里话，我从心里愿意永远做《新民报》的伙计，永远和这一群才华出众的哥儿们共同为这一光荣的事业而奋斗。但是我终究只是一名戏剧工作者，在上述短短不到两年的时间里我两次都因为一伙话剧演员的推动，先写了剧本《捉鬼传》讽刺当时的社会，再写一个批评当时政府的剧本《嫦娥奔月》。后者触犯了当时的"总统"，这两个剧本居然都得至上演，但是却动摇了我在上海的居留。 我得到当时一个警方剧团演过我的《夜奔》剧本的年轻演员的好心，他说："快走！有人要抓你……" 我迅速地买到飞机票去了香港，那是 1947 年的夏天。

虽然我在上海只住过短暂的两年，但至今回想还有无限依恋的感情。 只是据我了解，今天报纸副刊的编辑方式和半个世纪前的当年已经大大地不同了：每个编辑部都是小至十人，大者几十人，一个人能干的事情教那么多的人来干，这是什么光景？我连想也想不出来，我真是大大的落伍了。

（原载 1996 年 5 月 21 日、22 日上海《新民晚报》）

丁编

师友情谊

怀念老舍先生

老舍先生是不世的天才，是中华民族的骄傲。在近代的中国作家中，他的作品风格独具、超群出众。他是杰出的语言大师，也是幽默讽刺的大师。他的小说、散文使人发笑，同时发人深省。他使人发笑，但并不尖酸刻薄，相反却和他的为人一样，温柔敦厚、和蔼可亲。爱逗人笑的人是最善良的人。

老舍先生于1924年他二十五岁时，在英国开始写小说，不久便成小说名家。1939年即是在十五年之后，他四十岁时开始写剧本。照他后来自己说的，致力于写剧本的理由之一，乃是由于写剧本比起写小说来，字较少，见效快。这是由于他爱人如己、疾恶如仇，对社会上、生活中发生的一些好事、坏事，都有一种遏止不住必须予以宣扬表彰或予以批评谴责的愿望——这里面，讴歌好人好事占多数，尤其是在新中国成立以后，老舍先生一刻也没有忘记他作为一个忠于社会主义祖国和人民的作家的神圣职责。

从1939年开始，迄1966年悲惨死去的二十七年当中，老舍先生勤奋写作，除小说、散文、诗歌、曲艺之外，他写了共计二十三个剧本，包括京剧、歌剧、曲艺和更多的话剧。由于写得快，数量多，每个剧本的成就自有高低。在这些剧本当中，人所共知，成就最高的是《龙须沟》和《茶馆》两个，尤其《茶馆》一剧，是老舍先生剧本的杰作中之杰作。在先生生时，《茶馆》在北京和天津等地公演，万人空巷，赢得举国观众的喝彩。在1980年，十年“浩劫”之后，北京人民艺术剧院重演本剧，北京城“九城轰动”，再一次焕发老舍的声光。而1981年，北京人艺的《茶馆》飞渡重洋，在西德、法国、瑞士演出，使欧洲大陆的广大观众口服心降、叹为观止，被誉为“远东的戏剧奇迹”。

老舍在将近半个世纪的写作生涯里，赢得祖国亿万读者和观众的倾心爱戴，这是理所当然的事情，但是他得到异国人士的热烈崇拜的程度却是我们不尽知道也难以想象的。他的小说、剧本早被翻译成多种文字的版本在海外流传，我也多次见到过国外友人津津乐道和专心研究老舍的作品。其中最使我惊奇的是法国学者保罗·巴蒂在1980年春天专程来到中国，他的目的就是沿着老舍生前的足迹，要把老舍一生在自己的广大国土上生活过的、工作过的或是流连、路过的地方都走一遍。他兴致勃勃地去了许多省市，他走完最后一站的四川，结束了这一段长途旅行时的那种欢慰喜悦的神情，实在教人感动。这就是老舍的魅力，他像一块巨大的磁石，吸住了中国人，也吸住外国人！

老舍先生幼年丧父，他的父亲是晚清的一名旗兵，死于保卫皇城的八国联军之役，死时情况无人知晓。那时的老舍只有两岁，和他的哥哥、姐姐一共五个孩子就在坚强的寡母含辛茹苦的抚养之下长大。因此，在他的童年时代，与之朝夕相处的就只能是大杂院、贫民窟的穷人。缺吃少穿的苦难生活使老舍从小养成一副悲天悯人的侠骨柔肠，他自然成为下层社会受苦人的知心人。老舍先生的作品，无论是小说或是剧本，他所着力刻画的人物绝大多数都是忠厚朴实的劳动人民。他了解穷苦人，同情他们，热爱他们，因此他又是穷苦人的代言人。

老舍先生生于忧患，前半生历尽坎坷，几乎是不幸接连着不幸。但却正是由于他久处逆境，必须在不停歇的反抗和奋斗中才能求得生存的权利，从而锻炼出顽强不屈的性格。具体的表现就是他一贯以乐观主义的精神来迎接和克服困难，随时保持冷静和清醒的头脑观察生活、分析社会。多么大的艰难困苦也不致伤害他，更不能摧毁他。反映在他的作品中，他正是以一种苦中作乐的劲头来处理和安排他剧本中的情节和人物，用喜剧的形式来写悲剧，广大读者和观众在欣赏老舍的作品时随时感觉到：在欢笑之中含有辛酸的泪水。这就是老舍，这就是这位喜剧大师不流于肤浅而益显其深刻的地方。

作为一个伟大的作家，老舍最可贵的又一个方面就是他的爱国主义精神。生活在今天的中年以上的人们都不会忘记我们积弱的祖国一个世纪以来如何受当年的帝国主义列强欺凌践踏的情景。对老舍说来，他的切身感受乃是国恨家仇。在他年轻的时候，他是在贫穷饥饿线上长大的，在这样的艰难时日里他奋发图强，学习十分刻苦。他在北京师范学校接受“高等”教育，只是因为这是个不收学费的学校；他二十五岁去英国，也是为饥躯而担任一个教英国人中国文学和北京话的教席。所有这些辛酸遭遇都促使他日益坚定形成一个信念，就是渴望祖国的复兴强盛。对自己的伟大祖国，他具有无限的依恋之情。对我们的事业，在任何困难的景况里，也都表现为信心十足，具有强烈的自豪感。1946 年他应邀赴美国讲学，那年六月我在上海收到他从美国寄的一封来信，谈到关于我国话剧的问题，信上说：

> ……中国话剧，不论在剧本上还是在演技上，已真有了很高的成就。自然，我们还有很多缺陷，但是假若我们能有美国那样的物质条件与言论自由，我敢说：我们的话剧绝不弱于世界上任何人……

这是他在美国看了十多次各种形式的戏剧演出之后得出的结论，他要我转告戏剧界的朋友们不要妄自菲薄，应当继续努力。他的爱国主义精神更多地表现在抗日战争初期在武汉主持中华全国文艺界抗敌协会的组织和领导工作上，他竭尽心力勤奋工作，这个巨大的动力主要来自他自幼养成的对侵略者的无比憎恨，他渴望在抗战胜利之后会出现一个真正自由民主的新中国。 不幸的是在抗战结束之后，国民党统治区的黑暗腐败使他十分失望。 但终于在三年之后，中国大陆得到了真正的解放，老舍先生梦寐以求、渴望了半生的独立自主的幸福国家成立了。 1949 年的秋天他在美国应党和国家的召唤，怀着满心喜悦回到祖国。 又过了四年之后，在 1953 年的冬天参加第三届赴朝鲜慰问团的日子里，在一个大雪纷飞之夜，在朝鲜山村的一间小木屋里，我和老舍先生围着一盆炭火深夜倾谈，先生还对我讲到他当年在美国收到北京的电报时的那种“剑外忽传收蓟北，初闻涕泪满衣裳；却看妻子愁何在，漫卷诗书喜欲狂……”的欢乐心情。

这样，我们就能够理解，在新中国成立之后，老舍先生为什么总是那样兴高采烈、激情满怀。 他对共产党、对人民政府衷心崇敬，无限感激；他眼睛看的和耳朵听的是说不尽的好人好事。 所有这些，他都按捺不住，非说出来不可，就更多地采取了以剧本的形式给描绘出来。 为什么新中国成立前他主要是写小说，而新中国成立后他写得最多的则是各种不同形式的剧本就容易理解了。

在任何时候，生活里总是有种种不同看法的人。 为了答复那些敌视新社会的人，老舍宣称自己是歌颂共产党的功德的“歌德派”。 他在答复国外人士指责他不敢写他要写的作品、做了共产党的应声虫时，说:“假若我是应声虫，我看哪，他们大概是糊涂虫。 应声吗？应党之声，应人民之声，应革命之声，有什么不好呢？糊涂虫不肯如此应声，因为糊涂，不辨好歹啊！……”事实上他有许多剧本，像他自己所说，如《茶馆》《女店员》《全家福》都是为响应党的号召而写的。

老舍先生是这样全心全意地、旗帜鲜明地，深深地、深深地热爱党，热爱祖国，热爱新社会的。

我是老舍先生的晚辈，是先生的一个年轻的读者。 我在十四五岁时读先生的第一部作品是《赵子曰》，我至今还记得约近半个世纪以前读到书上“贼亮贼亮的门环……”以及“八大锤，锤八大，大八锤，整整锤了一夜……”等那些地道京白时，所得到的愉快享受，但却还不能理解书上悲惨结局的含义。待我有幸结识老舍先生，已在抗战时期、1938 年的西南大后方了。那时先生从武汉撤退来到重庆，也在那时他开始话剧剧本的写作；而我也是以话剧写作的同行身份结识先生的，虽然我的年纪只有二十一岁。我现在回想，大概我是以重庆话剧作者当中少有的一口地道北京话而引起先生的注意的。头一次见面，我这个北京学生就感觉到，我和老舍先生之间有一种特殊的乡土感情，先生和我是忘年之交，又有乡情之雅。

解放以后的北京，就像一座万紫千红的大花园，而人们就像一群群在花间采蜜的工蜂，各有所事，昼夜奔忙，有时匆匆见到，却又匆匆离去，很少聚谈的机会。但是我终于得到过一次和老舍先生朝夕相处的机会，那是 1953 年朝鲜战场刚刚停战之后，我和先生一起参加了第三届赴朝慰问团，而又都隶属于中央直属的第一总分团。在劫后疮痍满目的朝鲜进行了约为半个月的慰问活动之后，老舍先生来找我，邀我同他一起离开慰问团去到志愿军连队生活一个时期，原因是他计划写一部关于志愿军抗美援朝事迹的小说。我当时很高兴地答应了他，高兴的是能得到一次和尊敬的长者一起生活、一起下连队学习的机会。记得当时便和先生同到志愿军司令部去拜见慰问团总团长贺龙同志，贺老总热情祝愿老舍先生的小说创作成功，并且对我的写作寄托希望。这也是我仅有的一次和素所尊敬的贺龙元帅的亲切交谈。

遗憾的是在朝鲜和老舍一起生活的时间不长，不久之后我便由于工作任务的急切安排奉召回北京去了。临行时老舍先生要我把一把指甲刀和几件内衣裤留给他，他带的衣服不够，而他准备在志愿军连队里作较长时间的生活体验。即使在这样短促的几天相处里，我也体会到老舍先生热爱国家、人民和热爱生活的一片赤忱。他深情地对我讲述自己的生活、爱憎、家庭和亲人的感情、对祖国美好前景的无限向往……常常和我谈到深夜。就在我前面提到的那个夜晚，他在我的小屋里长谈他从美国回归祖国的欢快之情，以及他也具有的不能避免的苦闷……我们正在向火盆里添炭的时候，忽听到轻轻的叩门声，在这样大雪纷飞的朝鲜深山里，谁会深夜来访呢？我从木榻上跳下来去开门，很奇怪！没有人！但是有什么在触动我的腿，低头看时，原来是一只纯白色的山羊。老舍先生呵呵笑着说："啊！外头是太冷啦！你是要找个背风的暖和地方吧？我给你挪挪窝儿。我让你，我让你……"于是他披上了皮大衣，我送他回了他的住处。朝鲜雪满山中的几天欢聚，留给我的是永世难忘的美好记忆。

老舍先生在志愿军的连队里住了大约五个月，写了一部报告文学式的小说《无名高地有了名》，记述的是著名的老秃山战役。而我却没有写什么，既辜负了老舍先生的热爱，也无以对贺龙元帅的厚望。更加使我折服的是，在这之前，老舍先生和人民军队是从来也没有什么联系的，他对部队的生活、对战争也是生疏的。然而在深入连队五个月之后，他就写出了感人肺腑的描述战争的小说，若不是基于对党和人民的热爱，忠于世界和平和伟大的国际主义精神，是不可能做到的。

1957 年的一场席卷知识界的政治运动使我一家遭了大难。在大大小小无以数计的批判斗争会上，许多过去的同志好友纷纷上台批判我，老舍先生亦是其中的一个。对此我完全理解，怎么能够少了他呢？这些众多的发言由于每个人的不同品质而有不同的表现，但是我从老舍过去少见到的疾言厉色又夹杂他惯有的幽默讽刺中却又感到一些异常的温暖。我想告诉他："我会经得风雨，也会接受帮助，我没有失去信心，我还会好好地活下去。"但是我却没有办法告诉他。

在我远戍北荒的时刻，长者对我的友谊得到了验证。留在北京的妻子来信告诉我，老舍先生对她表示了热情的关怀，并向她细致地了解我的生活和身体的状况。先生告诉她，困难只应该是暂时的，终会成为过去，并且叫妻子多给我写信，还说：“写信也是学文化，像作文一样，多写，一天写一篇，让祖光看了高兴……”

到今天，妻子被迫害离开了舞台，她从一个没有文化的民间艺人成了一个回忆录作家，我想，很大的程度是老舍先生指引和启发的结果。

在那段困难的日子里，妻子曾经向一家画店出售了我的一批藏画。三年之后我回家知道了这件事情，善良的妻子向我道歉，认为自己做了错事，没有保住这些我喜爱的字画。反而是我去安慰她，表示这是身外之物，不要再提它。但就在这时候，老舍先生意外地出现，把他从画店里买来的一幅白石老人的彩墨玉兰花送还给我。当我问及他用了多少钱买到这幅名画时，先生说：“不要问这些。对不起你的是我没有能够把凤霞卖掉的画全都给你买回来。”看！他反而说对不起我！

中国人有一个老辈留下的优良传统，叫作“滴水之恩，涌泉相报”。老舍先生对朋友岂止是滴水的恩情！而我已经不可能对老舍先生有任何的报答了！若是有，也只有于事无补的感恩的泪水。

在漫长的中国历史上，公元四五世纪间，曾有过一百三十多年的号称“五胡乱华”的时期。一千五百年之后，在20世纪的后叶又发生了一次可以叫作“四人乱华”的十年浩劫，伟大的爱国主义的天才作家老舍先生在这场史无前例的“内乱”初期死于非命。

1966年8月下旬，“无产阶级文化大革命”轰然爆发的时候，老舍和许多善良的人一样，怀着认真改造自己的急迫心情正在北京文联办公室里开会，参加政治学习。突然一帮发了疯一样狂暴的人将他绑架到国子监的大院里，和一些北京的著名作家、艺术家一起，被强迫跪在地上，遭到一顿骇人听闻的污辱和毒打。直到当天的深夜，他才被又是伤心又是害怕的舒师母胡絜青同志接回家来。老舍先生满面血污，遍体鳞伤。

第二天上午，老舍拿着一卷亲自抄写的毛主席诗词出了门，就再也没有回来。直到夜晚十时他的尸体才被家人发现仰卧在北京西城的太平湖岸。那天是1966年8月24日。

和他的死于八国联军之难的父亲一样，老舍和他所热爱的祖国告别的时候，身旁没有一个亲人。他穿的黑鞋白袜很干净，没有沾上一点污泥，这说明他不像是投湖自杀的。是被害致死的？是被谁害死的？是如何害死的？没有人知道。因为当时不可能、也不许检验尸体。甚至尸体送到八宝山火葬场去火化时，也不允许留骨灰。甚至不让亲人跟进去。甚至家属要求再看死者一眼也不许……

热爱祖国、热爱人民、热爱生活、热爱新社会，才华绝代、义薄云天，善良厚道、襟怀坦荡，表里如一、是非分明、勇敢乐观的劳动人民的忠实朋友，为祖国争得极大荣誉的老舍先生的悲惨逝世，是祖国文化艺术无可弥补的巨大损失。因为他的雄心勃勃的写作计划还远远没有完成，没有一个人能代替他的工作。

在老舍先生的杰作《茶馆》一剧中，作者借剧中人之口，说："我爱咱们的国呀！可是谁爱我呢？"那是万恶的旧社会呻吟婉转于横暴统治之下的善良老百姓的悲惨哀鸣！当时提出这样的问题是得不到解答的。老舍的悲剧也正在于他死的时候不知道为何而死。他是这样地"爱咱们的国呀！"

老舍的悲剧又在于他死得太早。他可能是中国的作家群中在这场无比荒谬又惨绝人寰的"内乱"中的头一个死难者。他不仅没有见到"四人帮"的覆亡，连"四人帮"这个名词也没有听见过。

今天的美好现实，这部《老舍剧作全集》的出版做了确切的说明。对于作家老舍，祖国是爱他的，人民是爱他的，党是爱他的，乃至于全世界的人民都是爱他的。如果九泉之下老舍有知，他提出的问题应该是得到了解答了。

老舍的光辉著作在中国文学史上是一座永垂不朽的丰碑。对我们现在还活着的人、对我们的子孙后代来说，老舍的死难所造成的巨大损失，值得作为千秋万世如何对待有才华的作家的永远的教训。

1981年8月10日熏沐拜写

“秦娘美”

——记秦怡

云散风流火化尘，
翩翩影落杳难寻；
无端说道秦娘美，
惆怅中宵忆海伦。

1972年的一个夏天，我在天津南静海县独流河畔劳改农场过“五七干校”的生活，每天下地劳动。看来劳动是最好的消遣驱愁之法，劳动的时候可以把一切烦恼都忘掉，所以我在那些日子里经常也是心情愉快的。有一个红日衔山的夏天傍晚，在大家扛着锄头、铁锹在收工后步向归途的时候，同行的一位最年轻活跃的女同志忽然对我说：“电影女演员里我最喜欢的是秦怡，她长得最美。”这使我想起，同样的这句话她在前几天就对我说过一次了。一连两次对我提到秦怡的美，原因何在，我没有多想，但却使我对当时远在上海的秦怡产生了很大的不安。那天夜晚我就作了上面的这首诗。要说明一下最后两个字“海伦”，是秦怡的英文名字，海伦是人所共知的荷马史诗《伊里亚特》中最美的斯巴达王后。

为什么会产生对秦怡的不安呢？就在我下干校劳动之前、被严格关锁在本单位里的时候，从上海来了找我“外调”秦怡的两名年轻的造反派。如今事隔十年之后我还记得当时的情景，这两人长得秀美英发，但是颐指气使却如凶神恶煞，提出的问题当然是老一套——“老实交代揭发她的反动历史！你们搞了什么反革命活动？你们都是狗特务！”等等等等。而且他们一边说一边动手动脚，用手里拿的不知是什么卷成的一根棍棒形东西敲打我，嘴里还不住地骂骂咧咧……对这样的虚张声势，那些年来我见得多了，倒是只有憎恶，没什么可怕，都不过是这样闹一阵罢了。引起我担心的是：一向温柔和蔼、忠厚善良的秦怡同志落在这些粗野蛮横而又极度无知的家伙手里，将会是何等景况？……当然我也只是白担心，因为我连了解情况的权利也没有。

我是在40年代初期在抗日战争的大后方重庆初次见到秦怡的，她是当时的中国电影制片厂的青年演员。记得有一晚在制片厂的剧场抗建堂里，戏还没有开幕而观众都已坐满。一个穿着蓝布旗袍的女青年匆匆在舞台前面走过，当她回过身来招呼身后的伙伴时，她的美丽身姿和特别明亮的一双眼睛把很多人吸引住了。在我身旁有人低声告诉我说：“她就是秦怡，中制的演员。”

从那时到1949年大约七八年的时间里，年轻的秦怡以她自身的条件加上她的努力，在话剧舞台上取得了辉煌的成就，成为被广大观众公认的话剧四大名旦之一。大家都知道，其他的三个演员是白杨、舒绣文和张瑞芳。除去她们四人的精湛演技，秦怡尤以美名，直到现在还有这样的女同志盛道其美。看来，这就是秦怡之所以为秦怡吧。

秦怡真正成为一个电影演员是在新中国成立以后。就演员而言，大致有两种类型：一种是能够扮饰多种性格、多种面貌的演员；另一种是限于某一种性格和面貌的所谓本色演员。秦怡应当是属于后者。正如同几十年来大家都公认的美丽的秦怡一样，她历来扮演的角色都是美丽善良的女性，她扮演的众多影片中的人物都是可亲可敬可怜可爱的，激动过千千万万观众的感情，享有很高的声誉。作为一个老朋友、老观众，我想，这不仅仅是因为人所共见的她在外形上的美丽，更为主要的应是她的性格美和心灵美。

说到心灵的美首先要说一说秦怡的生活经历。就在上面我提到的对秦怡的第一印象，是一个充满着新鲜的青春气息的少女。据我事后知道，她已经是生了一个女儿的母亲了。然后我们听到的就是，她的家庭生活很少快乐，没有什么幸福，甚至经常受到酗酒者喜怒无常的虐待。她的遭遇引起过很多人的同情，但别人却难以改善她的处境……然而看似柔弱温顺的秦怡终于当机立断、奋起自救，将女儿委托给可靠的朋友，自己离家出走，沿长江而上，追上并投奔了当时正在岷江边上乐山市演出的话剧团体中华剧艺社。秦怡的出走，现在看来未尝不具有易卜生的名剧娜拉出走的意义，正是由于这奋然的一跃，才开始她在人生的征途上真正自由驰骋的演剧生涯。秦怡的出走在当时是一件耸人听闻的社会新闻，报章上竞相登载。假如我的记忆力不差，时间大概是 1944 年的夏天，距今将近四十年了。

1946 年是抗日战争胜利的第二年，秦怡带着她的女儿回到上海，那里是她生身的家乡。她发现自己将要肩负起一个沉重的家庭负担，除她母女之外，上海有一个五口之家——母亲、姐姐、妹妹、哥哥、嫂嫂，这里面只有嫂嫂是一个工厂女工，其他人全无工作。秦怡默默地把担子接了过来，在当时的上海，蒋管区生活昂贵，度日艰难，这个年轻女演员的重负是可以想象的。但是朋友们会感觉到，秦怡永远是那样从容，那样安静，从来没有过一丝的抱怨和为难的神色。这时她在上海主演了陈鲤庭导演的《遥远的爱》，曾经打动了广大观众的心。

也在 1946 年，秦怡和著名的演员、30 年代的“电影皇帝”金焰结婚，人们都称羡这一对理想的美满夫妻。金焰同志在 50 年代的后期由于严重的肠胃病切除了整个胃部，导致了身体的极度衰弱，经常要住院治疗或休养。这样就使得秦怡要肩负起更大部分的家庭重担，甚至她妹妹生的孩子也由她亲手哺育喂奶。但是这还不够，她和金焰唯一的、已经长大成为十分魁梧精壮的儿子，竟是一个神经极不健全的癫痫症患者。他在犯病的时候，对他最亲近的人、他的母亲施加殴打甚至成为常事。而这个母亲，真是慈爱的母亲啊！不仅在家里尽一个母亲疼爱孩子的职责，就是在参加摄制影片出门拍外景时，由于放心不下也经常带着这个有病的孩子。我听人说，有时这个演员并且兼任摄制组的行政或是政治领导的秦怡同志在工作时间迟到了，待到她匆匆赶到，向同志们表示歉意的时候，同志们心疼地看到，母亲身上带着有刚被儿子打过的伤痕。

这样的伤痕，半年前我也看到过，那是在秦怡参加一个电影代表团出国访问归来我见到她那一次。我问起时，她撸起衣袖，青紫未褪。而就是她，这个年近六十，仍旧雍容美丽的秦怡，她还是如此的温和娴雅，没有一句怨言，相反地面带笑容。当然，我也从来没有见过秦怡大笑，即便是笑，她也永远是温文尔雅的。

我不是为秦怡写传的最恰当的人。因为天南地北，我和她同在一地的机会很少，也未能把她的影片都看过，了解她的情况也不准确，更不够完备。但是我之所以把所知道的以上有关秦怡的生活经历写出来，为的是要说明：正是她具有我们中国妇女的传统美德，身处逆境而从不灰心丧志；能够以极大的韧性迎接苦难，克服苦难，而永远表现为从容不迫。这就可以理解在“文化大革命”的灾难中，她也正是这样挺过来的。正是由于她本身具有这样的难能可贵的优秀品质、高尚情操，所以留在我的记忆中的她，在银幕上塑造出来的一个个人物——如《摩雅傣》里的那个少数民族女医生，《女篮五号》里的五号之母，《林则徐》里的船家女，《青春之歌》里的林红，《铁道游击队》里的芳林嫂，《海外赤子》里的女老归侨——都给观众留下深刻动人永难磨灭的印象。这都是由于演员本身所具有的一片赤诚在她所扮饰剧中人物的再次体现。细心的观众都会感觉到，秦怡所扮演的这一些善良女性角色的最大特点就是没有丝毫造作的痕迹，她是把自己的全部感情和善良的愿望都融化到所扮饰的角色身上去的。

除此之外，我们还会发现，秦怡同志在很多影片中扮演配角。镜头不多，占有时间很少，但是她的真挚动人的表演往往使人看过之后久久不忘。从这里也可以清楚看到秦怡的优秀品质的另外一面。

作为和秦怡有四十年交往的老朋友，我唯一遗憾的是她没有在我写的任何一个剧本中扮演过一个角色。这一点秦怡本人也有同感，记得在40年代的中期，我曾答应她要把伟大的罗曼·罗兰的名著《约翰·克利斯朵夫》中的一章《萨皮纳》改编成电影剧本由秦怡主演。但是由于人事变幻，岁月蹉跎，这个剧本没有写成。如今大家都进入老年，只有留下永远的遗憾了。

今年早春，秦怡过北京回上海，我知道她在写一个电影剧本，看到她成为我的同行，我感到由衷的喜悦。秦怡的个性内向，含蓄深厚，我相信她会写出高水平的剧本。《电影画报》编辑部要我写一篇关于秦怡同志的文章，我踌躇着怕写不好，但我的戏曲演员的妻子凤霞在电话旁边向我示意，要我答应下来。凤霞是秦怡的忠实观众，她喜欢秦怡朴实感人的表演。她说："首先是由于秦怡的性格和品质的美，她才能塑造出那样美丽的人物。"

1981年7月　北京

三十七载因缘

——小记丁聪兄

年年锻炼日常新，
六十依然是小丁；
作别羊房入猪舍，
告辞团泊进黄村；
杯中直沽高粱酒，
盘里天津胆固醇；
此去重开新世界，
残冬一过艳阳春。

这首七律是 1974 年 1 月我在文化部静海团泊洼“五七干校”送别丁聪兄转入另一个黄村干校时即席口占的《送别诗》。稍稍要做一些注解的是诗中“锻炼”二字，其实大家也都知道，这里指的是体力劳动。我的一生至今六十二岁，算了算，“专业劳动”了大约十二三年，不算少，可也不算多。并且至今我还是热爱劳动的，但是拿劳动来整治人却是应该诅咒并且也是对劳动这个神圣字眼的玷辱。在这方面，小丁和我的命运大致相同，在静海干校，他始而牧羊，继而喂猪，都干得紧张严肃、生气勃勃。但在艰苦劳动这么多年之后他还不能“毕业”，而是被转到另一个地方继续“锻炼”，我们为他置酒送别时也仍是一室欢然，毫无易水悲凉之色。最使人高兴的是，事情的发展正如我诗中末一句所说的：残冬一过，春天果然来到人间。

佛教讲因缘，因缘因缘，并非偶然，我与丁聪兄因缘不浅。

人生是短暂的，近十多年的时光虚掷尤其证明了这一点。我和小丁相识在三十七年以前抗战时期山城重庆的冬天，当时“中电剧团”要上演我的历史话剧《正气歌》，导演陈鲤庭兄介绍给我他约请的服装美术设计丁聪。他穿着一袭长袍，年岁虽只比我稍长几个月，却口衔烟斗，步履稳健，看来比我要神气得多。幼年间我很羡慕大人们的两种习惯，一是戴眼镜，二是吸烟，我觉得这都会叫人看上去显得成熟和有学问。小丁兼有此二者，而我却第一不需要眼镜，第二至今没学会抽烟，注定了终生是个又不成熟又没有学问的人。

自从一见面我和小丁就结下了不解之缘。1943 年春天张骏祥兄导演、耿震和张瑞芳主演我的新剧本《牛郎织女》，仍是请小丁设计服装，我也跟着起哄，同余克稷兄主持的“怒吼剧社”一起到了成都，住在叫作五世同堂街的华西晚报社的那所很古老的大院里。凭空来了这么一群演戏的，把所有的房子一下住满了，我和小丁这两个单身汉搁在集体宿舍里嫌不自由，却又无房可住。我们两人不约而同地一下看中了院中荷花池当中的一座水阁凉亭，舞台美术工人们用废置了的布景片在凉亭四面装上了门窗墙壁。我们这间富有浪漫主义色彩的水中央的住宅成了最吸引人的所在，大人小孩、男男女女终日络绎不绝，窗户纸常常被撕破，墙壁常常被挤歪。但是我们住在这里很开心，小丁在这里支着一块画板给大家画速写像，创作了许多好画以及后来出版问世的《阿 Q 正传木刻插图》。我坐在一个小凳上，伏在床板上写了两个剧本：《林冲夜奔》《少年游》。无论屋子里有多少客人来了又去，欢声笑语闹成一片，也没有中断我写我的戏，他画他的画。小丁的画有他独具的特殊风格，画中每一根线条都是他小丁的，而不可能是任何一个别人的；他的风格是这么鲜明和强烈，是这么与众不同！假如有一千张画摆在我的眼前，其中只要有小丁一张画，我可以保证一眼便能把这一张画认出来。

至于我们的生活呢，有钱一块儿花，没钱也一块儿挨过饿。他挣了钱分给我一半，我挣了钱也分给他一半，也从来没有为生活发过愁，担过忧。

在成都的一年多生活得丰富多彩，《少年游》这个剧本的名字就是从这里得来的。在记忆中我印象最深的是，我们和另外几个男女伙伴化装进入当时在这个古老城市中一群生活在社会最底层的可怜人——下等妓女集中的天涯石“花街”之夜的情景。人间果真有这样的地狱啊！我们怀着悲愤凄婉却又无可奈何的心情，眼看着我们年轻的姐妹在受苦受难而全然爱莫能助，终于无限怅惘地离开这个令人心酸落泪的地方。回到我们的水亭里，小丁画了一张水彩画《花街》，我写了一篇文章《断肠人在天涯——花街行》，发表在我们两人 1946 年在上海合编的《清明》杂志上。

1944 年的夏天，我和小丁筹了一笔钱去游灌县和青城山，三生有幸，我们在青城山的天师洞遇见了前辈画家徐悲鸿先生。悲鸿先生是当代大师，有十来位弟子——都是著名的画家，如众星捧月，簇拥在他的周围。娇滴滴的廖静文小姐同在一起，在这以后她才成为悲鸿先生的夫人。这是我一生中第一次认识这么多的画家，这里面我和小丁大概是年纪最轻的。但是问题不在这儿，使我们自惭形秽的是如小丁说的，大师和他们的弟子都是西洋画正统的学院派，而小丁却无所师承，作为非画家的我也同样是一个没有来历的野狐禅。但是可爱的徐先生一看见小丁的画稿便震动了！他是那样地热情称赞，极力夸奖丁聪的素描功力深厚，并且讨去了好多张丁聪的作品，其中也包括了那张《花街》。听到了当代大师的高度评价，我也顿时对小丁刮目相待，我的朋友果真是不同凡响。

1946 年我从重庆、小丁从昆明先后来到抗战胜利后的上海，我们一起编《清明》杂志，而使很多人难以忘记的是我们的那间舒适而又富丽的编辑部，这得感激为我们出钱办刊物的出版人龚之方兄的安排。这里又成了吸引大量朋友们的地方，继承了古城成都水阁凉亭的欢声笑语，怎能设想在生活里能少得了朋友们的欢笑呢？特别要写上一笔的是我们的前辈夏衍从我手里拿去一把房门钥匙，在这里多次召集他主持的具有重要意义的会议。虽然那时我并不想知道夏公在这屋里做什么，也正是由于我和小丁至今还是所谓“自由主义者”，才能在那个白色恐怖的岁月和人民起义的前夜起一点掩护作用吧。

在上海的一年多时间里，小丁为我的两个话剧本《捉鬼传》和《嫦娥奔月》的演出设计服装，还设计了《捉鬼传》的布景。在这一段时间里，小丁还做了几个剧本的美术设计，这里面陈白尘兄的《升官图》是他设计的布景与服装的高度成就。照我看，原因是这出戏更适合他的风格。什么是小丁的风格呢？乃是喜剧风格，这也就是小丁作为一个出色的漫画家的理由。

由于在上海演出《捉鬼传》，我受到当时主管的社会局的警告；继而又演出《嫦娥奔月》，我受到了更加严重的威胁，而不得不接受了大中华影片公司的聘请，于 1947 年的秋天到了香港。而毫不意外地小丁很快地也到香港来了。1949 年新中国成立，我们又以同样欣喜欲狂的心情来到了北京。

新中国是一个欢腾的大海，北京同样是一个欢腾的海。人这么多，事情也这么多。小丁和胡考兄一起主编《人民画报》，我们虽然同在一城，却不像过去那样常常见面了。但是命中注定，1957 年我和小丁不约而同地掉在一条敞着口的阴沟里了；又随着曲折的道路，在 1959 年的冰天雪地的酷寒的严冬里，我们在遍地银装的东北边疆城市虎林再度相逢，度过了一年多的流放生涯。真叫作天下虽大而冤家路窄！写到这里，我还能回味起当时把晤的欢慰，即使我们共同的遭遇之冤其惨有若此，我们也没有流露出丝毫怨天尤人的情怀。北大荒的严冬能够冷到零下四五十度，寒暑表的水银柱跌下到最低点隐没不见踪迹，我们还要到风雪里去干活，仍旧是喜剧性格加浪漫主义，我们充满了生活情趣。

再往后的事情可以和文章开始的七律衔接起来，不必多说了。《开卷》编者要我写一篇记画家丁聪的文章，但是我拿起笔来就走了题，没有单写丁聪而是处处离不开我自己。原因是我和小丁的关系有多深，感情也就有多深。人是一种会回忆的动物，事情早已过去，但是打上的烙印却永远不能消灭，因此写成了这样一篇怕是交不了卷的文章。

为此之故，待我补写上画家小丁的出身经历作为必要的补充。丁聪，上海人，父亲丁悚是本世纪初叶的上海著名老画家，也是漫画家，画讽刺社会现象的政治性漫画，也画月份牌上的时装女人“百美图”。小丁自幼作画显然是受了父亲和家庭的影响，但他的画却不是父亲教出来的。小丁中学就读于上海清心中学，十六七岁开始在报纸杂志上投稿，十九岁时到父亲的好友刘海粟大师创办的“上海美专”去画了半年人体素描。和唐瑜、龚之方编《新华》和《联华》电影杂志，1936年和马国亮一起编《良友》画报，这是当年风行全国具有权威性的一本大型刊物。这时青年小丁又受聘于上海晏摩氏女中教图画，“晏摩氏”是一家教会女学校，女学生出身非富即贵，进得课堂一片莺声燕语就把这个年轻人吓坏了。是老画家丁悚亲自把临场怯阵面红耳赤的儿子押送回去的，小丁从窗外看见父亲渐走渐远还久久胆战心惊，定不下心来……他教的是初中三班，高中选课。就是经过这样考验的丁聪，日后见到相同年龄的女性，也依然讷讷说不出话来。

“八一三”淞沪战起，小丁随父亲的——也是他自己的——好友张光宇、叶浅予到香港，继续编《良友》《大地》。他还参加“旅港剧人协会”，做《雾重庆》《北京人》的舞台设计，在香港《华商报》发表他在仰光画的二十幅组画《而公路依然伸展着》，为金仲华主编的《星岛晚报》画过连载的《小朱从军记》……他的代表作品中还有茅盾小说《腐蚀》、鲁迅小说《故事新编》，以及老舍小说《骆驼祥子》的插图。不必说，他为我写的文章和剧本都做过插图，现在更为我妻子新凤霞的回忆生活的文章画了不少的精彩插图，为愚夫妇增添光彩。

小丁的画家朋友张光宇、张正宇、叶浅予、胡考、陆志庠、黄苗子、郁风、米谷、特伟，都是从 30 年代起就擅名于世、卓有成就的画家，其中大多也是他父亲的挚友。大师刘海粟先生是小丁从小拜的干爹。今年 4 月我和小丁一起去看望住在上海的海粟先生，当谈到小丁没有从父亲学画时，海粟先生说："没有向父亲学画，你做对了。"这应该也是青出于蓝而胜于蓝、一代应比一代强的赞誉吧！

生活的道路从来都是曲折的，我们这一代人都有这方面的深切体会。经过这样的反复循环、周而复始的锻炼，数十年来确也不无好处。我们炼得一身钢筋铁骨，即使从理论上来说，也应是经受住考验了。唯一使人吃惊的是"流年暗中偷换"，匆匆过了中年，忽然到了晚年，留给我们工作的时间已经不多了。

《开卷》邀我写这篇文章是在今年 3 月初，但是这一段时间过于奔波忙碌，已失去支配自己时间的权利，拖了三个月还不能下笔。今晚终于写成是由于热情的黑龙江省文联和剧协邀我来到了美丽的哈尔滨、牡丹江和昨天到达的风景胜地镜泊湖。湖水像天开明镜，蓝天白云与湖水交相辉映。有病不良于行的妻子前天留在哈尔滨没有同来，夜宿湖边"镜泊山庄"的别墅，隔窗听见水声和虫声。当此炎热的盛夏竟有这样的清凉世界，真是过的神仙生活。在这样的天地里写小丁，记录三十七年的友情，我感到无限的快乐和温暖。

我这里写的不是丁聪的传记，他的传记应该由他的夫人沈峻和公子小一来写。我最后要写的几句话是：丁聪兄有着极为高贵的品质，他狷介耿直，同情弱者，正义凛然，疾恶如仇；虽然平素待人和蔼可亲，但是从不人云亦云，随波逐流；在对人对事的是非关头，他是一贯泾渭分明、有所不为的。

就是这个小丁，表里如一，肝胆照人，正如眼前窗外月光下的镜泊湖水一般明澈，一眼可以看穿湖底。

1979 年 6 月 18 日　镜泊湖滨

我不能忘记的一个演员

这两天见《新民晚报》的《夜光杯》正在征文，题目是“我不能忘记的一个人物”。这是一个好题目，我想到老早应当为《大家》①写一篇文章。今天我该写什么文章好呢？如今有了题目了，我写《我不能忘记的一个演员》。

我不能忘记的一个演员是文采风流的“江南第一支笔”的唐大郎先生。

前年冬天我刚到上海，小丁便说有两个朋友不可不见，一个是绰号“梅兰芳”的龚之方先生，一个就是才子唐大郎。

这两个好朋友，尤其是之方先生，为我们（小丁和我）筹了一大笔钱办了《清明》这个美轮美奂的月刊，但是出了四期钱赔光了，还落了个被禁止出版的下场，使我们至今难过。但是豪华的《清明》编辑部中的一年热闹光景，将是我们及一切朋友永远不能忘记的回忆，这是题外的话，按下不表。

大郎同之方是形影不离的一对好搭档，用我的北京话说，就是“眼镜儿”，言其两个连在一起不分开也。正巧他俩都是戴眼镜的，他们会接受我这个封号的。

说到大郎之不可不见的理由，是因为他乃是海派文人之翘楚，也可以说是正宗。一般人说“海派”常是与“京派”对立的，于是也就

---

① 《大家》，当时在上海出版的一份杂志。

含有“不足为训”之意。但是我对“海派”的印象，则是与豪爽、义气不可分的，大郎正是如此。

他一面孔“游戏人间”的浪漫样子，说话“带把儿”——这又是一句北京话，“把儿”就是“柄”的意思，就是总拖着个尾巴之意——张口闭口不干不净，与他整洁无瑕的衣衫极不调和，但特点也就在又极为调和，浑然造成矛盾的统一。去年夏天有一位才十七岁的年轻小姐同我一起到他们的写字间去，大郎在小姐面前略一矜持以后，马上文言带草地放肆起来，半晌之后，却又不忘记对小姐说:“不要见笑我是个粗人。”

其实大郎何尝粗，他的纤纤之手伸出来才是又白又嫩，用这只手写出的海派文章，也实在独得妩媚潇脱之妙，至少我就学不来也。

上海的许多小报上大半都有他的短文，写他的生活秘辛以至时事杂感，奇怪的是我曾经有一段时期天天同他见面，总见他在同人家吃豆腐，扯闲天，没见过他写一点东西。在报上读到他的文章，文中也说他自己终年游耍，一年只在家吃过一顿饭，不知道他的文章是在哪里写的。

夏衍先生是我们的老前辈，是出名的博学者，剧本、杂文，政治、经济、军事的文章样样精通。大郎有一次对他说:“夏公，你比如是一家药铺，买什么药，有什么药。我也是一家药铺，但只卖一种药，就是春药。”

说“只卖春药”是他的自谦，他有许多讽时小品仍是言谈微中、清新可爱。

能者无所不能，我现在发现唐大郎是个对观众而言吸引力最大的演员，相信即与梅大王同台，那十分春色也将由他独占。

其实哪里是“我现在发现”，他自己，以及许多朋友早就发现了，大郎的黄天霸久闻为一大绝作，这回才被我看见。

那一晚我深夜冒寒到西藏路去看大郎唱戏，他的戏当然是最末一出，上戏之前就见他在戏场门外悠然自得踱来踱去，据说几天以来主事者屡次催他排戏都被他拒绝，说："排不排还不都一样。"这句话多有魄力，我就喜欢这种"横竖横"的精神。看见他踱来踱去生死置之度外的样子，就知道他的戏大有看头。

满坑满谷的观众大多是为唐大郎来的。他快出台之前，大家特别显得不耐烦，吹哨子，鼓掌，笑，喊，几乎要把场子闹翻。这时候他忽然出现，大家欢呼大叫有如疯狂。我没有叫，我被他征服了。

大郎眼镜脱掉，目光有一种无可奈何的神气，皮肤雪白粉嫩，微显桃红色，眉心一抹胭脂最为俏皮，额角低，下巴短，面横阔，很像魏碑里的"圆"字。最精彩的是没有戴衬领，所以脖子全部亮出显得头大颈细，好在皮肤净白，与全身新行头配合，极收相映生辉之效。

我忽然觉得他像一个另外的熟识的人，问小丁，也说面熟，但都想不起是谁来。

从他一出来台下哄堂开始，剧场就一直没有静下来，他的一举一动一说一唱不消说，似乎连他的呼吸也都换来喝彩。他报名"黄天霸"，大家就笑，笑到他说"众位英雄请了"，重新再笑起，满台其余的演员都被他的声光笼罩，观众不注意他以外的任何东西。在他唱头一段的四句时，第三句便忘了词，观众笑得要死，他不在乎，偏着头用力想，想起便接着唱，这又是惊人的"稳"。唱京戏唱一个不慌不忙，这一点上大郎又是超群出众的。

照以上说来他应当是潜心戏内、心无旁骛的，但有两次他忍耐不住观众起哄同"台上台下打成一片"。一次是他出台不久观众吵得不可开交，他忽然显出一面孔不耐烦的样子，用力挤了一下眼睛。第二次是他走近下场门时，一个站在台上看戏的小开拦着他捣乱，他举足踢了过去。

这样的事情，我只在一次某小学幼稚园的儿童表演会上见过类似的一次。

这时在一片大闹声中，我听见一个女人的声音，上气不接下气地说："哎呀……要死哉……不能再笑了……"

这当然是一个最精彩的演出，我必须在这里面找一节他最得意的表演出来。我想该是在彭公召见他们，讲述九千岁被盗马责成黄天霸寻马时，他本来同众家英雄一齐跪着的，此时忽然"咳"一声怨气，面向观众急转，两手平摊的一个表情，观众本来只有这一个机会休息休息，这一来又笑翻了场。

小丁说：大郎不放松任何一个做戏的机会，该有的，他全有，就是全不对劲。

就是这样，所以精彩，这不是学得来的，所以大家要笑。我有一段时候不看戏，回头看大家笑，男人笑得面红耳赤，女人笑得花枝乱颤。

台上有人送一条中堂挂着，写的是"吃瘪高盛麟，活像程笑亭"，写得好。原因在高盛麟是功夫，程笑亭是滑稽，而唐大郎是天籁，功夫与滑稽学得来，而天籁者只是天籁也。

我平生看戏，爱喜剧而不爱悲剧，在这个国度里，生活里的悲剧太多了，能使人在苦难中得到破颜一笑是多么可爱的事呀！我喜欢这样的演员，大郎也许没有同我作一样想，但是在我的心目中，我是这样推许大郎的。

名"霸"之后难为继，那天的李少春做了一桩傻事，他续演大郎之后的拜山的黄天霸，然而风头被大郎出足了，名武生吃瘪是必然之事。我如果是李少春我就不来。

燕市少年，走马观剧垂二十年矣。"天日重光"，春来歇浦；菊花虽老，幸未阑珊。梅杨争艳，程谭竞响，而上林春色独占鳌头者乃江南第一支笔唐大郎也，大郎岂非人杰哉？

写唐大郎，不得不学学他的笔法，但也是学不像的。直到今天，那一晚他出场时的"像一个熟朋友"的印象，至今不释。执笔至此，灵机偶动，想起来了，原来是夏公的大头小儿小咪是也。质之小丁，以为然否？

唐大郎之为演员，不能以平常的眼光来衡量他的水平。但我可以说他是对观众吸引力最大的演员，是我不能忘记的一个演员。

唐大郎如果唱戏，高盛麟便没有饭吃了，何以见得，有诗为证：

此是江南唐大郎，
从歌投笔到戏场；
看他赢尽全堂彩，
岂独黄泉气煞杨。

“杨”者杨小楼也。

1947年3月上海

讨人欢喜

——怀念画家张正宇

大约是在40年代的中期，抗日战争行将结束的前一两年，画家黄苗子和郁风夫妇在重庆结婚不久，在我们这一群多年过着到处流浪生涯的朋友当中，这一对幸福的新人拥有一所在当时说来堪称豪华的花园洋房的舒适住宅。使我难以忘记的是，在这所住宅里的一次欢乐的宴会上，我首次认识了画家张正宇。

第一次的见面常会给人留下难忘的印象，整整一个晚上，张正宇先生说的话最多，声音也最响。其主要的内容一是闹酒，二是没有什么意义的“天真的呓语”（找不出合适的名词），更突出的是那一口浓重的无锡官话——虽然一生走南闯北，而且以后在北京住了近三十年，这口音也没有丝毫改变——不断地和人对酒，自称是“无敌大将军”。但是只在月上枝头、晚宴尚未结束的时刻，这位“无敌大将军”已经玉山颓倒、直仰八叉地躺在黄氏园中的如茵绿草上了。

童真不泯，心口如一；对朋友热情奔放，作画时天才横溢。这就是我对相识半世的亡友张正宇形象的概括。

我的朋友小丁（丁聪）比我年长半岁，但他叫正宇作“爷叔”（沪语叔父），原因是正宇是小丁的父执，是老画师丁悚先生的朋友。但正宇却不像个长辈，他大我十四五岁，我们是忘年之交。

张正宇一门三杰，长兄光宇、二哥曹涵美，都是卓然成家的著名画师。涵美画的《金瓶梅插图》线条飘洒，形象生动，在30年代的上海发表时蜚声一时，但由于早年夭折，已鲜为今人所知。 光宇先生功力甚深，他的富有装饰图案之美的绘画至今是叫人难以忘怀的。 他留给后世永垂不朽的作品是至今名震海内外的动画片《大闹天宫》的人物和背景的造型设计。 光宇在完成这部动画片之后因病逝世。《大闹天宫》的下集就是正宇接过兄长递给的接力棒，继续五千米的最后冲刺而完成的光辉杰作。

光宇为人凝重敦厚，从他的作品里也能看出他深湛的功力。 而正宇却显然更富才华，更多天籁，狂纵恣肆，不受拘束，和他为人的真率热情而又憨厚淳朴一样。

张正宇是一个天才画家，但是他显然在幼年学画时，练就了深厚的基本功，即素描基础。 他能画一手惟妙惟肖的人像，且有自己独特的风格。 晚年的正宇逐渐转为专工水墨的国画家了，他的焦墨山水苍劲古拙，具有深远的意境。 1975 年他曾回到无锡的老家住了一段时期，画了两本册页的太湖风光和家园景物，画面上每一个笔触都充溢着画家对故乡生活的热爱，使人看了之后涌起一片对江南故园的思念。 他的一些即兴之作的花卉小品，无论是娇艳欲滴的荷花和亭亭玉立的水仙，都是那样生机勃勃，而又古朴劲拔。 这些年来，他画得最多，也最逗人喜爱的无过于他画的猫了。 从古以来，猫大概就是人类的腻友。 晚年的正宇和猫结下了不解之缘，他用一枝彩笔画下了猫的千姿百态。 这里有睡觉的猫、扑蝶的猫、贪食的猫、期待的猫……而较少或没有发怒的猫及争斗的猫，这大抵也代表了画家自己的思想和性格。 正宇对我说过，他作画的目的是讨人欢喜。 这正说明了画家恢宏博大的精神。 古往今来生活道路上的苦难对人们说来实在是太多了，用画家的笔给多灾多难的生活增加一份欢乐是何等可贵可敬的愿望！订交数十年来，我深深热爱着这位年长而犹如赤子的正宇兄，正由于他具有这一副普爱众生的肝胆和清风朗月的襟怀。 可叹的是，即是这样一种纯朴天真的想法也会转为谬误。 在 1967 年一次会见中，正宇惊魂未定地对我说:“不能再画猫了，这是玩物丧志啊！”他一向欢乐的脸上有无限的疑惧。事隔十二年后的今天，我还没有消失这次辛酸的回忆。

古人说“书画同源”，从正宇的书法看来正足以证明这一论断。正宇常常给人写一副联语，是“隶宗秦汉，楷法晋唐”，这是他习字作画的源流，但是加上了他的画意，正宇的书法便自成家数，一空前古。香港的书家称正宇的字为“狂隶”，这是一个恰当的称谓，重在一个“狂”字。

难以忘怀的是正宇在进行艺术创作时的那种信心百倍自我陶醉的神情。他会在每下一笔时情不自禁地自己喝彩、叫好，不时地显出他自封的那个“无敌大将军”的气概。另一方面他又是十分谦虚的，对于旁人的佳作，佩服得五体投地，赞不绝口，而自愧不如。正是由于这种高度的自信他才不断地创出杰作，同时由于这种不加掩饰的虚心而他又不断地精进。这种矛盾的统一体，现出正宇是一个本色的真正的艺术家。

1949 年我从香港回到北京，一次偶然的机会遇见正在忙于奔走筹办中国青年艺术剧院的金山兄，我告诉他正宇马上也要到北京来。我只是言者无心，金山却听者有意，立即采取措施，直接从天津码头上把正宇接到剧院，请他担任了“青艺”的舞台美术总设计，直迄他的终年。那时有不少美术界的朋友对这个安排感到意外，正宇自己就对我说:“都是因为你……”然而事实证明这个安排并不坏。正宇多才多艺，在舞台美术上也做出了出色的成就，并且几十年来培养了一批舞台美术设计的新手，博得一个“老夫子”这样令人尊敬的称号。

正宇爷叔是一员“福将”，二十几年来他不像我这样经过如许的颠沛流离之苦，始终留在家里受到张家婶婶的关怀照拂。张家婶婶能做一手好无锡家乡菜，所以把正宇吃得这么胖，这样心旷神怡、笑容满面。朋友们都有这样的感觉，正宇画猫就是画他自己，他的那张欢喜佛似的面孔就活像个猫。但是没有想到，漫画家张乐平在一个螃蟹壳上描上了淡淡几笔，便又成为一个非常神似的正宇面相——正宇目空一切的创作自信又像是横行的螃蟹。

这个圆圆胖胖笑容满面的张正宇，从1975年开始，在我刚刚获得了久未得到的一点行动自由再度见到他时，他显然消瘦了，笑容也减少了，几十年来看惯了的形象发生了突然的变化。这是个不祥之兆。正宇有了病，未能确诊是什么病，人总是要老的，正宇表现了显著的衰老。只是从这一点着想，临分别时，我感到黯然神伤，虽然正宇给我看了他浼人篆刻的一块闲章，文曰:“七十不老八十不休。”

使我没有想到的是，不久正宇住进医院。由于尘务的烦冗，我只不过去看过他一次，使人心酸的是他更见瘦下去，也没有什么话好说了。唯一使我们共同感到欢乐的是为祸十年的“四凶”的溃灭。正宇笑了，但是连笑也没有力气了。不能设想，和正宇的见面没有欢笑，但是生活却就是这么残酷的。

在朋友们的行列里，几十年来，从来没有缺少过正宇。正宇就是乐观主义的化身。但是毕竟我们都到了晚年。人生自古谁无死，天下没有不散的筵席。悼念死者，行自念也。写这篇缅怀正宇的文章，就要继承正宇的遗志——“讨人欢喜”，抓紧这一段剩下的时光，给世人增添欢乐。

1979年7月7日

我与潘汉年

1955 年 4 月 3 日的下午，诗人艾青到我家来，我和凤霞正要应邀去北京饭店看望从上海来北京开会的潘汉年和夏衍同志，艾青高兴地和我们一起去了北京饭店。时近黄昏，我约他们到附近东单新开路一家小小的家庭饭馆康乐餐厅吃晚饭，同去的还有夏公的女儿沈宁和女秘书李子云。子云笔名“晓立”，是后来卓有成就的文艺评论家。

夏公当晚另有约会，在餐馆坐下不久，没有吃饭便先离开了。那天汉年同志和他平时一样衣装整洁，由于刚刚理完发而更显得容光焕发，但是我感觉到他不似往常那样兴致勃勃，似乎有一些隐隐的抑郁，整个晚饭时间很少讲话，饭后也是他首先提出要回饭店休息，于是大家就各自散去。当时沈宁还在读大学，已不及赶回郊外学校，子云刚从上海来，也还没有在北京饭店安排好房间，她们两个都同凤霞一起回我们家了。那时我家住在东单栖凤楼，距离“康乐”和北京饭店都不远。

我由于赶写一个电影剧本开头部分的解说词，写到午夜过后就在书房里睡下，感觉到只不过闭了一下眼睛便天亮了。电话铃响，原来是夏公从北京饭店打来的，问我：“昨天晚饭后，汉年同志到哪里去了？他的房间里没有人。据服务员说，他一夜也没有回来……”这太奇怪了，他明明是乘坐汽车回北京饭店的呀！电话声把子云和沈宁都闹起来了，但在我要继续说下去时，电话里面夏公说：“知道了，知道了……”显然是旁边有人来提供了情况，电话就挂断了。

我们没有再多议论这件事。大家都知道汉年同志是一个来去飘忽的神秘人物，记得当时有一说是周总理给了他临时的紧急任务，立即出差到不能公开的地方去了。后来我们也的确了解到，汉年那晚回到北京饭店正在准备休息的时候，有电话通知他，说楼下大厅里有人在等着他，他下楼去会客，便被带走，据说匆忙到只随身带了一支牙刷，穿着一双拖鞋……那时正是总理参加万隆会议、出行十四国的时候，我们就这样做了合乎情理的臆测。但是就从那一晚起，我们亲密的同志和朋友“小开”潘汉年永远地从我眼前消失了。

两年以后的1957年，祖国大地上掀起了一阵我永世也弄不明白的“反右”的风暴，为此我在极北边疆的北大荒度过了风雪交加的三年，在1960年底回到北京。再过了两年，我听到一个消息说潘汉年已经被释放了，但是显然还没有得到全部的自由，他们夫妇两人住在北京郊外，过的是隐居的生活。朋友们当中只有极少的人能见到他，我是刚刚摘掉帽子的“右派”，自是不便相见。再过几年便是天愁地惨的十年浩劫，汉年夫妇再次进入了秦城的囚牢，不知是何年何月何日何时永别了人间。

整整二十七个年头过去了，直到去年年底，夏衍同志在北京，杨帆同志在上海，先后为潘汉年写了悼念的文章。今年1月开始唐瑜同志又连续发表了文章，纪念潘、董夫妇在这风云变幻的半个世纪中和他交往、离合，以至最后永别。这才使我——一个曾经和汉年同志非常熟悉，同时也非常陌生的朋友——对这样一位可敬可爱的非凡的共产党员有了初步、肤浅的认识。

为什么说我和汉年非常熟悉呢？就我的记忆，我于1947年由上海出奔香港，是唐瑜介绍和汉年同志结识的，初一见面便成莫逆之交，就像多年老友那样相近相亲。新中国成立以后，潘在上海做陈毅同志的副手，实际是当家的市长，看来是属于全国最繁忙的一位副市长了。但他每次因公来到北京时，不管办公、开会多么紧张，几乎从不忘记到我家谈天小坐，或者邀我同凤霞到他的住处去饮茶或出去吃饭，凤霞也至今不忘她到上海旅行公演时受到潘副市长热情招待的情景……但是为什么又说我和他非常陌生呢？那就是从和他初见的 1947 年到他被捕的 1955 年这八年之中，尽管有难以计数的不间断的交往——尤其是在新中国成立前两年的艰危紧张的年代，他冒着生命危险为党和人民的革命大业所从事的这样那样的活动和所建立的丰功伟绩，我竟一无所知。

生活里有这样一种人，做了一点事，“生怕人家不知道”——当然这说的是好事，如果是坏事，就生怕人家知道，但是潘汉年做了多少好事呀！从革命事业上说来，又是多么震天动地的事呀！他常常身入虎穴，拔虎须，揭龙鳞，从容进退，履险如夷，这又需要具备怎样的牺牲精神！当然，他做的都是需要极端保密的事，然而即使在大功告成事过境迁之后他也仍是守口如瓶的。这在夏衍同志的文章里说得清楚：汉年在旁人“穷追”他的事迹时，他用上海话说：“吹捧自己的人顶着底。”“着底”是上海话“下流”的意思，他是一个完全脱离了低级趣味的人。

为了革命事业承担了这种特殊任务的同志，注定了在很多时候只能是孤军作战，这就使他难以避免会遭到有些人的误解以及别有用心的人的曲解。建国三十多年以来，神州大地上出现过多次的所谓“政治运动”，事实证明冤案如麻，无辜受难者多如牛毛。潘汉年的冤案经过了二十七年的悠长岁月才得到今天的平反昭雪，这使人欣慰，但是更多的是教人痛心。痛心的是，像我们这样的曾经亲近过他的朋友，将永远也不会知道他是因何而受难。在他被捕至死的漫漫长夜中受过多少折磨和凌辱？临死前他这个从不居功自夸的人说过什么话？他和他的同样应该受到世人尊敬的夫人董慧同志谁死在前，谁死在后？……为什么有这么多的问号呢？因为他们夫妻俩没有子女，没有亲人，这也许是当年革命的需要，但就是由于这样的原因，他们不像那些好歹还有儿有女的死难烈士还能留下生前的言行和死前的遗嘱。就拿我来说吧，相交八年，就连他的片纸只字也没有留下一点。

经历了多少年严酷的现实教训，近年来开始提倡民主与法制了。而在过去的年代，无辜受害者没有为自己进行辩护的权利，只能听任是非混淆、黑白颠倒。可以想象，像潘汉年这样耻于表现自己的人，恐怕是连一纸回忆录也不会写的。他在最黑暗的时代的非凡经历早成过去，现在活着的能为他作见证的人也存在不多了，即使是夏衍、杨帆、唐瑜这样的同志和朋友，又能知道他多少呢？仅凭这几篇悼念文章又何以慰先烈的英灵于地下？我和潘汉年同志相交不深，时日不久，但是现在草此短章，只觉痛彻肺腑。我希望我们今天能够公布一下潘汉年同志的生平事迹，使历史的是非功过大白于天下，使英雄烈士吐气扬眉，使无耻小人闻风丧胆，使我们的党不愧为光荣的英明的正确的党。这就是我的衷心愿望。

1982 年

苏三的沧桑

——怀念荀慧生先生

大概是刚刚读完小学上初中不久，一天，我随父亲一起去北京金鱼胡同福寿堂参加我的老师沈尹默先生为太夫人祝寿的宴会——还有堂会。福寿堂地方不小，可我跑到舞台旁的扮戏房里站住脚，就再不往别处去了，那是因为我看见一个绝美的“媳妇”在化妆。后来我才知道，他是荀慧生，那晚上他演出的剧目是《三堂会审》。

荀慧生就在临时摆着的一张八仙桌前扮装，我站在他对面看傻了，后来索性把两手支在下巴颏下面看他。这样引起了荀的注意，他伸手在缸子里蘸了点水弹在我的脸上，笑着说:“你叫什么名字？这么看我。”

我没有回答，转身跑掉了。但是那晚的《三堂会审》我的眼睛一刻也没有离开苏三，穿着大红罪衣罪裙的苏三表情凄楚，然而明艳照人，唱得那么好听，如泣如诉，使我这样一个初接触京剧艺术的小观众完全听得入了迷。我想这就是我们古典京剧的魅力，把一个中学少年也给征服了。

荀慧生先生以他独特的表演艺术享誉一生，为京剧旦角表演闯出一条别人没有走过的新路，是一个当之无愧的革新家。他擅长的是娇憨、热情、妩媚、泼辣的一派，更大的特点是富有生活气息，在严格的程式化和规律化的传统戏曲表演的约束下，他能够挣脱束缚，演来从容不迫，洒脱自如。今天的花旦行青年演员学荀者占大多数，主要在于荀先生的表演方法更能接近现代人的生活。

我十九岁离开故都北平，待我再见到荀先生时，已是1961年的冬天，那时荀先生也已六十一岁，当然他不会记得伏在化妆桌前呆看着他的傻男孩了。而这次初见，他就对我表示了很大的热情，提出要我为他拍摄一部电影，原因是我在50年代曾先后担任过拍摄梅兰芳先生和程砚秋先生的影片的导演。但我只能坐着听他讲，他不知道在1957年“反右”之后我已被逐出了电影界。

荀先生一直没有放弃他这个心愿，这当是老人晚年的唯一愿望。他为此曾去整容，并且再一次对我提过拍片之事。但是说来我也感到心酸，如同每一个超龄的表演艺术家一样，尤其是演旦角的演员，同是一个荀慧生，60年代的荀的脸上、身上已经完全找不到当时绮年玉貌的苏三的痕迹了。这是任何一个演女角的演员的悲剧。我的看法是他们或她们最好在不太过于衰老的时候下台，把接力棒交给年轻人，让观众留下最美好的印象。

当然，荀先生对我的这点信任没有实现，他便在“文革”动乱中悲惨去世。这亦将是我的终生遗憾。

1985年10月

“哲人其萎”

——悼聂绀弩

我初识绀弩应是在1945年抗日战争胜利前夕的重庆，在什么场合、什么日期，全不记得了。正如我与绀弩这四十一年的交情：他长我十五岁之多，但我从未感到他是长者，他也从不视我为晚辈，应该说称得起是情同手足。然而及今回想却没有留下什么值得说说的痕迹，好像这将近半个世纪的交往只留下一片模糊。

半年以前，忽然传来聂绀弩同志因久病不愈去世的噩耗，我感觉茫然和惆怅，半晌说不出话来，徒然有无穷的追悔：这么多年为什么和绀弩太少亲近？

绀弩去世前一个多月，女儿双双从国外回家探亲，她对我说过两次：“爸爸、妈妈，我们去看看聂伯伯好吗？”我说：“当然好，咱们去。”可是两次都是由于刚要出门来了客人，再加上妻子不良于行，出门比较困难，未能坚持而终于没有去。这一来就使去年春节我和黄苗子、郁风夫妇去看望绀弩成为和他的最后一面。因此女儿来信埋怨我了：“爸爸，都是你不带我去！”唉！谁知道聂伯伯就不能等到下一次双双再回来时能见一面呢？女儿忘不了的是，她七八岁时由于总爱跟着妈妈到剧场看戏，所以画了许多妈妈演出的戏像，聂伯伯看到了十分喜欢，就做了一首约七八十句的长诗，并且用一张宣纸亲笔写了送给她。那时经常和双双一起画画的还有画家黄永玉和张梅溪这对贤伉俪的宝贝子女黑蛮和黑妮，现在这一对天才的兄妹都已成名成家了。

这一幅聂绀弩珍贵书法赠吴双作画长诗的命运悲惨，在十年大难之初便和我的许多藏书藏画一起被那群暴徒抄走毁掉。至今我只记得开始的两句是:“白纸一张笔一支，双双当作竹马骑。”当中还有两句是:“八岁能看几回戏？此殆天赋非人为。”此外就什么也记不起来了。后来绀弩曾问过我这首诗的下落，我无以为答，只增加对那个该死“文革”的痛恨。而从那以后女儿已再不画画而改业唱歌了。也许她曾有过一个美好的愿望，盼着聂伯伯再为她作一首唱歌的诗，可就完全没有指望了。

绀弩作得这样一手好诗，我这个糊涂朋友到了60年代才知道。他说他本不会作诗，由于“反右”之后，他被遣送北大荒劳动改造，赶上了那个荒唐的“大跃进”时代，领导号召人人作诗，才一下子作起诗来的。这也不无可能，显然里面也有点狡猾说谎的成分。当然最重要的他是天才加上功力，于是能人无所不能。不能者是他不善于掌握这个社会，不善于处理人与人的关系。否则的话，十八岁便参加国民革命军讨伐北洋军阀，又到南洋担任报馆编辑，进入为提倡社会主义新文化的斗争行列；二十一岁就考入黄埔军校，参加国共合作的第一次“东征”；东征胜利后又考入莫斯科中山大学……就凭这几项辉煌经历，难道不应该早就飞黄腾达，进入国家显贵的行列？然而我们的老聂在半个多世纪以来以盖世才华、无双国士却淡泊自甘、清贫自守，安心从事笔砚生涯。这个真正的老革命从无半点曾是军人的霸气，从未伤害过一个人，却被新中国成立后的历次政治运动摧残得非复人形；劳改折磨之不足，并被一再投入监狱，甚至被判无期徒刑和待死囚犯关在一起，长达十年之久。

由于和绀弩从未有过朝夕共处的缘分——即使在北大荒劳役的那一段时期，因为隶属单位之不同，也不能常常见面，我很遗憾自己见到的绀弩总是菩萨低眉的形状，而从未看他有过金刚怒目的神情。是不是有过愤怒只有去问周颖大姐才能知道了。譬如在“四人帮”被粉碎之后，他从山西监狱获释之前，唯一的爱女海燕因夫婿不义自杀殒命。家人对他隐瞒未告，他知情之后写给夫人的一首诗中，竟以“方今世面多风雨，何止一家损罐瓶”相解相慰，真是宽容到极点了。追原祸始，还不是首先由于老人受到政治迫害才导致下一代的乖戾失常吗？绀弩就在这个多风多雨的世面写了这多感人肺腑的好诗。绀弩是鲁迅以后少见的杂文大家，他的诗也是杂文诗，生活到了他的笔下都变成了诗。他受到非人待遇那么多年，他的诗却把刀山火海、血雨腥风化为一笑，其宅心仁厚、雍容大度以至于此，恢宏广阔，包罗万有。

“文革”后期，我稍能自由活动时，记得有一次与苗子相遇，他告诉我见到绀弩一首新诗，其中两句是“文章信口雌黄易，思想交心坦白难”，情真意切，对仗工稳，结合现实，令人叫绝。尤其是下一联，让我们这些当年的“右派”读来真有切肤之痛而又哭笑不得，交心本来轻而易举，心里怎么想就怎么说，想什么就说什么，就是交心。过去那场交心运动，谁能忘记？问题在于，大部分交了心的反不被见信，而被打成了反面人物，乃至株连亲友，演出不知多少悲剧。影响所及，把我们这里变成了一个爱听假话、爱说假话的假大空世界。不会说假话、惯说真话的都被弄去改造，改造到会说假话了才叫作改造好了。真假颠倒以至于此，这两句诗的概括性是无与伦比的。坦白也就是交心，“坦白从宽”谁都知道，然而我的经验是：你坦白了，谁来信你！

“文章信口雌黄易”，却只是个陪衬。对我来说，信口雌黄，也自不易。当然，这只是我的理解。

读了绀弩后来出版的诗集《三草》中的《北荒草》的最后一首，题名“归途”，一望而知是绀弩在北大荒受难三年饱历酸辛之作。多年来只见两句，如今喜窥全貌，乐何如之。然而意外的是“交心”改为“锥心”，却使我感觉费解了：思想坦白何锥心之有哉？今后举国大治，民风复淳，“长相知，不相疑”，党群一心，军民一体，是我们忧患余生的最终愿望。所以我认为还是原来的“交心”比后改的“锥心”为好。多年来我一直想和绀弩说说我对这一个字改动的意见，然而又晚了。就这样又失去了最后的机会。再不能起绀弩于九泉说几句知心话了。痛哉！痛哉！

聂绀弩是当代中国文坛第一流的杂文家、古典小说研究家，晚年余事吟诗，又成为第一流的诗人，就他的诗风格调而言甚至可能是一位空前绝后的诗人。其实说他是什么家、什么人，都不足以概括之，我想起旧时开追悼会，常见人写在挽幛上的“哲人其萎”。绀弩博大精深，誉为哲人当之无愧。

绀弩辞世忽已七个月，七个月之后才写出这一篇无足轻重的小文，实在愧对亡友。其间我曾受到周颖大姐的督促，受到几个杂志报纸的催稿，迟至今日。原因只在我篇首提出的理由：太少主动向这位渊博又可敬可爱的兄长多所亲近和求教的机会，不知从何处下笔才能诉说心中的依恋。这使我想起远在十三年前的1973年1月23日，我在河北省静海县劳改农场的文化部“五七”干校，那时临近春节，大部分“五七战士”纷纷给假回城，而包括我在内的少数几个被严加管制的被审查者却只能留在这个荒凉的农场里。那天夜晚独流河畔大雪纷飞，北风呼啸，原来住了六个人的房间只剩我独自一人。一觉醒来，久久不能入睡，索性起身把炉火拨旺，坐在书桌前面对着桌上的一面镜子发呆。忽然想起绀弩，不知他在哪里？——当然不可能知道他当时正在山西狱中受难，信手写了下面四句：

镜里衰颜非故吾，
岂堪从此老江湖？
独流大雪纷飞夜，
绀弩绀弩可在无？

这首诗只寄我一时的思念，既无诗味亦无深意，所以既未示诸他人，更未示诸绀弩本人。 现在才写出来置之篇末，作为和非凡的绀弩兄永恒友情的表白。 以心香一瓣祝他安息，因为再也没有人能够迫害他了。

1986 年 11 月 1 日

永远记在心上的安哥儿

报载当代美国备受尊崇的诗人保罗·安格尔逝世，享年八十三岁。 听到这个噩讯，先是震惊，然后涌起不尽的哀思。

结识安哥儿和聂华苓夫人是在 80 年代初期，正值祸国殃民的“四人帮”覆灭之后的那几年中国欣欣向荣一片生机的时候，华苓和她的美国夫婿多次来到中国。 在我第一次见到这对热情洋溢的异国夫妻的时候，我便强烈感到他俩具有同样热爱中国的感情。 我想那时所有和他们结识的中国人都会感觉到这一点。

美国爱荷华大学由安哥儿、聂华苓夫妇创办的“国际写作计划”始于 1967 年，这是一个具有远见卓识、恢宏气魄的团结全世界作家交流思想、加深友谊的机构，每年都要邀请全世界范围的约四十名作家，相聚在美国，以两个月的时间从事写作或研究，再以两个月时间访问旅游，时间地点听凭本人的安排，由邀请方面提供一切费用，包括全部旅费。

在这四十名被邀作家中，全世界五大洲的不同国家各邀请作家一名，但是从 1979 年开始邀请中国作家起，唯独中国例外占有四个名额，乃是两名大陆作家和两名台湾作家。 这样的显著分配不公不能不引起一些其他被邀作家的异议，我就听到过一位欧洲作家的意见，但这样做的原因显然是出于主邀者中国作家聂华苓女士的决定，又得到诗人安哥儿的支持的，任何意见也没有动摇这个决定。

1983 年我应邀赴美，同时被邀请的大陆作家是上海的茹志鹃和王安忆，安忆已是大露头角的青年作家了，她是作为茹志鹃的女儿同行的，但还是要增加邀请单位的经济负担；此外还有台湾作家陈映真和七等生两位先生，而一位香港作家潘耀明先生亦同时被邀参加。实际上中国作家的名额增到了六名。

到了美国之后，华苓和安哥儿到爱荷华机场去接我们。见面的第一番话使我永不能忘。华苓——也代表安哥儿说："欢迎你。首先要说的是，在这儿，从思考上、写作上、言论上，你享有绝对的自由。你不会受到任何限制。有什么要求你尽管提出来，祝你快乐。"就是这么简单的几句话，给我无与伦比的感动。

年近八旬的诗人体魄魁梧雄健，但毕竟进入高龄，使人们常常关心他的健康安全，而他却是除写作阅读和朋友们欢谈之外，非常热爱劳动。他们的家是山路上林荫里的一座二层宽大的楼房，朱红色的大门在绿树掩映里富有幽趣，树上有松鼠跳跃，夜晚窗外可以看见猿猴来讨食，山下一条溪水甚至有天鹅游息，像个世外桃源。秋天阳台上满地落叶，安哥儿自任洒扫之役，有时还光着脚，打着赤膊，背着工具袋，举起钉锤斧锯修理阳台和楼板。有一次他生病发烧了，不听人家的劝告还趴在地上干活。

留在我的记忆里最为深刻的是一次他要我坐在一起，向我提一个问题。在座还有台湾的朋友和当地的朋友。看来他知道我一生中的某些经历，想和我随便聊聊。看他那么严肃认真的样子，我不由得也严肃起来了。他让我告诉他，据说我在50年代的新中国成立以后，曾经犯过"罪"，受过"处分"。他问我能不能讲给他听听，他很想知道中国人的生活，包括政治生活，因为他热爱这个伟大的国家。他非常仔细地听着，而且面前放着纸笔，记着我说的话。

我平素不太愿意讲1957年那个使人极不愉快的经历，但是安哥儿十分诚恳的态度感动了我。我就简单地、扼要地谈了当时我如何忠诚老实地响应最高领导的号召坦率地对党提意见而后来被打成"右派"

的过程。

安哥儿一直在认真地记着我讲的话，但是在我讲到我受到的“戴右派帽子”的处分时，他伸手止住我的话说:“什么？”

我说:“右派，右派分子。”

他说:“不对。对国家当政者指出缺点，提出批评和改革的意见，那是左派，那是进步的力量。”

我知道，诗人说得对，那是欧洲的传统。至今左派仍旧是不满现状、要求改革的那些人。但在我们这里，不知是怎么回事，左和右变了性。

他不理解，不明白；我同样也不理解，更说不明白，因为在40年代的旧中国，我们都曾经被人目为左派、进步作家，而现在却变成了右派……

安哥儿吁了一口气，也不问下去了，掩上了笔记本，盖上了钢笔帽。看来他心里存了个大问号。这一回他离开了我们，我的问题他永远也不会明白了。我至今脑海里还深深印着他那充满同情又感到惶惑的目光，更难以忘怀的是他对中国的热爱，我甚至感觉到他比许多真正的中国人还要爱中国。而且据我这些年与外国朋友的交往来看，像安哥儿这样热爱中国的朋友也远远不只是安哥儿一个。

一般把他的译名叫作保罗·安格尔。是我把他叫作安哥儿的，这是个中国式的名字，而且得到过华苓的同意。地名一般叫做爱荷华，我也爱叫她做爱河花。五月花公寓——我们的住地前的那条河我叫她爱河，也是永远记在心上的。愿安哥儿安息，华苓全家平安幸福。

1991年3月31日于北京

六十年交情

——与曹禺病榻谈心

1936年我刚在北平读完大学一年级的时候，一个很偶然的机会被邀到南京就任由留美的现代戏剧家余上沅创办的成立不足两年的国立戏剧学校的校长室秘书。当时约定任期一年，一年后我仍回北平继续学业。我到剧校就任时已是1936年年末，头一天上班就参加了一次校务会议。会议是校长主持的，我做记录，那时的教务主任是陈治策，教授有马彦祥、王家齐、杨村彬、万家宝（曹禺）……都是当时话剧界的知名人物。其中最为人所熟知的是曹禺先生，他的话剧三部曲《雷雨》《日出》《原野》已经演遍全国，名满天下，那时候他不过二十六岁，风华正茂。而我当时只有十九岁，距现在快六十年了。

我到南京的第二年便发生了转换祖国命运的全民抗日战争，我继续大学生涯的原定计划成为泡影，接下去的就是绵延十一年的在大后方的流浪生涯。有几年时间我和曹禺几乎朝夕相处，我们一同经历过日寇飞机的血腥轰炸，也一同度过乘木船溯长江而上的艰难旅途。我们同学校一起从南京到长沙，从长沙到重庆，再从重庆到长江上游的江安水竹乡……由于全民抗战形势的鼓舞，我在长沙旅途用四个月的时间，写了我生平第一个四幕话剧《凤凰城》，也由于抗战初起，这部剧成为当代抒写抗日战争史实的第一个多幕剧。曹禺是阅读并肯定这个剧本并促使它广泛演出的第一人，这也使我从此进入职业编剧的行列，而在这个队伍之中我是最年轻的。

半个多世纪以来，中国多灾多难，大约整个40年代是我和曹禺接触最为频繁的时期，他虽然做了剧校的教务主任，课务繁忙，但对剧本写作的执着经常使我感动。他虽然年轻，风华正茂，却不讲吃穿，不图享受，经常不修边幅，直着眼睛出神，有时和人说话，也答非所问，一只手经常捻着右耳朵下面的一颗痦子发呆。学生们都知道：万先生正在琢磨写剧本呢。那颗痦子有神奇的功用，摸着摸着灵感就来了……《正在想》《北京人》就是那个时候的作品，是在教学极为繁忙的时候写出来的。

进入50年代，曹禺以满怀喜悦和对祖国的无限热爱，写了一部《明朗的天》来祝贺新中国的诞生。过去经常相聚的朋友虽然同住一个京城，却如鱼龙入海，难得见面了。然而最叫人难以想象的却是1957年那场灾难——矛头对准知识分子的一场滔天大祸——“反右派”斗争，死伤枕藉，惨不忍睹。尽管我亦难逃劫数，但对能够安然度过这场祸事如曹禺老大哥者是深感庆幸的。进入了以后的一个个不平凡的岁月，曹禺没有中断他的话剧创作，并且选择了重大的历史题材——《王昭君》和《胆剑篇》。在这以后，他曾长时间作准备和思考要写一部表现中国传统戏曲女演员的生活经历的剧本而最终没有完成……

使曹禺不能继续他的宏伟事业的是久久缠身不去的病痛。他住进医院已经长达六年之久，肾功能衰竭是主要的病，难以根治。伴随的则是其他的老年疾病，曾经有几次病体稍愈回家，但不久便又回到医院。幸而有他晚年得到的伴侣京剧名演员李玉茹女士随时厮守，这是他最大的安慰。但是我昨天去医院看他时才知道，玉茹因心脏病开刀在上海住院，至少要三个月才能痊愈，目前就只有二十四岁的青年小白在病院日夜陪伴了。

眼前的曹禺使我太多感慨，我们相识都在少年时，我还没有开始写作，他已经以“三部曲”名满全国。但是问题亦在这里，虽然此后的岁月至今长达六十年，然而后来他的几多剧本至今再也没人提起，更不见有一个在舞台上继续发光放亮。至今人们看见的、听见的还是半个世纪前的《雷雨》《日出》《原野》。当然，也有这样的评论:《雷雨》渊源于希腊悲剧,《原野》受到美国作家尤金·奥尼尔的不少影响。然而曹禺本是西洋戏剧的专家学者，何况他已把希腊悲剧和奥尼尔的作品化为中国的血肉，得到广大中国观众的喜欢。至于《日出》则是曹禺真正呕心沥血的杰作，剧中第三幕的活生生血泪交迸的翠喜更是后来万众遵循的“深入生活”的典范，这才是真正的曹禺。

因为曹禺昨天从医院打来了电话，而偏偏我出去了，是妻子接的，告诉我曹禺对我的想念，所以我今天才去了医院，才了解他的病情近况。和每次相见一样，虽然时间短暂，总不忘悠悠往昔，他紧紧握着我的手，满怀怅惘，满腔失落感……我看着他，想着这位不世的作家、戏剧大师:中央戏剧学院院长，北京人民艺术剧院院长，中国戏剧家协会主席，中国文学艺术界联合会主席、委员、代表、顾问……浪费了多少精力?消磨了多少年华?他得到的是什么?读者和观众得到的又是什么呢?

进入这个夏季以来，我们的往日弟兄一一离去。就在这一个月中，陈白尘、黄佐临、骆宾基、翁偶虹、胡考相继辞世。我不知道还有多少次能够和曹禺仁兄在这个北京医院坐在一起，拉着手谈话。他忽然满面愁容说起在一生写作上的失落，我脱口而出地说了一句憋了多年从来没说出口的话:“你太听话了！”

曹禺的反应出乎我意料！几乎是在喊着:“你说得太对了！你说到我心里去了！我太听话了！我总是听领导的，领导一说什么，我马上去办，有时候还得揣摸领导的意图……可是，写作怎么能听领导的?……”他的激动过去了，声音渐渐低下去了。显然，他明白过来了。但是岁月不居，余年衰朽，锦绣年华已经过去了。

我想，领导是重要的，一个国家，一个政府，一个部门、机关、学校都要领导，军队尤其要领导……但是，文学艺术创作却是另外一回事，她是艺术品，她是公开的，不是秘密活动。亦可以说，除了法律对她的限制，广大的读者和观众都是她的领导，每个人都有权批评她和欣赏她。因此她的成就和失败都理当由她自己负责。但她的创作只能是自由的。在过去不久的“四人帮”时代居然有过这样的说法：“领导出思想，群众出生活，作家出技巧。”这也只能是那个是非颠倒、人妖混淆的时代才能产生这样的“领导”。

在1957年“反右”运动中，我曾经提出一个问题：“屈原是谁领导的？李白、杜甫是谁领导的？关汉卿、汤显祖、曹雪芹是谁领导的？……”我受到严厉的批判，被划成戏剧界第一号公然反党的“右派分子”。但即使在无数次对我的批判大会上也没有人回答我提出的问题。

曹禺青年时期的“三部曲”成为他一世的辉煌，使在那以后的半个多世纪的作品相形之下黯然无色。这一事实很好地回答了我在1957年提出的问题。

曹禺最后对我说了一句话，是：“中国戏曲是最伟大的戏剧。”这正是我一向的主张。立即想到他曾经要写一个中国戏曲女演员题材的剧本，而且回想起著名的京剧女演员赵燕侠曾经对我说过接受过曹禺采访的情况。当然李玉茹夫人能够提供更丰富的素材……遗憾的是，这恐怕是很难实现了。

尽管他已经很疲倦地睡在床上，而且在“吸氧”。但我要告辞回去时，他仍旧坚持起床送我，让小白推着轮椅送我到四楼的电梯口。我只嘱咐他不要再想什么，安心接受医生的治疗，延年益寿。至于写作，寄托在年轻一代的身上，但愿他们能够掌握自己的命运，不再受什么“领导”的干扰了。

《当代中国文化名人传记画册》的《曹禺画册》要我写一篇“序文”，而且只要写一千字。但是一下就写了这么多，这主要是我去了一趟曹禺住了将近六个年头的北京医院，和他有了一次谈心的缘故，而且涉及了一个比较严肃而且重大的问题，这一写便不由得超过了一千字的范围，很可能不是编者预料中的“序文”了。

好用不好用，就凭领导决定吧。

1994年6月18日

我与夏衍

延续交情过了半个世纪的、我挚爱的前辈作家、尊敬的夏衍先生走完了九十五年的人生艰难旅程，永远离开了我们。但是他分明还在活着，如他在临走前对家人说的:“我要回杭州去了……”湖上春来似画图，杭州的灵山秀水孕育了这位当代中国的伟大作家。

陪都的老夏

从我二十岁那年开始入写作话剧剧本时候起，在前辈剧作家中，我最佩服的是夏衍先生。他的作品冲淡、隽永、深刻、悠远，从不追求戏剧效果，但自然具备强烈吸引观众的力量。

1942年，抗日战争已经进行到第六年的时候，大后方战时陪都重庆进入十分炎热的季节，广大观众最喜爱的话剧不得不暂时撤出剧场，下乡避暑。长期演出的几个话剧团亦就利用这两个月的时间，休整、排戏，为下一个戏剧节做尽可能充分的准备。

那时我已离开了工作近五个年头的国立戏剧学校，从长江上游的江安县来到重庆，进入当时最兴旺的话剧之都的一个官办剧团中青剧社。但是我的大部分时间是用在和两个民营剧团中华剧艺社(即中艺)和中国艺术剧社(中术)的交往。这一个暑期，重庆所有的剧团几乎都来到了郊区的风景名胜地区北碚——亦叫北温泉——的地方。大约在六七月间，夏衍先生从广西桂林来到北碚，是中术约请来的，实际他亦是中术的领导人之一。他住在一家旅馆里，记得是中艺的社长应云卫先生和我一起在第二天便去看望我们的“老夏”。

我在1937年写了我的第一个以抗日战争为主题的话剧本《凤凰城》，1939年写第二个同样以爱国主义为内容的宋代抗元题材的文天祥《正气歌》，都得到广泛的上演。但这时我对侵略和被侵略有了新的理解，我认为一个国家的强弱丝毫无关于人民百姓，其责任完全在于当国者的清明奋进或腐败堕落。人生的意义在于掌握自己的命运，不应听凭他人的摆布。出于这样的信念，我写了我的第三个剧本《风雪夜归人》。看望夏衍先生的当天我刚刚完稿，便携同这部抄清的手稿前去，给我素所景仰的前辈增加一点负担。在我心里还感觉歉意的时候，夏衍先生却非常高兴地接过去，告诉我他会立刻就看。大约就是三两天之后，他就和我做了一次长谈，在北温泉淙淙流水、竹林旁边的石凳上，我得到长者、知音人的鼓励和指点，这是终生难忘的。转眼半个多世纪过去了，那年我二十五岁，夏衍先生四十一岁，正在壮年。那时候，文艺界朋友们都称他做“老夏”，到50年代，大家改称“夏公”直到现在。

半世纪友情长在

从1942年至今的五十三年中，除去1957年“反右”以后我远戍北大荒三年，我和夏公的联系始终没有间断过。重庆中一路的四德新村，我出门回家都要路经夏公家里，我平生唯一的两年在重庆和上海主编《新民报》副刊《西方夜谭》和《夜光杯》，就是在夏公家里学习编报技术的，那支计算每行字数的标尺还是夏公亲自为我手制的。如何编排、划版面，等于从ABC教起。在上海编《夜光杯》的专栏《月下小景》，每天几百字的时事小品也是夏公或另外两三个人分别负担的。我和画家小丁合编的《清明》月刊，夏公也是重要的撰稿人。

我们那个设在舞台三楼、堪称豪华的编辑部更是他常来写作或休息的地方。有一段时间我甚至把房间钥匙交给他，他曾多次召集地下党成员在这里开会，这是后来才告诉我的。

到上海是在日本帝国主义战败投降之后，1947 年国民党反动日亟，我被迫出走香港，夏公已在香港负责编辑《华商报》了。无论是他的住所重华新村的公寓套间，还是香港九龙的山林道的斗室一间，这都是我常和他见面的地方。我常常受他的嘱托做一些他要我为他做的事情。我从来没有丝毫奢望做一个共产党员，但是由于当时的国民党之日趋下流、腐败，我受夏公的嘱托做一些对人民有益的事情是十分情愿的。今后假如有时间、有机会，我会把这些事情写出来。

1949 年 10 月 1 日中华人民共和国成立，中华民族得到了新生，当时在香港的文艺界朋友们早在建国大典之前纷纷去了北京。但是我却由于手中正在拍摄的一部电影没有结束，动身迟了。待我赶紧北上，乘坐海轮抵达青岛，正是建国大典之日，只得在青岛过了。

中华人民共和国成立之后，夏公是文艺界当然的领导人，他先是华东和上海的文化工作主持人，随后又到北京的中央文化部任主管电影事业的副部长。新的政府成立，人民做了主人，从前经常见面的朋友们各有所属，如众鸟归林，群龙入海，反而欲见无从了。

入冤狱腿骨折断，默无言以德报怨

讲心里话，从 30 年代起，身处腐朽的国民党反动统治之下，人们都把民族复兴的希望寄托在中国共产党的身上。这个希望终于实现了，幸福终于到来，真是睡梦中也会笑醒。但是无论如何也不能预料，没有多久，一个接一个的政治运动连续出现，到了那个十年“文革”，国家几乎被推到毁灭的边缘。连我一家都是出生入死，受尽苦难。而夏公居然在死囚牢里关了九年，待到天日重光，由于遭受严刑拷打，他竟至腿骨折断……

二十年匆匆又过去了。同住北京，仍不免风风雨雨，但还是像旧时那样，常常去看望老人，随时发生的一些稀奇古怪的事情，仍是谈话的材料。但是留给我最深的印象是夏公对他的冤屈从未有一句怨言。看他走路时，双腿一长一短，穿着那双特制的皮鞋迈着艰难的脚步，连我也感觉心疼！但他二十年中从没有提过一句关于这只脚是为什么又是被谁如何打断的。

这就是历尽千难万劫的中国共产党党员，只有一片忠诚，能受万般虐待。到哪里找这样的以德报怨的党员去？他是这样对党，党该怎样对他呢？

访台前医院辞行

去年 10 月我有一次台湾之行。五年前大陆和台湾各界人士开始互相来往时，我是大陆文艺界第一个接受台湾邀请的，但是紧接着发生了种种离奇古怪的事故，拖延了许多年，终于在 1994 年 10 月 18 日成行了。启程之前我特地抽时间到北京医院去看夏公，告诉他我即将出行，问他台湾可还有什么老朋友需要我代他去探望的。夏公因病住院已经几个月了！我平时一个月左右去看他一次，假如久久不去，他会叫秘书小林、女儿沈宁或儿子旦华来叫我。他想了一阵，对我说："在台湾已经没有什么老朋友了。"但又想起来："只有一个卜少夫，就这一个熟人了。"卜少夫是原国民党中央通讯社的老记者，后来在香港办一个杂志《新闻天地》，已经办了四五十年，我在重庆时也是认识的。

作别夏公，我又到隔壁病房去看望了已住院五年多的曹禺兄。再到夏公房里去告辞，我告诉夏公，待我从台湾回来时，我会再来医院看望他。

在台湾过了十分紧张的十天，归途又在香港待了三天。 在台湾和香港两地我都曾见到卜少夫，卜少夫八十多岁了，但仍旧精力充沛，神采奕奕。 知道夏公还记得他，非常高兴，告诉我他一定会到大陆来探视夏公。

最后的探视

但我回到北京之后就一直非常忙。 家里来客多，电话不断。 又多次出门，在北京、上海参加梅兰芳、周信芳百岁纪念的活动。 又去了一趟哈尔滨。 总感觉与夏公临别一见，他神态正常，晚两天去看他无妨。 但是 1 月 19 日乘飞机从哈尔滨回来已是夜晚，第二天上午，六弟祖强到我家来，说前一天去看了夏公，病况比较严重。 他对祖强说:“听说祖光回来很久了，临去台湾前曾对我说，回到北京会来看我，为什么到现在还不来?”听到这里我很惶恐，觉得自己太不像话，这以前就听说夏公这样说过了。 所以当天下午我就去了北京医院。 先到医院门口花店，准备去买一束鲜花，但店里只有纸花，我一向不喜欢纸花，就在店旁水果摊上买了两大包苹果和橘子，一包送夏公，一包送曹禺。 这两袋水果对我说来负担够重的。 进了病房，见夏公卧倒床上，女儿沈宁告诉我，上午刚做完膀胱手术，为了排除小便。 夏公和我握了手，看见我来他笑了，但我只觉抱歉，找不出理由解释。 他问我台湾怎样，我说我感觉台北和北京差不多，中国人都是这个样子。 只觉得台湾人比大陆人文明些，在台湾十来天，没见到街上有人吵架的，也没见找人要钱要饭的穷人。 我告诉他，在台北和香港都曾见过卜少夫，他问候夏公安好。 沈宁还告诉父亲，看见前一天的上海《新民晚报》上新凤霞写的文章，是为香港的电影演员成龙提供她当年唱的评剧唱段《十月怀胎》的全部唱词。 夏公饶有兴趣地听沈宁和我为他讲凤霞的这篇文章，但是显然他的精神支持不住了，几次闭上眼睛。我告诉沈宁让爸爸休息一会儿，我就提着另一袋水果去看曹禺。曹禺精神很好，更高兴的是夫人李玉茹女士在上海动了大手术，住了几个月医院，精神饱满地又回到北京医院丈夫的身旁。我看到这一对恩爱夫妻的美满生涯，而曹禺久住医院已进入第六个年头了。

回到夏公病房，见他仍闭目睡着，不能再搅扰他了。我走到床前说:"我走了，会再来看你。"愿他好好休息，便走出了医院。

第二天我就知道了夏公病势严重，当晚就失去了知觉，而我是在他仍然保持清醒状态的最后一个探视者。

北京医院尽可能采取一切措施延续病人的生命。到 2 月 6 日凌晨 4 时我们敬爱的夏公停止了呼吸，告别了这个多灾多难的祖国，享年九十五岁，与二十世纪同龄。

我想，他是带着无限的爱和更多的遗憾离开这个可怜的国家的。

1995 年 2 月 9 日晨

附 录

为老百姓说话我永远态度鲜明

——从“惠康事件”谈中国作家的写作权利

1992 年，对于我来说是精彩纷呈。

年初，小平同志“南方谈话”产生了深远影响。 文化界气氛高涨。 我也第一次与友人和诗，记得后两句曰:“三年风水轮流转，东顾南巡又上楼”，情绪很乐观。 同时，我的电视连续剧剧本《小凤》的创作日程也排得很紧，每天写作至深夜两点。 已完成五集，共十集。年中，还抽空去江西参加了“文天祥纪念馆”的开幕典礼。 忙忙碌碌之中，不敢忘记读书看报。 1992 年岁末铺天盖地的热闹，恰源于我这一贯的读书看报。

“惠康事件”不用赘述。 1992 年 6 月，我的文章《高档次事业需要高素质的员工》一文，基于《中华工商时报》《红颜一怒为自尊》所披露的事实，基于对两位年轻姑娘人格受到污辱的义愤，呼吁社会对侵犯和骚扰行为多一些监督，希望高档次商场维护和珍惜自己的“星级”商标。 有目共睹，批评是善意的。

就这篇文章而言，我以为这是一个作家对社会不良现象的正常批评。 我至今也不隐讳自己的观点：在某些人的脑子里，“洋奴意识”使他们双眼放光只盯着洋人的钱包、洋人的脸色，惟“方便”洋人是从。 其实，这不仅是对自己同胞的贬低，也是他们自己的自甘下流罢了。 洋人要求平等，你在他面前搞洋尊华卑，最后他们也更看不起你。试问，在搜查开包之前还要先打听是中国人还是外国人，这不透着一种下贱吗？敢情我们的服务还有对中国人与外国人的不同标准？

更加荒唐的是，国贸中心律师韩小京8月写来一封信，说我的那篇文章“内容失实，采用了辱骂性语言”。而且在信尾注明：“此信函版权归通商律师事务所所有，未经许可，以任何方式公开发表此信函是侵犯版权行为。”对此我根本不予理睬。直到去年11月，中国首例消费者权益案在朝阳区法院以国贸赔礼道歉，给予两千元“精神抚慰金”偿付两位小姐作结。一夜之间，国贸中心便以“此案并无结论”为心理支撑，自行对外宣布状告吴祖光侵害名誉权。从他们8月写来此信，到11月了结官司，12月向朝阳区法院提出起诉，国贸中心似乎从被告一下子变成了原告。这其中的良苦用心，就是想在我吴祖光身上捞回点脸面。

遗憾的是，国贸中心的如意算盘打错了。

一个大企业，大商场，在我的眼里，可以算是高档次的事业了。出了一些问题，也许是员工的素质低。“软件”差是时有证明的，但现在我不这么认为。从对我无理起诉看来，从它导演的一系列所谓“失实”的闹剧：在“仓库重地闲人免进”处贴上“办公室”的标签、否认强迫解衣查看、把赔偿说成“善意性的给付”等看来，它能说是一个高档次的事业吗？因为，一、它竟然分不清一个作家批评的权利与侵害名誉这两者在法律上的截然不同。二、它甚至拒绝正常的舆论监督，却又不敢向大量报道“惠康事件”的报界发难，而选择因读报有感而发的一位作家作为起诉对象。“有选择被告的权利”会使官司轻松吗？我看不行。因为这正暴露了低档次事业对敢讲真话的报界的心虚。三、高档次事业是民主的事业。一个不能容忍伸张正义的行为且不正常现象层出不穷的事业集团，尤其不能说是高档次的。

这是它打错算盘的根本所在。

由此，我开始思考一个严肃的问题。即正常的舆论监督应当受到法律的保障。作为一个作家，我的工具是笔。拿起笔来，我可以抒写人世间的悲欢喜怒。拿起笔来，我也可以表述我对社会现象的观点。其观点可以成为一家之言，批评也不例外。

但是，作家的批评、写作的权利，舆论所具有的监督的权利，每一个公民对于公道和文明发表言论的权利，是不容忽视的权利。动不动状告作家，状告批评者，以为这样能掩饰那些客观存在的事实和这事实背后的思想及心态，不允许批评者进行分析和揭示，这是怯懦无知的表现。要知道，经得起批评并能够接受批评的，才是强者。

当然，在社会主义初级阶段的过渡时期，全民的文明素质包括法律素质都有待于提高。那么，形成一个关于正常批评与正常舆论监督的法律条文，进行具体的界定与规范，可说是目前新闻界、文化界的企盼。虽然我们明明看得出文章使用的是谩骂性语言还是批评性语言；虽然我们知道记者、作家和每个公民都可以“百家争鸣”，拥有自由批评与反批评的权利；虽然我们坚信真理面前人人平等。但是，一旦面对粗暴、践踏、损害和中伤的行为时，我们应当能够利用法律来维护自己的权利。比如，“搜包”行为有无法律依据？针对某个具体事实(侵犯消费者权益)进行批评，是否“侵犯”了“侵犯者”的名誉？王乾荣先生提出“慎遣‘冲’词”说，是否中国杂文“尖锐泼辣”的风格便告休矣？如果说“谩骂和恐吓绝不是战斗”的话，这句话只能放在国贸中心某些低素质人士的身上。而且，照王先生的逻辑，“在小胡同跟人打架”可以“破口大骂”，那么，在超级豪华商场受人搜查则应深感荣幸，否则便是“自贬身份”了。

我自己的认识是，平庸、无知、官僚和顽固的封建意识，是一种根深蒂固的劣根，不对它的顽劣之根进行激烈的摇撼，而只是温良恭俭让，一厢情愿地隔靴搔痒，这本身就是平庸。俄国剧作家契诃夫的名著《三姊妹》中，毁坏优雅、文静、高尚的东西不就是庸俗吗？文化界朋友说，国贸中心出了题目吴祖光做了文章，各方面人士参加进来作补充，这是一台好戏。我没想到在七十五岁当上了一台好戏的男主角。我想这个角色我一定会演来游刃有余。一生风雨，不平则鸣。天生执着，仗义执言。坐在被告席上，心里却十分坦荡。我知道我是为弱女子、为群众说话。我将永远态度鲜明。

现代化进程的全面铺开可能就是法律体制及观念的全面铺开。当今世界，从明星到老百姓，从商贾到文化人，从假药假钞假发假乳到真心真肺真枪真炮，人人事事都围绕着形象名誉权利，进行着一场场永无休止，也终将休止的官司。我的这场官司值不值得打呢？许多朋友说了，值得打！因为我打这场官司，是为了进一步澄清报纸、舆论所拥有的权利问题，是为了证明人民怎样通过报纸来实行监督权利。每天，我接到许多慰问的电话。每次，只要报纸登载了有关的文章，就会有朋友亲自为我送来。我想，大家来关心法律，来用自己的头脑进行判断，而不是处于受人操纵摆布、无从知法的状态，这就是一个进步。中国文明要往前迈一步，作家应有的写作权利更应受到保护。记得40年代，上演我的剧本《风雪夜归人》，其中王新贵有一句台词："大官都是强盗。"这句话国民党坚持删去。其实，实话就是大白话。

"文革"时期，曾经有过权大于法的畸形现象。现在，又有关于监督权利与写作权利的惶惑现象。还有关于侵害名誉权的方方面面的问题。这都等待着更加全面更加完整的法律出台。

中国的长治久安，是整整几代人的希望。而这一切都离不开法。"万法归一"。我以为中国人最重要的气质仍是南宋爱国主义者文天祥的民族正气。正气所到之处，邪病颓风将被一扫而光。前几天，《毕业生就业导报》请我写几句话，我的题句曰："愿毕业生走向社会祛颓风伸正气振兴祖国"，含义也在于此。全民族的法制意识都需提高，新一代的青年学生已经能够接受较好的教育，包括法制教育。更希望我们的子孙后代都能接受较为全面的教育，"希望工程"也是文明、法治的希望。

我常想一个有趣的假设：如果我走在街上被狗咬了一口，我有什么理可跟狗讲？破口大骂也无济于事。狗只会咬人，唯一的办法是，只要尚有捡起石头的力气，就不要放过它，我不会被狗吓死。

这也是人生之法。

1993 年 2 月

沧海文丛 ·陆续推出

张振刚:《逃难记——章桂和丰子恺的风雨人生》(已出版)
吴祖光:《生正逢时忆国殇——吴祖光自述》(已出版)
林庚白:《孑楼随笔·庚甲散记》(即将出版)
蒋梦麟:《西潮与新潮——蒋梦麟回忆录》(即将出版)
马逢华:《忽值山河改——马逢华自述文录》(即将出版)
舒新城:《舒新城回忆录》(即将出版)
郑毓秀:《玫瑰与枪——郑毓秀革命生涯》(即将出版)

图书在版编目(CIP)数据

生正逢时忆国殇：吴祖光自述 / 吴祖光著. —杭州：浙江大学出版社，2018.3

ISBN 978-7-308-17807-5

Ⅰ.①生… Ⅱ.①吴… Ⅲ.①吴祖光(1917－2003)—回忆录 Ⅳ.①K825.6

中国版本图书馆 CIP 数据核字（2018）第 006667 号

生正逢时忆国殇——吴祖光自述

吴祖光　著

责任编辑　罗人智
责任校对　姜井勇
出版发行　浙江大学出版社
（杭州市天目山路 148 号　邮政编码 310007）
（网址：http://www.zjupress.com）
排　　版　杭州林智广告有限公司
印　　刷　浙江印刷集团有限公司
开　　本　880mm×1230mm　1/32
印　　张　11.75
字　　数　300 千
版 印 次　2018 年 3 月第 1 版　2018 年 3 月第 1 次印刷
书　　号　ISBN 978-7-308-17807-5
定　　价　56.00 元

浙江大学出版社发行中心联系方式　（0571）88925591;http://zjdxcbs.tmall.com